행운은 연습.

행운은 습관.

행운은 매일매일의 새로운 발견.

행운은 내 인생에 대한 예의.

행운아 마인드

행운아 마인드

있는 그대로의 긍정
다시 시작하는 힘

이채욱 • 인천국제공항공사 사장 지음

해라

성공한 사람들의 특별한 공통점,
'행운아 마인드'

하버드대. 우리 세대에게 하버드대는 몇 가지 이미지로 존재한다. 학문의 전당, 명예, 영광, 성공, 천재들……. 갓 식민지를 벗어난 나라에서 태어나 어린 시절 전쟁을 겪었던 세대들이 한국 사회에서 찾을 수 없었던 모든 것들을 한데 모아놓은 선망의 장소. 하버드대는 우리 세대에게 단순히 유명 대학의 이름이 아니었다.

70년대까지 전기도 들어오지 않았던 가난한 산골 출신인 나에게 하버드대는 꿈도 무엇도 아니었다. 꿈이라는 것도 실현 가능성이 있어야 꿀 수 있는 법이다. 장학금이 없으면 그날로 고등학교마저 그만두어야 했던 나에게는 대학도 몽상에 가까운 꿈이었다. 그러니 언감생심 전 세계의 수재들만 모인다는 하버드대를 꿈이나 꿀 수 있었겠는가?

그런데 어느 날, 하버드대에서 강연 요청이 왔다. 세계적으로 성공한 아시아 출신 경영자로서 학생들을 위한 조언을 해달라는 것이었다.

'강의라니?'

하버드대의 학생이 될 꿈조차 꾸지 못했던 그곳에서 내게 강연을 요청했다는 사실이 도저히 믿기지 않았다. 그런데 강연을 해야 한다고 생각하자, 가슴속에서 뭔가가 꿈틀거렸다. 머릿속으로 강연 내용을 찾고 있는 동안, 벌써 마음 깊숙한 곳에서는 하고 싶은 이야기들이 올라오고 있었던 것이다.

"제가 왜 여기에 있을까요?"

내 이야기로 시작하지 않고서는 도저히 인생의 신비함에 대해서 말할 수 없었다. 하버드대가 무엇인지도 모르는 산골 소년이 수십 년의 세월이 흐른 후, 세계 학문의 전당에 서서 그것도 세계를 이끌어갈 미래의 리더들에게 조언을 한다는 것. 인생이 뻔하고 예측 가능하다면 감히 생각할 수도 없는, 놀라운 드라마처럼 느껴졌다.

～

"저는 한국에서 왔습니다. 작은 반도국가의 작은 시골에서 자란 촌놈입니다. 교육도 제대로 받지 못했고, 대학은 지방의 작은 대학을 간신히 졸업했습니다. 물론 해외교육도 받지 못했고요.

이처럼 작은 시골 소년이었던 저는 지금까지 정말 많은 전 세계의 리더들을 만났습니다. 조지 부시 전 미국 대통령, 지미 카터 전 미국 대통령, 인도 수상, 멕시코 대통령, 룰라 브라질 전 대통령, 가봉 대통령, 영국 수상, 스페인 수상, GE의 회장, 루이비통의 사장 등등.

저 같은 사람도 이런 자리에 오를 수 있습니다. 여러분들은 하버드, MIT, 그리고 다른 좋은 학교의 학생들입니다. 여러분은 저보다 훨씬 더 뛰어날 수 있고, 세계를 이끌어가는 리더가 될 수 있습니다. 시골 소년이었던 제가, 이곳에 서 있다는 사실 자체가 여러분에게 이미 큰 인상을 심어주었을 것입니다. 그러니 여러분, 야망을 품고 자신감을 가지십시오!"

～

나는 이 이야기를 처음으로 1시간여의 강의를 시작했다. 하지만 사실 이것이 내가 진짜 하고 싶었던 말의 대부분이었다. 내가 그곳에 있다는 사실 자체가 얼마나 놀라운 일인지, 인생이란 얼마나 멋진 일이 일어나는 무대인지, 자신의 마음가짐에 따라 무엇이 가능한지를 알려주고 싶었다. 그리고 하버드대 같은 대단한 곳에서 공부하는 그들에게 자기 자신을 어떻게 받아들여야 하는지도 알려주고 싶었다.

시골 소년이 어른이 되어 하버드대에서 강연을 하게 된 기적이 바로 '행운아 마인드'에서 시작되었음을 알려주고 싶었다. 반대로 지금 하버드대에서 공부하고 있는 그들이 '행운아 마인드'를 잊으면 얼마나 쉽게 인생에서 실패할 수 있는지도 알려주고 싶었다.

우리 속담에 "천석꾼에 천 가지 걱정, 만석꾼에 만 가지 걱정"이라는 말이 있다. 부자들은 그 부의 양만큼 걱정이 있다는 속담이지만, 뒤집어 보면 남들이 다 부러워하는 사람이라도 마음가짐에 따라 행복할 수도, 불행할 수도 있다는 뜻이 된다. 하버드대에서 공부하는 수재들, 미래의 리더감이라고 일컬어지는 젊은이들도 마찬가지다.

눈에 띄는 젊은이들은 많은 사람들로부터 미래가 밝다거나 미래의 리더라는 말을 듣곤 한다. 그들의 면면을 살펴보면 영리하거나 수완이 뛰어나거나 남들보다 빨리 출발한 사람들이다. 하지만 그들 중 소수만이 인생이라는 길고 긴 무대를 살아가면서 리더가 되고, 성공적인 삶을 산다. 그리고 이들과는 달리 처음에는 눈에 보이지 않았던 사람들이 천천히 무대의 전면에 등장하기도 한다. 나의 젊은 날을 돌이켜보면 나는 후자에 가까웠다고 생각한다.

인생을 살면서, 또 인재를 탐내는 경영자의 눈으로 사람들을 관찰해오면서 내가 찾은 리더, 진짜로 인생에서 성공했다고 하는 사람들의 공통점은 바로 '행운아 마인드'를 가지고 있다는 것이다. 뛰어난 재능, 놀라운 두뇌 회전, 유리한 조건 등도 행운아 마인드가 없는 사람들에게는 아무 쓸모가 없었다. 뛰어난 요리사가 별 것 아닌 재료로도 훌륭한 요리를 만들듯이, 행운아 마인드는 불리한 조건을 가진 사람도 밝은 미래로 이끈다. 아무리 대단한 재료를 가졌더라도 요리에 무관심한 사람은 아무것도 만들지 못한다. 행운아 마인드가 없는 재능도 같은 처지다.

행운아 마인드를 가진 사람은 자신에 대한 뚜렷한 자부심을 갖고 있다. 다른 사람들, 자신이 속한 사회, 더불어 사는 넓은 세계를 자신과 똑같은 마음으로 대한다. 언제나 상대를 존중하고 늘 겸손하여 배우는 자세를 잃지 않는다. 아무리 작은 일이라도 최선을 다하고, 자신의 삶을 성실하게 살아간다. 자신에게 성실한 사람들은 자신을 발전시키는 노력에 게으르지 않고 윤리적으로도 매우 까다롭다. 그렇기에 무슨 일이든 늘 도전할 준비가 되어 있고, 승부에 있어서도 깔끔하다. 작은 실패와 실수는 있어도 자신을 망치는 치명적인 실수는 하지 않는다. 자신의 덕을 해할 어떤 행동도 하지 않는다. 그렇게 평생을 살아가는 이들이 결과적으로 진정한 리더가 된다.

행운아 마인드를 가진 리더가 이끄는 조직에도 행운이 계속된다. 행운아 마인드로 무장한 리더는 자신과 함께하는 구성원들이 행운아가 되지 못하면 견디지 못한다. 그들을 어떻게 하면 행복하게 해줄까를 고민하고, 그들이 더 좋은 일을 해낼 수 있도록 뒷받침이 되어준다. 그러다 보니 조직은 신바람이 날 수밖에 없고, 최고가 될 수밖에 없다.

첫 번째 책《백만 불짜리 열정》을 펴낸 지 벌써 7년여가 흘렀다. 그동안 나는 GE코리아 회장에서 GE헬스케어 아시아 성장시장 총괄사장으로, 다시 인천국제공항공사 사장으로 자리를 옮겼다. 그리고 첫 번째 책을 냈을 때보다 일곱 살이나 많아져 어느새 환갑이 지난 나이가 되었다. 매번 새로운 도전이 내게 다가왔지만, 그때마다 뒷걸음질친 적은 없었다. 내가 이처럼 도전을 두려워하지 않았던 이유, 그것은 바로 행운아 마인드 덕분이었다. 어떤 일이든 내게 닥쳐온 일을 행운이라고 생각하기에 무엇이든 최선을 다할 수 있었다. 최선을 다하기 위해 작은 일이든 큰일이든 준비를 소홀히 하지 않았고, 늘 다음을 생각했다.

하버드대 강연을 마치면서 나는 더 많은 사람들에게 내가 찾은 성공의 키워드를 알려주고 싶었다. 즉 첫 번째 책에서 짧게 언급했던 '행운아 마인드'에 대해서 인생 선배로서 들려주고 싶은 이야기가 있었던 것이다. 그리고 이것이 내 두 번째 책의 주제가 된 것은 첫 책 출간 이후 7년간, 강연에서 만난 젊은이들, 국내외 최고의 CEO들, 그리고 나의 사랑하는 직장 동료들과 후배들을 통해서 그것을 검증했기 때문이다.

행운아 마인드를 갖고 있는 사람들은 언제나 스스로에게 두 가지 질문을 한다.

"나는 나를 채용하겠는가?"

"내가 하는 일이 뉴스에 나와도 떳떳한가?"

리더가 되고 싶은, 인생에서 진정한 성공을 이루고 싶은 사람들은 항상 이 두 가지 질문에 답할 준비가 되어 있어야 한다.

나는 내 성공의 키워드를 2011년 하버드대의 젊은이들과 나누었다. 그리고 이제 강연장 밖의 사람들과도 인생을 결정하는 행운의 키워드를 공유하려고 한다.

성공한 사람들은 흔히 이렇게 말하곤 한다.

"전 그저 운이 좋았을 뿐이에요. Just lucky."

그들이 이렇게 말하는 이유를 이제는 알 것 같다.

| 차례 |

프롤로그 | 성공한 사람들의 특별한 공통점, '행운아 마인드' · · · · · · · · · · · · · 4

행운아들은
어떤 '1%'를 선택하는가

나의 '행운'은 그들의 '행운'과는 다르다 · · · · · · · · · · · · · · · 17
하버드대로부터 강연 요청을 받다 | 행운아 마인드 vs 불운아 마인드 | 나의 히스토리 | 성공의 열쇠, 행운아 마인드의 선순환

Magical thinking, magical chance! · · · · · · · · · · · · · · · · · 29
꿈은 '시간'을 먹고 자란다 | 태도는 어떻게 당신의 삶을 바꾸는가 | 큰 기회는 언제나 '사소한 일'로부터 시작된다

남의 시선으로 자신을 재단하지 마라 · · · · · · · · · · · · · · · · · 39
나는 정말 나를 알고 있을까? | 행복한 고등학생 입주 가정교사 | 해보지 않으면 모른다

여러분은 533클럽의 회원입니다 · · · · · · · · · · · · · · · · · 47
뱅앤올룹슨에게 배우는 성공 비결 | 부디, 마음껏 자랑하라 | 자부심을 잃지 않는 최선의 방법 | 가족들이 내게 준 '선물'

현실이 갑갑할수록 긴 사이클로 생각하라 · · · · · · · · · · · · · · · 57
선택의 기로, 판단 기준은 나의 '미래' | 인생을 함부로 평가하지 마라 | 자신만의 원칙으로 셀프 리더가 되어라

나와 내 사람들을 행운아로 만드는 힘 ❶ 오케스트라 리더십 · · · · · · · · · · · · · 67

part 2 하버드대 메시지 : 리더에게 꼭 필요한 '행운의 씨앗'

열정 : 스스로 열정을 창조하라 · · · · · · · · · · · · · · · · · · · 79
어린아이에게 배워라 | 열정은 생기는 게 아니라 만들어내는 것

성장 : 가치를 더하는 사람이 되라 · · · · · · · · · · · · · · · · · 89
자신감의 근원은 '준비' | 인천공항, 준비된 '1등' | 혁명적 인사 시스템, 잡 포스팅

생각 : 한 단계 위에서 사고하라 · · · · · · · · · · · · · · · · · · 98
신입 사원의 당돌한 각오 | 스트레치 골 전략과 꿈의 실현

배움 : 실패로부터 배워라 · 105
회사 자본금 3분의 1을 손실내던 날 | 실패로부터 도망치지 않는다는 것 | 기회, 가장 힘든 순간에 찾아온다

냉정 : 시련을 넘어 단단해져라 · · · · · · · · · · · · · · · · · · 113
젊은이들에게 시련은 독이 아니라 약이다 | 팩트는 팩트일 뿐, 냉정하게 받아들여라

판단 : 떠날 것인가, 지킬 것인가 · · · · · · · · · · · · · · · · · 123
기업 내 사조직, 왜 문제인가 | 현명한 조직 생활을 위한 충고 | 모든 판단의 1순위, 자신의 그릇과 현재의 능력

관리 : 꿈을 관리하라 · 132
싱가포르의 저력은 어디서 나오는가 | 꿈을 관리해야 하는 이유 | 리더를 꿈꾸는 자, 당당하게 "No!"라고 말하라

배려 : 모든 이를 진심으로 존중하라 · · · · · · · · · · · · · · · · 141
GE와 글로벌한 나의 친구들 | 글로벌 마인드를 갖는다는 것

나와 내 사람들을 행운아로 만드는 힘 ❷ 오케스트라 리더의 조건 · · · · · · · · · · · · · 147

part 3

'행운의 리더'가 해야 할 역할,
지켜야 할 가치

CEO의 즐거움이란 · 159
CEO가 들을 수 있는 최고의 칭찬 | 인생의 세 가지 즐거움 | 쓰레기를 줍는 사장

고객이 손해 보지 않게 하라 · · · · · · · · · · · · · · · · · 167
'두 개의 룰'을 발표하다 | 상생경영, 어려울 때 함께해야 진짜 '가족'이다

한 그릇 나무처럼 나와 조직을 성장시켜라 · · · · · · · · · · · · 175
성장하지 않는 기업은 죽는다 | 성장 동력의 큰 줄기를 찾아라 | 공기업의 리더가 더 책임이 막중한 이유

뭔가 다른 하나, 특별함을 만들어라 · · · · · · · · · · · · · · 183
아이슬란드 화산 폭발, 항공 난민 구호에 앞장서다 | 사람들에게 각인되는 이미지를 심어주는 것 | 인천공항의 '차별화' 포인트 | 보안 검색, 기본에 충실하며 혁신을 이루다

1등의 비결, 리더가 먼저 효율을 실천하라 · · · · · · · · · · · · 191
공사 최초로 출장보고서를 없애다 | 혁신과 개선의 시작, '리더의 문제의식' | 세계 최초의 '승객예고제' | 리더의 진심 파악, 직원들은 '매의 눈'을 갖고 있다

리더의 임무, 직원을 섬겨라 · · · · · · · · · · · · · · · · · 201
리더만 '행운아'여서는 안 된다 | 교육 기회를 아낌없이 제공하라 | 직원들을 섬기는 방법을 구체적으로 고민하라

리더는 '경청하는' 사회자여야 한다 · · · · · · · · · · · · · · 209
경영회의, 아이디어와 자랑거리를 뽐내는 기회 | '제대로 된' 리더의 조건

존경받는 기업에서 일한다는 자부심을 공유하라 · · · · · · · · · · 214
순간의 유혹을 물리쳐야 하는 이유 | 뉴스페이퍼 테스트, 윤리 판단의 기준 | 원 스트라이크 아웃, 두 번 기회는 없다

기업의 사회적 영향을 생각하라 · 223
리더로서의 책임감 | CEO로서의 사회적 책임감

내가 아니면 안 된다는 생각을 버려라 · · · · · · · · · · · · · · · · 229
팔순의 워렌 버핏이 내뿜던 열정과 에너지 | '업의 개념'과 역할의 인식 | 시작과 떠남, 그리고 '일에 가치 더하기'

'리더의 마인드'를 구성원들과 공유하라 · · · · · · · · · · · · · · · 237
공기업 혁신, '철밥통'을 넘어서라 | 리더의 자격, 조직과 '융화'되려는 노력 | 공기업의 가치, 사회적 가치와의 합일 | 정확한 '책임 소재', 화통한 '권한 위임' | 변화를 망치는 8가지 원인 | 어떤 리더가 인재를 제대로 찾아내는가

에필로그 | 내 인생의 8할은 '덤'이다 · 253

part 1

행운아들은
어떤 '1%'를 선택하는가

인생은 끊임없는 51 대 49의 연속.
50 대 50에서 어느 쪽에 1%를 더할 것인가?
그 '1%'의 차이가
당신의 모든 성공과 실패를 결정한다.

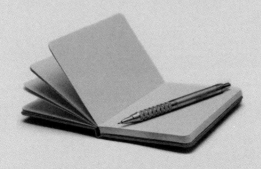

나의 '행운'은
그들의 '행운'과는 다르다

하버드대로부터
강연 요청을 받다

'대체 무슨 이야기를 하면 좋을까?'

2011년, 하버드대에서 강연 요청이 왔을 때, 제일 먼저 내 머릿속에 떠오른 질문이었다. 하버드대, 전 세계에서 가장 뛰어난 학생들에게 대체 무슨 이야기를 들려줘야 그들에게 도움이 될까?

나는 답답한 마음에 딸들에게 고민을 털어놓았다.

"아직 무슨 이야기를 해야 할지 정하지는 못했지만, 어쨌든 나는 행운아가 맞는 것 같다. 세계에서 가장 뛰어난 학생들이 모인 하버드대에서 공부하는 것도 아니고 강연을 하다니, 그렇지?"

자랑이 살짝 섞인 내 고민 상담에 딸들은 약속이나 한 듯 엄지손가락을 치켜세웠다.

"아빠 같은 분의 딸인 저희들이 더 행운아죠."

해외에서 근무하는 아버지를 둔 덕분에 성장 기간 동안 한곳에 오래 머물지 못한 것을 불평할 수도 있을 텐데, 그런 자신들을 행운아라고 여기는 딸들을 보니 대견하고 또 행복했다. 한편으로 온갖 기대를 받으며 세계 최고의 교육을 받고 있을, 내 딸들보다 어린 친구들에게 좋은 말을 해주어야 한다는 부담감이 더욱더 강하게 밀려왔다. 그래도 젊은 친구들에게 주고 싶은 메시지는 분명히 있었다. 내 인생의 중심을 잡아준 행운아 마인드에 대해 그들과 공유하고 싶었다.

"그런데 말야, 행운아 마인드는 이미 다들 갖고 있지 않을까?"

나의 걱정에 딸들은 고개를 저었다.

"행운아라고 하면 단순히 '럭키lucky'라고 생각하는 사람이 훨씬 많을걸요?"

딸들의 말에 나는 자신감이 생겼다. 그러고 보니 딸들의 말이 맞는 것 같았다. 사람들은 아직도 '행운'에 대해 내가 생각하는 '행운'과는 다른 생각을 하고 있었다. 나는 강연을 많이 다니는 편인데, 강연의 단골 질문들 가운데 하나가 바로 행운아 마인드에 대한 것이었다.

"어떻게 하면 행운아 마인드를 가질 수 있습니까?"

행운아 마인드 vs 불운아 마인드

딸들의 말에 힘을 얻은 나는 국어사전을 펼쳐들었다. 사전에는 '행운'이 대체 어떻게 정의되어 있기에 '행운아 마인드'를 갖기 힘든

지 알고 싶었던 것이다.

　　"행운幸運 : 〔명사〕 행복한 운수. 좋은 운수."

　국어사전에 나온 행운은 내가 생각하는 의미와 비슷했지만, 오해의
소지가 많았다. '행복'이란 뜻에는 고개가 끄덕여지는데, '운수'라는 말
에는 고개를 갸웃할 수밖에 없었다. 그래서 나는 다시 사전에서 '운수'
와 '행복'의 뜻을 찾아보았다.

　　"운수運數 : 〔명사〕 인간의 능력을 초월하는 천운天運과 기수氣數"
　　"행복幸福 : 〔명사〕 1. 복된 좋은 운수.　2. (심) 심신의 욕구가 충족되
　　　　　　　　　어 조금도 부족감이 없는 상태."

　'행복'의 두 번째 뜻까지 찾아본 후에야 비로소 나는 만족한 웃음을
지을 수 있었다. 그동안 내가 선택했던 어휘가 잘못된 게 아니었음을
확인할 수 있었기 때문이다. 동시에 다른 사람들이 왜 행운에 대해 오
해하고 있는지 조금은 알 것 같았다. 모두가 행복의 '결과'로 인한 현상
에만 주목하고 있었다. 행복이 만들어지는 '과정', 행운의 가장 중요한
포인트는 생략했던 것이다.
　자신을 불운하다고 여길 때, 사람들은 자신에게 좋은 기회가 주어지
지 않았다고 생각한다. 나에게 도움이 될 만한 사람들도 만나지 못했
고, 내가 능력을 발휘할 무대는 항상 저 멀리에 있다고 속상해한다.
　나는 하버드대에 있는 젊은 친구들도 그렇게 생각하고 있을지도 모

른다고 생각했다. 지금은 남들이 다 부러워하는 학교에서 남부러울 것 없이 생활하고 공부하지만, 그 안에서도 분명히 경쟁이 있을 것이고 학교를 졸업하면 더 넓은 세상에서 경쟁해야만 한다. 당연히 자기가 생각한 대로 일이 풀리지 않을 때가 올 것이다. 한 사람이 인생을 통틀어 끝까지 성공할 수 있는 힘을 가지고 있느냐 없느냐는 바로 이때 세상이 내 마음 같지 않을 때 판가름 난다.

행운아 마인드를 갖고 있느냐, 불운아 마인드를 갖고 있느냐가 그 사람의 인생이 걸어가는 방향을 결정한다.

'불운아 마인드'라는 말까지 만들어내느냐고 되물을 사람도 있을 것이다. 이 말은 단순히 행운아 마인드의 반대말이 아니다. 행운아 마인드라는 단어를 자기 것으로 가진 사람의 삶이 달라지는 것처럼 불운아 마인드를 가진 사람은 이후의 삶 자체가 달라진다.

인생의 어느 시점에서, 이 두 가지 마인드 중 어느 쪽으로 스며드느냐에 따라 앞으로의 인생 전체가 달라진다. 그것은 마치 히말라야산맥 정상에 떨어진 단단한 눈의 씨앗과도 같다. 한번 구르기 시작한 손톱만 한 눈뭉치가 중력에 따라 드넓은 눈밭을 구르다가 거대한 눈덩이가 되듯이, 한번 자리잡은 마음가짐은 인생의 갈림길마다 움직이며 자기 자신과 인생 전체를 행운 혹은 불운으로 결정지어 버린다. 최초의 마음가짐은 '선택'의 문제다. 선택권도 자신에게 있다. 그러나 그다음부터는 자연스럽게 한쪽으로 스며든다. 긍정적으로 보는 습관, 빈도수, 부정적인 마음을 멈추고 자신을 들여다보는 습관, 이 모든 것이 마음과 인생에 스며든다.

행운이란 국어사전에 나와 있듯이 행복한 운수다. 사전에서 행복의 첫 번째 뜻은 결과론적인 의미이다. 그러므로 인생을 현재진행형으로 살아가는 우리들에게는 큰 의미가 없다. 하지만 딱히 성공이나 야망을 품지 않은 사람이라 할지라도, 자기 나름의 인생을 열심히 살아가는 우리들은 행복의 두 번째 뜻에 주목할 필요가 있다.

"심신의 욕구가 충족되어 조금도 부족감이 없는 상태." 바로 이것이다. 우리는 이런 상태에서 행복하다고 느낀다. 나는 이쯤에서 또다시 묻고 싶다.

"당신은 어떤 상황이 되어야 심신의 욕구가 충족되어 조금도 부족감이 없는 상태가 될 수 있습니까?"

영민한 사람들은 곧바로 느낄 수 있을 것이다. 이 질문은 인생, 아니 범위를 좁혀 보면, 일과 생활을 대하는 사람의 자세와 태도에 대한 것이다. 당장 자신에 대해 대답하는 것이 힘들다고 느껴진다면 타인에 대해서 생각해보자.

누구라도 좋다. 한 사람을 떠올려 그 사람에게 방금 내가 한 질문을 한다고 가정해보자. 물론 상상이니, 대답은 당신이 하기 나름이다. 재벌 회장이라면 두 번째 의미의 행복을 언제 느낄까? 지하철 계단에서 구걸하는 거지는 언제 행복하다고 느낄까? 세계에서 가장 유명한 대중 스타는 늘 행복할까? 마더 테레사 수녀처럼 타인을 위해 봉사하고 헌신하는 사람들은 언제 행복을 느낄까?

신중한 사람이라면 그 사람의 입장이 되어 보지 않고는 대답하기 힘들다고 할 것이다. 맞다. 돈이 얼마나 필요하냐는 질문, 밥을 얼마나 먹어야 하냐는 질문 등에는 대답할 수 있을지 몰라도, 사람이 언제 행복을 느끼느냐는 어디까지나 개인의 몫이다. 돈, 명성, 조건 등으로 교환

되지 않는 것이 바로 행복이기 때문이다.

그런데 사람들은 "당신은 행운아인가?"라는 질문에 물질적 조건이나 물질적 조건을 취할 수 있는 기회를 먼저 생각한다. 하지만 행복이란 결코 그런 것으로 만들 수 있는 물질이 아니다.

"누가 가장 행복한가?"라는 질문에 대해 나는 '행복을 느낄 수 있는 사람'이라 답하고 싶다. 좀 더 구체적으로 말하자면 '행복을 쉽게 느끼는 사람, 작은 일에도 행복을 느끼는 사람'이 가장 행복한 사람이다.

불행하다고 느끼는 사람들은 구구절절 조건이 많다. 당신은 언제 행복하냐고 묻는 질문에 답하지 못하는 사람들도 당신은 언제 불행하냐는 질문에는 쉽게 대답한다. 돈이 없을 때, 여자친구가 없을 때, 승진할 기회가 없을 때, 상사가 자기를 알아주지 않을 때, 멋진 시계를 가질 수 없을 때, 예쁜 옷을 살 수 없을 때 등등……. 불운아 마인드는 모든 상황에서 늘 결핍된 것만 찾는 사람들의 마음에 쉽게 자리를 잡는다.

나는 감히 이런 사람들을 '오만한 사람'이라고 말하고 싶다. 나는 돈이 이만큼 있어야만 행복하고, 이 정도의 여자친구 혹은 아내가 있어야 행복하다고, 당연히 승진 기회가 착착 내 앞에 펼쳐져야 행복하다고, 예쁜 물건을 척척 살 수 있어야 행복하다고 스스로 규정하는 것이다. 즉 자신이 가진 능력보다 더 큰 것을 기대하고, 만일 그 기대에 부응하지 못하면 행복하지 않다고 자신의 행복을 쉽게 깎아내린다. 불운아 마인드를 가진 사람들의 문제는 행복의 프레임이 너무 작고, 높고, 좁다는 것이다.

나의 히스토리

        내가 '행운아 마인드'에 대해 말하면 어떤 사람들은 '긍정적인 태도'라고 바꾸어 말하기도 한다. 그 또한 맞다. 나뿐만 아니라 내가 만난 대부분의 성공한 경영자들은 긍정적인 태도를 지니고 있었다. 또한 스스로 운이 좋은 사람이라고 여기는 사람들이 많았다. 하지만 그들 모두가 누구나 바라는 조건에서 태어난 것도 아니고, 고난이 없었던 것도 아니다. 바로 내가 그런 것처럼.

  지나온 내 인생을 뒤돌아보면 늘 내가 기대했던 것 이상의 일이 벌어졌다. 가난한 산골 두 칸짜리 초가집에서 장남으로 태어났기 때문인지, 원래 기대 자체가 크지 않았기 때문일 수도 있겠다. 하지만 '불운아 마인드'를 가진 사람은 바로 그런 출신 때문에 자신의 인생이 제대로 풀리지 않는다고 불평한다. 자신에게 겸손하지 못하고 자신을 낮출 줄 모르는 마음이 그를 지배하고 있기 때문이다.

  중학교를 졸업할 즈음, 나는 읍내의 철공소에 다녀야겠다고 마음먹었다. 철공소에 가서 기술을 배우면 밥벌이를 할 기술을 배울 수 있을 것이고, 툭하면 끼니를 거르는 집안에 조금이나마 보탬이 될 것이라고 생각했다. 그래서 친구들이 고등학교에 간다고 떠들썩할 때 부럽지 않은 것은 아니었지만, 어릴 때부터 밥벌이를 해야 한다고 생각했기에 마음이 동요될 정도는 아니었다. 다만 무엇을 하든 열심히 하는 편이라 중학교 때까지 공부하는 것만큼은 게을리하지 않았다. 감사하게도 나의 성적을 아까워하신 선생님 덕분에 고등학교 입학시험을 치긴 했지만, 고등학교에 간다는 것은 내게 공상에 불과했다. 나에게는 시험 결과보다 철공소 주인아저씨께 인사를 드리는 것이 더 중요한 일이었다.

그런데 뜻밖의 일이 벌어졌다. 고등학교에서 입학시험 성적이 좋다며 장학생으로 선정되었다는 것이다.

'내가 고등학교에 갈 수 있다니! 감사합니다! 감사합니다! 정말 감사합니다!'

나는 누구에게랄 것도 없이 감사의 인사를 수없이 올렸다. 아마 그때가 처음이었던 것 같다. 스스로를 행운아라고 생각하기 시작한 시기도 그 즈음부터였다. 감히 꿈꾸지도 않았던 배움의 길이 열렸으니 고등학교 때 공부를 열심히 하지 않을 리 없었다. 하지만 고등학교에는 나보다 공부를 잘하는 친구들이 얼마든지 있었다. 매일매일 열심히 공부를 했지만 안타깝게도 2학년 때 장학생 시험에서 떨어지면서 더 이상 학교에 다닐 수 없게 되었다. 나는 정말 간절히 공부를 하고 싶었기에 실망도 컸고 잠깐 낙심하기도 했다. 하지만 내가 한 일의 결과이니 하는 수 없다고 생각했다. 등록금을 낼 수 없었던 나는 학교에 가는 대신 밭으로 나가 일을 했다. 잠시 쉬는 시간에는 밭고랑에 앉아 검정고시를 치러볼까 하는 궁리를 할 정도로 배움에 대한 아쉬움이 컸다. 그렇지만 특별히 불행하다고 생각하지는 않았다. 그런데 이번에도 행운이 나를 기다리고 있었다.

"이채욱, 읍내 적십자병원 원장님 댁에서 과외를 해줄 학생을 찾는다고 해서, 널 추천했다. 입주 가정교사 자리인데 할 수 있겠나?"

"예! 그런데 선생님, 어째서 저를……?"

너무도 감사했지만 뜻밖의 행운에 어안이 벙벙했다. 선생님은 성실한 학생이 배울 수 있는 기회가 꺾이는 것이 안타까운 차에 돈을 벌며 학교를 다닐 수 있는 기회가 생겨서 나를 추천했을 뿐이라고 말씀하셨

행운아 마인드

다. 성실하게 공부하는 것은 학생이라면 당연한 일인데 그 덕분에 한줄기 빛과 같은 기회가 찾아오다니, 나는 너무나 기뻤고, 스스로를 다시 한번 행운아라고 생각했다.

다시 학생이 된 나는 졸업할 때까지 입주 가정교사를 하며 고등학교를 무사히 졸업했다. 졸업반에서는 면사무소 서기 시험을 열심히 준비했다. 중학교 졸업 즈음에는 철공소에 갈 준비를 했던 터라 고등학교를 졸업하고 공무원 시험 준비를 할 수 있다는 것이 마냥 즐거웠다. 그런데 어느 날, 담임 선생님이 나를 불렀다.

"영남대에서 4년 전액 장학생을 모집한다는 공고가 났다. 1월에 시험이 있으니 한번 원서를 내봐라."

"장학생이오? 하지만 대학 입학시험은 2월이지 않습니까?"

당시는 지금과 달리 매년 2월에 대학교 입학시험이 있었다. 선생님은 정기 시험 전에 특채로 학생을 뽑기 위해 1월에 시험이 있다고 말씀하셨다. 생각지도 않은 행운이 다시 한번 나를 찾아왔고, 최선을 다해 시험을 치렀다. 결과는 감사하게도 합격이었다. 내가 응시한 학과는 법학과. 철공소를 준비했던 내가 고등학교를 졸업하고, 면사무소 서기를 준비하던 내가 영남대 법대의 장학생이 된 것이다.

'내가 대학생이 되다니! 여러분, 제가 대학생입니다!'

대학에 합격했을 때의 내 기분은 온 세상에 나를 자랑하고 싶은 마음뿐이었다. 큰소리로 내가 대학생이라는 것을 소리치고 다녀도 모자랄 만큼, 하늘을 나는 기분이었다. 하지만 실제로 소리를 칠 수는 없어서, 대신 매일 대학교 교복을 입고 다녔다. 모두가 나를 지켜보는 것 같아 나의 기분은 더할 수 없이 우쭐했다.

그때 세상에 나 같은 행운아는 없는 것 같았다. 고등학생 때까지 나는 옆집 면서기 아저씨처럼 되고 싶었다. 공무원 시험을 봐서 와이셔츠 차림으로 자전거 뒤에 도시락을 싣고 면사무소로 출근하는 것이 이 세상에서 최고로 출세한 모습이었다. 그랬던 내가 대학까지 다니다니, 행운이 아니면 도저히 일어날 수 없는 일이었다.

그후에도 나는 많은 순간 나 자신이 얼마나 큰 행운을 누리고 있는지 느끼며 살아왔다. 하지만 생각보다 많은 불운아들을 보면서 행운아 마인드에 대해 또 한 번 생각하게 되었다. 누군가는 내가 긍정적인 마인드를 타고났다고 하는데, 내가 타고난 것이 있다면 묵묵히 일하는 부모님을 닮은 성실함 정도였다. 성실함은 대부분의 사람들이 갖고 있는 덕목이니까 그 정도를 가지고 행운아라고 말할 사람은 없을 것이다.

성공의 열쇠,
행운아 마인드의 선순환

나와 똑같은 조건에서 태어나 자란 사람이라도 좀 더 나은 조건이 온 다음에 비로소 성실성을 발휘하기로 했다면 결과는 달라졌을 것이다. 따라서 중요한 것은 자신의 성실성을 주어진 조건하에서 발휘하는 것이다. 지금 있는 자리에서 최선을 다하지 않는 사람들은 결코 '좀 더 나은 기회'를 만나지 못한다. 행운아 마인드는 자신을 낮추고, 현재 상황에서 최선을 다한 사람이 기대하지도 않은 기회를 만났을 때 얻게 되는 성공의 열쇠다. 기대하지 않았던 기회를 만났으니 기회를 준 사람이 기대했던 것 이상으로 더 열심히 일하게 되고, 그 모습이 또다시 그에게 기대 이상의 기회를 열어준다. 이것이 바로 성공의 열쇠, 행운아들만이 경험할 수 있는 '행운아 마인드의 선순환'이다.

자신을 필요 이상 대단한 사람이라고 생각하지 않고 주어진 상황에서 늘 최선을 다하는 사람, 그래서 작은 기회에 크게 행복해하는 사람, 그 행복으로 신나는 열정을 불러일으키는 사람, 그 열정으로 다른 사람들에게까지 긍정의 에너지를 전달해줄 수 있는 사람. 이런 사람들이 바로 행운아다.

불운아들은 행운아들과 딱 정반대이다. 불운아들의 대표적인 특징은 남들이 생각하는 것보다 자신을 대단하게 생각한다는 것이다. 그러니 주어진 상황이 늘 불만족스럽고, 그렇기 때문에 자신은 100퍼센트 노력을 다하지 않아도 된다고 생각한다. 그런데 주어진 기회는 늘 자신이 기대했던 것보다 훨씬 작다. 심지어 보잘것없다. 나는 이렇게 살 사람이 아닌데, 다른 더 큰 기회가 주어졌다면 더 잘할 수 있는데……. 그러니 늘 불행을 느낄 수밖에 없다. 불행하다고 느끼니 주어진 기회를 기회로 잡지 못한다. 일에 몰입이 안 되니 성실할 수도 없다. 불성실한 탓에 나쁜 결과를 얻으면 그때부터는 자신의 탓이 아니다. 자신과 함께 일한 동료들이나 상사나 환경 탓이다. 내 탓일 리가 없다. 그러니 그 사람 주위에는 사람이 없다. 누구도 그 옆에 가고 싶어 하지 않는다.

행운아 마인드는 이렇게 '선순환'하지만, 불운아 마인드도 순환한다. 그러나 불운아 마인드의 순환은 '악순환'이다. 행운아 마인드를 가진 성공한 경영인들은 자기 자신만이 아니라 조직 전체를 악순환에 빠뜨리는 불운아를 결코 뽑지 않는다. 설령 그가 정말 대단한 능력의 소유자라 할지라도 그와 함께 일하지 않는다. 회사라는 집단은 한 사람의 무대가 아니고, 많은 사람들이 힘을 모아 다 함께 행복하게 일해야 할 조직이기 때문이다. 이는 하버드대에서 공부한 학생들이라 할지라도 피할 수 없는 현실이다.

나는 하버드대 강연에서 이렇게 공자의 말을 인용했다.

"아는 자는 좋아하는 자만 못하고, 좋아하는 자는 즐기는 자만 못하다.One who KNOW is less than one who LIKE. One who LIKES is less than one who ENJOYS."

《논어論語》〈옹야편雍也篇〉에 나오는 유명한 구절, "지지자 불여호지자, 호지자 불여락지자知之者 不如好知者, 好之者 不如樂之者"라는 문장으로 내가 평소에 정말 좋아하는 구절이다. 하지만 나는 여기에 하나를 더 했다.

"즐기는 자는 행운아 마인드를 가진 자만 못하다.One who ENJOYS is less than one who believes he is a LUCKY GUY."

삼성이라는 국내 대기업, GE라는 외국의 대기업, 인천공항이라는 최고의 공기업에서 전문경영인으로 일한 내가 자신있게 보증할 수 있다. 누구도 행운아 마인드를 가진 사람은 이기지 못한다. 행운아 마인드를 가진 사람이 가져오는 예기치 못한 기회와 운수, 선순환은 인생을 성공의 길로 이끄는 거대한 물길이다. 다행히도 그 씨앗을 갖기란 그리 어렵지 않다. 불평할 시간에 자기가 가진 작은 것에 감사하는 것. 미워할 시간에 내 옆에 있는 소중한 사람들을 기억하는 것. 누구나 인생의 어느 시기엔가 분명히 맞닥뜨리는 슬럼프의 시기를 재충전의 귀한 시간으로 여기는 것. 이 세상에 작은 일은 없다는 것. 이런 작은 마음의 변화들을 놓치지 않으면 행운의 씨앗은 조용히 그 싹을 틔운다.

행운아 마인드

Magical thinking,
magical chance!

꿈은 '시간'을 먹고 자란다

magical thinking이란 말을 처음 들었을 때, 나는 굉장히 좋은 단어라고 생각했다. 그런데 알고 보니 정신의학에서 쓰는 용어로, 우리말로 번역하면 '미신적 사고' 내지는 '마술적 사고'라고 했다. 운동선수가 흔히 갖고 있는 징크스 등이 이 magical thinking의 익숙한 예이다. 아침에 검은 고양이를 보면 재수가 없다는 유의 전혀 상관없는 두 가지 요소를 연결하는 사고방식이니, 그다지 좋은 뜻은 아닌 셈이다. 하지만 좀 아쉬웠다. magical thinking의 우리말 번역어인 '마술적 사고'는 내가 강조하는 행운아 마인드와 어떤 의미에서 많이 닮았기 때문이다. 그래서 나는 정신의학 쪽의 좋지 않은 뉘앙스를 가진 '미신적 사고'의 의미는 빼고, 말 그대로 기적을 일으키는 '마술적 사고'를 하라고 권하고 싶다.

내가 아무리 '행운아 마인드의 힘'을 말하려 해도 당장 하루살이가 쉽지 않은 이들에게는 잘 받아들여지기 힘들다. 힘들고 팍팍한 현실, 그 삶을 살아가는 이들에게 행운이란 여전히 멀게만 느껴질 수 있다.

2010년 인천공항 신입 사원 공채의 경쟁률은 533 대 1이었다. 실로 어마어마한 경쟁률이 아닐 수 없다. 인천공항만이 아니다. 웬만한 기업 공채, 공무원 시험, 각종 고시…… . 요즘 20대들의 능력, 소위 '스펙이 단군 이래 최고'라는 말이 돈다는데, 그 말이 전혀 과장으로 들리지 않는다. 열심히 자신의 능력을 개발한 20대들이 매번 취업에 고배를 마시고 아르바이트를 전전하면서 과연 무슨 생각이 들까? 생각만 해도 가슴이 아프다. 취업 준비생뿐만이 아니다. 등록금 문제로 자살한 대학생들의 소식을 들을 때마다 젊은 세대 전체가 걱정된다. 그런 그들에게 CEO인 내가 행운아 마인드를 역설하면 오히려 역효과를 낼 수도 있다. 웬 마음 편한 소리냐고 비아냥거릴 수도 있다.

'행운아 마인드'는 앞서 말했듯이 '요행'이나 하늘에서 뚝 떨어진 '운수'가 아니다. 그것은 결국 자기 스스로 마음에 씨를 뿌려 긴 시간 키워내야 할 인생의 귀한 열매다. 그런데 왜 많은 사람들이―20대뿐만이 아니라 모든 세대를 통틀어―자신을 행운아라고 지칭하며 싱글벙글 웃는 얼굴을 가진 사람들이 많지 않을까? 이만큼 나이가 든 사람으로서 감히 말한다면, 그것은 전적으로 자기 탓이다. 인생을 놓고 볼 때 시련을 가장 많이 겪는 시기는 젊은 시절이다. 그런데 젊은 시절은 딱히 '열정'이라는 말을 하지 않아도 그 자체가 열정으로 가득찬 시기다. 내 말은 좋은 뜻의 열정만을 의미하지는 않는다. 커다란 범죄자가 되는 사람들도 젊은 시절부터 열심히 범죄를 저질러왔다. 또한 비관주의자가 되는 사람들도 젊은 시절부터 아주 열심히 비관적인 생각을 해왔다. 요는 무엇을 하든 자신의 에너지를 폭발적으로 쏟게 되는 시기가 바로 젊은 시절이라는 뜻이다. 젊은 시절의 대표적인 특권은 도전과 시도, 그리고 시행착오다. 도전과 시도가 많을수록 더 많이 실패하는 것은 지극히 당연하다. 지금 20대들은 자신들만이 시련을 겪는다고 생각하겠지만, 내가 젊었을 때도, 아니 수백 년 전에도 젊은 세대는 늘 그렇게 생각해왔다.

세상 모두가 나를 도와주지 않는 것 같고, 회사란 회사는 다 나를 왕따시키는 것 같고, 돈이란 돈은 다 남의 것인 것 같고, 멋진 여자나 남자는 다 애인이 있는 것만 같은 그런 시절. 바로 이때 자신의 마음을 바꿔야 한다. 힘든 시기에 굴하지 않고 행운아 마인드를 계속 키워간 사람만이 저 멀리 있는 것 같은 성공적인 인생을 언젠가 자신의 것으로 만들 수 있다.

태도는 어떻게
당신의 삶을 바꾸는가

내가 처음 '행운아 마인드'를 어렴풋이나마 깨달은 것은 고등학교 때였다.

'아, 난 진짜 운도 좋구나!'

고등학교 2학년 때 등록금이 없어서 학교를 못 가고 밭에서 일하고 있을 때, 교장 선생님이 나를 부르셨던 순간, 나는 그 순간을 잊지 못한다. 그때 나는 너무나 행복해서 이렇게 생각했다.

생각지도 않은 가정교사 자리가 하늘에서 뚝 떨어졌으니, 어린 고등학생에게 그것은 요행 같은 행운으로 느껴질 만했다. 그때는 교장 선생님 이하 다른 선생님들이 왜 내게 그런 기회를 만들어주셨는지 깊이 짚어볼 생각조차 하지 못할 정도로 어렸다. 하지만 나이가 들고 사회적 책임도 커지면서 어느새 내가 누군가를 보며 같은 마음을 갖게 되었다.

내가 즐겨보는 TV 방송 가운데 〈생활의 달인〉이라는 프로그램이 있다. 같은 일을 몇 십 년 동안 하면서 어느새 달인의 경지에 오른 사람들. 주위의 모든 사람들이 입에 침이 마르도록 칭찬하다 못해 TV 방송국에 제보를 해서 방송에 나온 그 달인들은 눈을 감고도 자신의 일을 척척 해낸다. 음식 배달, 주차, 음식 만들기, 제품 포장하기, 스티커 붙이기 등등. TV에 소개된 달인들의 일은 사회 통념상 대단한 일에 속하지는 않는다.

일손이 부족하면 '이런 일쯤이야……' 이렇게 말하며 아르바이트를 구해서 시킬 수 있는 일들이다. 실제로 난생처음 하는 사람들도 몇 번 보고 따라할 수 있는 종류의 일이 대부분이었다. 하지만 TV에 나오는 달인들이 일하는 모습을 보면, 절대 '이런 일쯤이야……'라는 말이 나오지 않는다. 그래서 나는 매번 이렇게 말하곤 한다.

"얼마나 연습을 오래하면 저렇게 할 수 있을까?"

달인이 자신의 일을 대하는 모습은 정말 진지하다. 그 일을 제대로 하기 위해 스스로 고안한 기술, 완벽한 결과물 등이 입을 쩍 벌리게 할 정도로 훌륭해서 달인의 일은 아무나 할 수 없는 것처럼 보인다.

분명 일의 종류는 똑같은데 달인이 하는 일은 어째서 전혀 다른 느낌을 주는가? 그것은 일을 대하는 사람의 태도가 전혀 다르기 때문이다. 똑같은 일을 똑같은 시간 동안 했다고 해도 모두가 달인이 되는 것은 아니다. 한 사람이 어떤 마음으로 일을 대하느냐, 어떤 태도로 일을 하느냐는 단기간에 드러나지 않는다. 그러나 긴 시간이 지나면 아주 정확히 보인다. 그 결과는 어떻게 드러날까? 성과로? 돈으로? 지위로? 모두 틀린 답은 아니지만, 정확한 답은 아니다. 가장 정확한 답은 그 사람의 얼굴이다. 뜨거운 젊은 시절을 보내고 이른바 완숙할 나이에 이른 사람들의 얼굴을 보면 대충은 그 사람의 인생이 보인다. 일의 종류나 지위를 알 수 있다는 뜻이 아니다. 그 사람이 자신의 일을 어떤 마음으로 대하며 살아왔는지, 그 사람의 얼굴이 모든 것을 보여준다.

　　그 사람이 일을 대하는 태도는 사람의 얼굴도 다르게 할 수 있다. 자신의 일에 달인이 된 사람들은 결코 자신의 일을 '아무나 할 수 있는 하찮은 일'로 여기지 않는다. 남들이 다 '이까짓 것!'이라고 말해도, 그 자신만은 그 일을 자신만의 특별한 것으로 만든다. 그것은 일을 대하는 태도인 동시에 자신의 인생을 대하는 태도이기도 하다.

　　음식점에 가면 아르바이트생인 듯한 젊은 친구들이 물컵을 나르고 물을 따라준다. 나는 그들이 물을 따라주는 모습만 봐도 그가 앞으로 자신의 인생을 멋지게 살아갈지 아닐지 느낄 수 있다. 만면에 웃음을 짓고 상냥하게 물을 따라주는 사람과 무뚝뚝한 표정으로 물이 넘치든 말든 대충 컵에 쏟아붓고 가버리는 사람이 똑같이 보인다는 게 오히려 이상하다. 그 컵에 든 물을 마시는 손님은 상냥하게 물을 따라준 사람을 함부로 대하지 못한다. 그는 자신의 일을 소중히 여기고 열심히 하고 있기 때문이다.

'이까짓 일!'

꿈 많고 혈기왕성한 20대 가운데 누가 남의 식당에서 정규직도 아닌 아르바이트로 일하는 것에 만족하겠는가? 하지만 종류가 어떠하든 자신이 지금 하는 일을 '이까짓 일'로 만드는 것도, '소중한 직업'으로 느끼게 만드는 것도 온전히 그 자신의 몫이다. '이까짓 일'을 하는 사람의 일을 사람들은 무시한다. 하지만 제대로 된 사람 중에 타인의 '소중한 직업'을 무시하는 사람은 없다. 주로 '이까짓 일'이라고 쉽게 말하는 사람들이 직업의 종류로 사람을 경솔하고 무례하게 판단한다.

지금 무슨 일을 하든 좋다. 지금 그 일을 절대 '이까짓 일'이라고 생각하지 마라. 그 일을 하는 사람이 바로 자신인데, '이까짓 일'이나 하는 자기 자신은 대체 얼마나 하찮은 사람이란 말인가? 작은 일에 최선을 다하는 사람들, '달인'의 경지에 든 사람들은 일 자체를 넘어서 자기 자신을 소중히 여기는 사람들이다. 어떤 일을 하든 자기 자신과 자신의 인생을 하찮게 만들 수 없다는 소신이 명확한 사람들이다.

이제 나는 고등학교 때 선생님들의 마음을 이해할 수 있다. 고등학생이 되었다는 것만으로도 신이 났던 나는 학생 노릇을 제대로 했다. 열심히 공부하고 모든 일에 적극적으로 임하는 모범생이었다. 비록 성적이 떨어져 장학금을 놓쳤어도 그동안 내가 쌓아온 하루하루는 선생님들의 마음에 깊이 남았다. 그 마음이 돈이 없어 학교에 갈 수 없었던 나를 '아까운 학생'이라고 판단하게 만들었던 것이다.

큰 기회는 언제나
'사소한 일'로부터 시작된다

　　　　사소하고 작은 일은 생각보다 훨씬 더 중요하다. 그 사소해 보이는 일을 열정을 다해 해내는 사람들에게 기회가 찾아오기 때문이다. 기회를 줄 수 있는 위치의 사람들, 그 사람들도 다 같은 과정을 거쳐 기회를 줄 수 있는 위치에 올랐다. 사람들이 무심한 것 같아도 꾸준히 진심으로 무언가에 최선을 다하는 사람은 다 알아볼 수 있다. 당장은 기회를 주지 못한다 해도 항상 마음속에는 뭔가 하나라도 알려주고 싶고, 하나라도 기회를 주고 싶은 마음을 갖게 된다.

　선생님의 소개 덕분에 얻게 된 가정교사 일을 나는 정말 진심으로 기쁘게 받아들여 최선을 다했다. 남은 학창 시절 내내 그 집안 분들과 가족처럼 친해졌고, 덕분에 돈 걱정 없이 졸업할 수 있었다.

　전액 장학금 덕분에 꿈도 꾸지 못했던 대학생이 된 후, 내게는 큰 도시였던 대구로 나가 하숙을 하게 되면서 하숙비와 생활비를 벌어야 했다. 그때도 가정교사 일을 찾았는데, 다른 친구들보다 일자리 찾기가 훨씬 쉬웠다. 고등학교 때 학비를 벌기 위해 했던 가정교사가 경력이 되어 유리하게 작용했던 것이다. 당시에도 나는 그것이 그저 행운이라고만 여겼다.

　가정교사를 그만두고 군대에 간 것은 공부에 전념하기 위해서였다. 당시 월남전이 벌어졌는데, 월남에 지원을 하면 가정교사를 하지 않아도 남은 대학 생활을 할 정도의 돈을 벌 수 있을 것 같았다. 당시 월남전에 지원한 육군 병장의 전쟁 수당은 한 달에 54달러였다. 당시 환율이 1달러당 300원이고, 하숙비가 2,000~3,000원 정도 했으니 꽤 큰 돈이었다. 행운아 마인드가 없었다면 학비 때문에 전쟁터까지 가야 하는 내 형편에 대해 한탄을 했을지도 모르지만, 나는 그저 공부에만 전념할 시간을 벌 수 있는 좋은 기회라고 여겼다. 그래서 최선을 다해 군대 생활을 했다.

제대한 후 학교에 복학하면서, 나는 잠시 사법고시를 준비했다. 하지만 가장으로서 생활비를 벌어야 하는 상황이라 고시를 포기하고 삼성에 입사했다. 그때 내가 배치된 곳이 무역을 담당하는 삼성물산이었다. 당시 삼성에서 가장 인기 있는 계열사였는데, 나는 나 같은 촌놈이 좋은 곳에 배치되었다고 정말 기뻐했다. 그런데 지금 생각해보면, 월남전에 참가했던 이력이 무역 담당 회사로 가는 데 일조했을 수도 있다는 생각이 든다.

지금은 웃을 일이지만, 당시 우리나라 사람들은 외국인에 대해 막연한 두려움이 있었다. 헌병으로 복무할 정도로 체격이 컸던 나도 외국인 하면 먼저 겁부터 집어먹었었다. 그 막연한 두려움이 사라진 계기가 바로 월남전이었다.

월남전에서 내가 있었던 부대는 십자성 부대였다. 부대 바로 앞에 미군 막사가 있었는데, 멀게만 느껴지던 미국인들이 눈앞의 가까운 데서 보이니 점차 두려움이 사라져갔다. 두려움이 덜해지니 막사 앞으로 가서 미국 군인들 앞을 지나다녔다. 아무리 지나다녀도 아무 일이 없었다. 그래서 짧은 영어로 인사를 하니 그쪽에서도 웃으며 인사를 받아주었다. 시간이 지나 악수를 해도 별일이 없었고, 콜라를 얻어 마실 정도까지 되니 외국인에 대한 두려움 자체가 사라졌다. 영어를 배울 시간은 없었지만, 외국인에 대한 괜한 거리낌이 사라진 것만으로도 내게는 큰 소득이었다. 당연히 삼성물산에서 일하며 외국인을 대할 때도 거리낌이 없었다. 사소하다면 사소한 월남전에서의 경험이 나 자신에게는 하나의 장벽을 넘어서는 역할을 해준 것이다.

마술 같은 일은 또 벌어졌다. 나에게 '감천고해'라는 네 마디 교훈을 심어준 고철 사업의 뼈아픈 실패. 나는 비록 실패했지만 수습에 최선을 다했다. 내 일을 하찮게 할 수 없다는 마음, 그 마음이 쓰디쓴 실패에도 도망치지 않고 끝까지 마침표를 찍게 했다. 그 일을 수습한 후, 나는 사표를 수리 받는 대신 삼성 해외지점으로 발령이 났다. 회사 차원에서는 잠시 쉬라고 보내준 자리였지만, 나는 그곳에서도 즐거운 마음으로 일에 몰입했다. 당연했다. 엄청난 실패를 수습하고 사표를 내겠다고 마음먹었던 사람인데, 어떤 자리인들 행복하지 않을 수 있겠는가?

두바이 지점은 삼성 해외지점이라고 했지만, 실은 삼성과 두바이 주마 알마지트라는 회사의 합작회사였다. 이 합작회사에서의 경험이 나중에 삼성과 GE 합작회사의 사장으로 발령나게 된 작은 계기가 되었고, 사업을 정리하라고 발령이 났던 삼성-GE 합작회사를 성공적인 혹자 회사로 만든 경험은 다시 세계적인 기업, GE로 가는 데 커다란 계기가 되었다. 그리고 국내와 국외의 거대 기업에서 최선을 다해 일했던 경험 덕분에 공기업인 인천공항을 세계 최고의 공항으로 만드는 기회를 얻었고, 그곳에서 나의 경영 노하우를 아낌없이 쏟아부을 수 있었다.

학업을 계속하기 위해 시작한 가정교사, 월남전 참전……. 그때 내가 과연 그 이후에 다가올 일들을 알고 있었을까? 나는 그저 매 순간 나에게 온 기회에 최선을 다했을 뿐이다. 그런데 그 순간들이 모여 내 인생에 '마술'을 부렸다. 학비가 없었던 것은 어린 내게 분명히 큰 어려움이었다. 나 말고도 많은 학생들이 같은 어려움을 갖고 있었다. 어떤 이들은 그 어려움을 즐거운 마음으로 극복했을 것이고, 어떤 이들은 불평불만을 쏟아내며 힘들게 그 순간을 견뎌냈을 것이다. 하지만 사람은 즐겁지 않으면 얼굴과 태도에 그대로 드러난다. 게다가 오래 견디지도 못한다. 시련을 이겨내는 과정은 길고 험난하다. 대체로 인생의 기쁜 순간은 짧고, 힘든 시기는 더 길게 느껴진다. 시련이 닥친 데는 분명히 이유가 있다. 그 일을 이겨내는 과정에서 어떤 좋은 기회를 만날지, 어떤 중요한 인연을 만날지, '최선을 다해' 겪어 보지 않고는 모른다. 지금 내게 주어진 일을 소중하게 여기지 않고 '이까짓 일'로 여기며 인상 쓰고 한다면 최선을 다할 수도 없다.

기회는 언제 올지 모른다. 사소한 일에 최선을 다한 그 순간이 언젠가, 어떤 인연과 계기가 되어 새로운 기회로 찾아올지 모른다. 그 수많은 사소한 일들, 그 연결고리 중 어느 한 지점이라도 허술하다면 결과적으로 자신에게 이롭지 않다. 점점 더 삶이 힘들어질 뿐이다.

작은 일에도 최선을 다하는 열정, 열정을 샘솟게 하는 행운아 마인드. 행운아 마인드로 마음의 중심축을 잡고, 열정으로 일상을 충만하게 만드는 순간, 그때부터 실제로 마술 같은 일이 펼쳐진다. 사소한 일을 할 때는 감히 상상도 못한 일들이 당신 앞에 펼쳐질 것이다. 인생은 아무도 모른다. 다 알고 인생을 사는 사람은 없다. 한 치 앞도 모르는 우리가 할 수 있는 것은 지금 이 순간 내 앞에 놓인 일에 최선을 다하는 것뿐이다.

남의 시선으로
자신을 재단하지 마라

나는 정말 나를 알고 있을까?

흔히 자기 마음은 자신이 가장 잘 안다고 생각한다. 그래서 누군가 자신을 오해하면 자기 진심을 몰라준다며 서운해한다. 어떤 행동을 하거나 말을 할 때, 그것이 자신의 생각이라고 철석같이 믿는다. 하지만 진정으로 그것이 자신의 마음이라고 자신 있게 말할 수 있는 사람은 많지 않다. 다들 못나서 그렇다는 말이 아니다. 대부분의 사람은 마음이 약하기 때문이다.

마음이 약하다고 말이나 행동까지 연약하다는 것은 아니다. 실제로는 마음이 약한 사람인데 큰소리로 대다수 사람에게 피해가 되는 주장을 옳다고 떠들 수도 있다. 실제로는 마음 약한 사람이 큰 폭력을 휘둘러 다른 사람들을 벌벌 떨게 만들기도 한다. 그들은 세상을 파괴하는 행동과 거친 마음이 자신의 것이라고 믿겠지만, 실은 오랜 세월 자신을 지배해온 부정적인 생각의 결과인 경우가 많다. 부정적인 마음은 자신의 본성을 다치게 하고 결국에는 온 마음을 점령한다. 그래서 행복이나 행운처럼 좋은 생각이 얼씬도 하지 못하게 만든다.

이것은 나의 주관적인 생각이 아니다. 어린이들을 키우는 엄마나 선생님들은 어린이들을 행운아로 만드는 방법을 너무나 잘 알고 있다. 나는 사람이 긍정적인 마음을 갖고 태어난다고 생각한다. 아무리 어려운 상황에서 자라나는 어린이들이라도 믿을 수 없을 정도로 밝은 표정을 짓고 있는 것을 보면 내 생각이 맞는 것 같다. 하지만 이렇게 긍정적으로 태어난 어린이들 모두가 다 행운아로 자라는 것은 아니다.

어린이를 교육하는 분들의 말씀을 들어 보면, "아니", "안 돼", "네 잘못이야", "안 됐다" 등의 부정적인 말을 반복해서 들으며 자라는 아이들은 자신감이 꺾이고 미래에 대해서도 비관적으로 생각하게 된다고 한다. 반면에 "잘했어", "맞아", "실수했지만 그럴 수도 있어", "최고야!" 등의 긍정적인 말을 들으며 자라는 아이들은 자신감이 충만하고 학습이나 운동 등 모든 면에서 적극적이며 미래에 대해서도 희망을 갖고 있다고 한다. 아이들이 칭찬받기를 좋아하는 것도 어쩌면 자신의 타고난 행운아 마인드를 본성대로 지키기 위한 것일지도 모른다.

행복한 고등학생
입주 가정교사

그러면 어릴 때부터 긍정적인 말로 격려를 받고 잘 자란 사람들만 행운아 마인드를 가질 수 있단 말인가? 물론 그렇지는 않다. 사람은 늘 부정적인 생각을 가질 수 있다. 하지만 생애 어느 순간, 바로 이 책을 읽는 순간이라도, 생각을 바꾸면 행운의 씨앗을 가질 수 있다. 행운의 씨앗을 가진 사람이 그때부터 가장 경계해야 할 것은 타인의 시선이다.

긍정적인 마인드를 언급할 때 많은 사람이 물컵에 담긴 물의 양을 예로 든다. 컵에 물이 반이 담겨 있을 때, 긍정적인 사고를 가진 사람은 반이나 남았다고 생각하고, 부정적인 사고를 가진 사람은 반밖에 남지 않았다고 생각한다는 것이다. 식상하지만 딱 맞는 예라고 생각한다. 내가 강조하고 싶은 것은 컵에 물이 반이나 담겨 있다는 사실이다. 사실 자체는 변함이 없고 누구에게나 같은 조건이다. 하지만 그것을 바라보는 마음은 다양할 수 있다. 어떤 마음을 갖게 되느냐는 사람마다 다르겠지만, 가장 중요한 포인트는 자신에게 도움이 되는 마음을 갖는 것이다.

내가 입주 가정교사로 들어가게 되었을 때, 많은 분들이 이렇게 말했다.

"쯧쯧, 어린 것이 벌써부터 남의 집에서 눈칫밥을 먹어서 어쩌나……."

"돈 좀 벌겠다고 집 떠나 고생이 많네."

결코 악의에서 나온 말이 아니었다. 고등학생 아이가 입주 가정교사로 남의집살이를 한다고 하면 지금도 이런 말을 할 사람들이 많을 것이다. 모두 돈 없는 아이의 처지를 안쓰럽게 생각하고 불쌍한 마음에서 하는 말이니 그들을 '친절한 사람들'이라고도 할 수 있다.

하지만 당장 가정교사를 할 집에 들어가는 그 아이에게 이런 말들이 얼마나 도움이 될까? 그 아이에게 등록금을 대줄 사람이 하나도 없는 상황에서 이런 말을 당사자가 듣는다면 그 아이는 어떤 마음으로 가정교사를 할 집에 들어갈 것인지 생각해봐야 한다.

다행히도 그때 나는 그런 말들이 귀에 들리지 않았다. 나는 그저 내 힘으로 돈을 벌어 학교에 다시 갈 수 있다는 사실에 신나 있었을 뿐이다.

'학교하고 인연이 끝날 줄 알았는데, 이런 기회가 생기다니, 이런 행운이 또 있을까?'

그때 나의 현실은 두 가지였다. '입주 가정교사 그리고 학교.' 컵에 든 물처럼 현실을 어떻게 보느냐는 오로지 자신의 몫이다. 남들이 '입주 가정교사'에 방점을 찍고 안됐다고 혀를 찰 때, 나는 '학교'에 방점을 찍고 있었다. 아니, 그 정도가 아니라 학교밖에 보이지 않았다. 도대체 입주 가정교사가 무슨 문제라는 것인지 어른들의 걱정이나 혀를 끌끌 차는 소리들을 이해할 수 없었다. 내게는 학교생활이 기다리고 있었고, 학교는 나의 미래를 위해 더없이 중요한 길이라는 것. 가장 목말라했던 문제가 해결됐는데, 도대체 무엇이 문제란 말인가.

입주 가정교사가 안쓰러운 일이라고 말들을 하지만 실제로 겪어 보지 않으면 알 수 없다. 진짜 그 입장이 되어 겪지 않을 사람들은 사실 그 일에 대해 제대로 알지 못한다. 그러면서도 지레짐작으로 그저 한마디씩 무책임하게 툭툭 던질 뿐이다. 나의 가정교사 생활이 바로 그랬다.

'아니, 쌀밥이잖아?'

행운아 마인드

가정교사 집 밥상을 보고 나는 속으로 깜짝 놀랐다. 하얀 쌀밥에 고기반찬이 나오는데, 그것도 세 끼가 전부 그런 진수성찬이었다.

'어휴, 나 혼자 먹으려니 미안하다. 매끼 이런 호강을 하다니 난 참 운이 좋구나!'

집에 있는 동생들이 생각나서 미안한 것만 빼면 신바람이 났다. 덩치 큰 고등학생이면 얼마나 먹성이 좋을 때인가? 집에 있을 때 쌀밥은 명절이나 제사 때 겨우 구경할 수 있는 귀한 음식이었고, 평소에는 거친 보리밥을 거르지만 않아도 고마운 일이었다. 그런데 기름기가 자르르 흐르는 쌀밥을 매끼 먹으니 몸에 힘도 나고 공부도 더 잘되었다.

그래서 처음에 등록금이 생긴다고 생각해서 신나게 시작한 일이 더욱 신이 났다. 매일 싱글벙글 지내며 시간이 되면 동생 가르치듯 가정교사 일만 하면 되니, 호강도 그런 호강이 따로 없었다.

특히 나를 감격하게 만든 것은 나만을 위한 독방과 그 독방에 호화롭게 쳐진 모기장이었다. 지금은 모기장이 별 것 아니지만, 내가 어릴 때 모기장은 구경하기도 힘들었다. 시골에는 그렇잖아도 모기가 많은데, 모기장이 없으니 밤마다 여기저기 뜯기며 잠을 설치는 것이 일이었다. 그렇다고 머리 굵은 동생들과 한방에서 뒹굴며 자는 더운 여름밤, 방문을 꼭꼭 닫고 잘 수도 없었다. 그래서 생각해낸 방법이 문살에 바른 한지의 가운데 부분을 뜯어내고 손바닥만 한 모기장을 붙이고 지냈다. 하지만 그렇게 해서는 더위를 견뎌낼 수 없어서 결국 문을 활짝 열고 자는 날이 많았다. 그런데 가정교사 할 집에 가니, 독방을 턱 내주고는 모기장까지 멋지게 쳐주었다. 당연히 신이 날 수밖에 없어서 즐겁게 생활했는데, 그 집 어른들은 그런 내가 성실하고 보기 좋다며 가족처럼 대해주셨다.

해보지 않으면 모른다

삼성에서 GE와의 합작회사로 발령이 났을 때도 주변 사람들 중에 안됐다고 여긴 이들이 있었다. 부실기업이니 빨리 정리하고 오라는 의미의 인사라고 조언해주는 사람들이 있을 정도였다. 솔직히 나도 처음에는 기분이 좋지 않았다. 내 나름 최선을 다해 일해왔는데, 왜 하필이면 부실기업으로 발령이 났는지, 남들의 말처럼 좌천성 인사는 아닌지 순간이나마 별별 생각이 다 들었다. 하지만 그 회사에 가서 냉정하게 현상을 파악하자 삼성-GE 합작회사는 접어야 할 이유보다는 키워야 할 이유가 더 많았다. 나는 패배주의에 빠진 직원들과 나 자신에게 합작회사의 좋은 점, 성장 가능성을 되뇌며 큰소리로 회사를 살리는 구호를 실제로 외치곤 했다. 그 경험으로 배운 것 또한 가정교사 때와 같았다.

"해보지 않으면 모른다!"

그리고 또 하나.

"나의 일에 대해 책임감 있게 말해주는 타인은 없다."

부정적인 말은 힘이 세다. 특히 상황이 좋지 않을 때, 부정적인 말은 사람의 마음을 사로잡을 위험이 크다. 그리고 한번 사로잡히면 좀처럼 그 주문에서 벗어나기 힘들다. 사람은 누구나 안 좋은 상황에서는 뒤로 도망치고자 하는 약한 마음이 있기 때문이다. 그 약한 마음을 인정하고 싶지 않아서 어느 순간 그 마음이 타인의 말에서 나온 것이 아니라 자신의 판단에서 나온 것이라고 믿게 된다. 이른바 타인의 시선에 길들여지는 순간이 온다.

어릴 적 읽은 《이솝우화》에는 〈부자와 당나귀〉라는 이야기가 나온다. 아버지와 아들이 당나귀를 팔기 위해 시장으로 향해 가는데, 우물 옆에서 한 여인이 부자를 보며 비웃는다.

"당나귀를 두고 걸어가다니!"

이 말을 들은 아버지는 여인의 말에 따라 아들을 당나귀에 태운다. 이렇게 조금 더 가는데 도중에 노인들을 만난다. 그런데 노인들이 그들의 모습을 보고 혀를 끌끌 차며 서로 이야기를 나눈다.

"요즘 젊은 것들은 도대체 노인을 공경할 줄 모른다니까! 늙은 애비는 걸어서 가고 새파랗게 젊은 것이 당나귀를 타고 가다니!"

이 말을 들은 아들은 당나귀에서 내리고, 이번에는 아버지가 당나귀에 올라탄다. 또 그렇게 한참을 가는데, 아이를 안은 한 젊은 엄마가 고개를 저으며 한탄한다.

"아이가 저렇게 지쳤는데, 아버지만 매정하게 당나귀를 타고 가네."

이 말을 들은 아버지는 민망하여 아들을 다시 안장에 태운다. 이렇게 부자가 당나귀를 타고 가는데, 행인들이 이번에도 그들을 탓한다.

"저 작은 당나귀에 두 사람이나 타고 있다니, 당나귀가 불쌍하지도 않소? 내가 보기엔 당신들이 당나귀를 매고 가는 것이 맞겠소."

그 소리를 들은 부자는 황급히 당나귀에서 내려와 당나귀 다리를 밧줄로 단단히 묶은 다음 장대에 당나귀를 붙잡아 매달고 각자 장대의 한쪽 끝을 잡고 시장을 향해 가고 있었다. 이윽고 그들이 강에 걸린 다리를 지날 때 반대편에서 오던 사람들이 당나귀를 매고 쩔쩔매며 지나가는 부자를 보면서 너무나 기가 막히고 우스꽝스러워서 참지 못하고 큰소리로 깔깔대며 웃어 버린다. 그러자 그 웃음소리에 놀란 당나귀가 사납게 발버둥치는 바람에 묶어 놓은 밧줄이 끊어져 그만 당나귀가 강물에 풍덩 빠져 죽고 말았다. 결국 아버지는 할 수 없이 아들만 데리고 빈손으로 집으로 돌아와야 했다.

이 이야기의 영어 제목은 '누구도 만족시키지 못한 사람'이다.

타인의 시선은 그저 하나의 시선일 뿐이다. 어떤 현상을 바라볼 때, 가장 중요한 것은 다른 사람의 말이나 시선이 아니다. 자신의 목표와 꿈, 나의 시선이다. 이 일이 나에게 어떤 의미인가를 생각하고, 해야 할 일이라면 당장 현장으로 들어가라. 들어가면 밖에서는 보이지 않았던 긍정적인 요소가 보인다. 나의 긍정성을 무책임한 타인의 시선과 말에 내주지 마라. 타인의 무책임한 시선에 휘둘리는 순간, 나의 행운의 사이클도 끝난다.

여러분은
533클럽의 회원입니다

**뱅앤올룹슨에게 배우는
성공 비결**

　　GE에 있을 때, 뱅앤올룹슨Bang & Olufsen에 간 일이 있다. 뱅앤올룹슨은 음악 애호가라면 누구나 갖고 싶어 하는 오디오 시스템과 영상 가전을 생산하는 기업이다. 덴마크의 대표적인 기업으로 뛰어난 품질과 아름다운 디자인으로 명품 가전이라는 평가를 받고 있다. GE 연수의 일정으로 그곳에 갔을 때, 그 뱅앤올룹슨 제품에 관해 질문할 기회가 있었다. 나는 늘 궁금해하던 질문을 던졌다.

　　"당신네 회사 제품이 참 좋기는 한데, 리모컨이 너무 무겁소. 소비자들에게 편리하도록 그걸 고칠 생각은 없습니까?"

　　"아니오. 고칠 생각이 없습니다!"

의외의 대답에 모두들 의아해하고 있는데, 이때 뱅앤올룹슨 책임자의 대답이 참 인상적이었다.

"우리 제품은 최고입니다. 우리는 우리의 제품이 어디서나 여왕처럼 대접받기를 원합니다. 리모컨이 가벼우면 사람들은 툭툭 던지고 바닥에 떨어져도 개의치 않습니다. 하지만 무거우면 리모컨의 존재를 의식하지 않을 수 없습니다. 최고의 제품이 최고의 대접을 받게 하는 것이 우리의 생각입니다."

그의 말처럼 뱅앤올룹슨 제품은 리모컨이 무겁다 보니 손에 쥘 때마다 그것을 의식하지 않을 수 없었다. 게다가 모서리도 삐죽삐죽해서 바닥에 떨어뜨리면 나무나 장판으로 된 실내 바닥에 흠집이 나기 일쑤였다. 말 그대로 여왕 대접을 하지 않을 수 없게 만드는 제품이었다.

사실 지금도 나는 '무거운 리모컨'이라는 뱅앤올룹슨의 제품 콘셉트가 과연 옳은지 어떤지는 잘 모르겠다. 하지만 그들의 제품에 대한 자존심만은 누구에게든 꼭 배우라고 말하고 싶다. 그 정도의 자부심이 부끄럽지 않을 정도의 제품, 당당하게 여왕 대접을 해달라고 말할 수 있는 확신은 그곳에서 일하는 멤버들의 자부심이기도 하다. 나는 뱅앤올룹슨에서 혹은 아웃소싱으로 일하는 모두가 스스로를 '여왕 대접을 받을 만한 사람'이라고 자부한다는 사실을 알 수 있었다. 처음에는 뱅앤올룹슨의 제품이 최고였을지 모르지만, 지금은 최고의 사람들이 그곳에 있다. 이렇게 최고의 자부심들이 모여야 최고의 제품을 만들 수 있는 것이다.

부디, 마음껏 자랑하라

"회사라는 조직 안에서 개인의 마음 상태가 그렇게 중요한가요?"

누군가는 이렇게 물어보고 싶을지도 모르겠다. 세 가지 종류의 회사에서 CEO로 일해본 바로는 무엇보다 개인의 마음 상태가 중요하다고 생각한다. 회사는 조직일지 몰라도 회사를 이루는 것은 결국 사람이기 때문이다.

일하면서 내내 점심식사를 함께한 동료들을 떠올려 보자. 매번 다른 식당에서 밥을 먹어도 주로 한다는 말이 "참 더럽게 맛없네" 하는 사람이 있을 것이다. 이런 사람은 맛있을 때도 "뭐, 그저 그렇네"가 최상의 표현이다. 그런가 하면 매번 "와, 이런 맛이 있었어?"라고 말하며 맛있게 먹는 사람도 있다. 이런 사람은 아주 맛이 없을 때도 "음, 꽤 먹을 만한데?"라고 말한다. 당신이라면 누구와 점심시간을 함께하고 싶은가?

하품은 전염된다는 말이 있는데, 사람의 심리야말로 전염병처럼 금방 퍼지는 특징이 있다. 조직이 크다 보면 부정적인 사람도 당연히 있다. 하지만 막상 그와 팀을 이루어 매일 부딪치는 사람들은 매일 괴롭게 지내다가 얼마 지나지 않아 그의 부정적인 성향에 무의식적으로 물들고 영향을 받는다. 그러다 보면 팀의 사기가 형편없이 떨어지기 일쑤다.

잘나가는 조직에는 행운의 팀이 있고, 행운의 팀에는 행운아들이 모여 있다. 행운아들은 자기 스스로 매우 겸손하지만, 자신에 대한 자존심과 자부심이 분명한 사람들이다. 쉽게 말하면 자신이 한 일에 대해 만족하고, 자신이 이룬 성취를 자랑스러워한다.

꿈에도 생각지 못한 대학생이 되었을 때, 나는 장학금을 받도록 열심히 일한 나 자신에 대한 자부심이 있었다. 어린 나이라 그런지 온 세상에 나를 자랑하고 싶은 마음이 컸다.

"내가 대학생이다!"

이렇게 소리치고 싶었다. 하지만 그렇게 소리치고 다니면 미친 사람 취급을 받을 테니 그럴 수는 없었다. 하는 수 없이 어디를 가나 교복을 입고 다녔다. 당시에는 대학교에도 교복이 있었는데, 나로서는 정말 즐거운 일이었다. 그리고 그때는 쑥스러워서 자랑하느라 그렇게 했다고 말하지 못했지만, 이제는 말할 수 있다. 나는 자랑하고 싶은 마음에 교복을 줄기차게 입고 다녔다.

하버드대 강연에서도 언급한 적이 있지만 동양 사람들은 침묵을 미덕이라고 배운다. 그래서인지 스스로 드러내는 것을 꺼리고, 특히나 자신을 자랑하는 일을 금기시하는 경우가 많다. 그러나 글로벌 기업에서 일하다 보면 지나친 겸손 때문에 불이익을 당하는 사람들을 종종 본다. 딱히 글로벌 기업에서 일하지 않는다 해도 스스로를 자랑스러워하는 마음은 누구에게나 필요하다. 때때로 타인(대부분은 부하 직원)이 해낸 일에 이름 하나 얹어서 생색만 내는 사람들이 있는데, 그들의 마음속에서는 자신의 성과에 대한 자부심이 생겨날 수 없다. 자신이 열심히 노력해서 이룬 성취가 아니기 때문이다. 타인의 성취는 자신의 에너지를 더 강하게 만들어주는 생산적인 자존감이 될 수 없다. 스스로 최선을 다한 자만이 누릴 수 있는 자부심. 그런 당당한 자부심은 충분히 자랑할 만하다. 자부심에 근거한 자랑은 스스로를 북돋아주는 큰 힘이 된다. 그러니 정당하고 합당한 성취라면 부디, 마음껏 자랑하라.

행운아 마인드

자부심을 잃지 않는
최선의 방법

　　대학생이라는 사실을 자랑하고 싶어 근질거렸던 청춘이었던 내가 이제는 매년 대학을 갓 졸업하고 회사에 입사한 신입 직원들을 마주하는 CEO가 되었다. 세월이 많이 흘렀는데도 여전히 한국 회사의 한국 직원들은 스스로를 자랑하는 일에 서툴다. 그래서 CEO인 나는 그들에게 자랑할 수 있는 기회를 공식적으로 만들어주곤 한다.

　"여러분, 이제부터 여러분은 인천공항의 533클럽 회원입니다!"

　2010년 인천공항 신입 사원 공채의 경쟁률은 533 대 1이었다. 내가 만난 신입 사원들은 그 어마어마한 경쟁률을 뚫고 입사한 사람들이었다. 인천공항에 들어오기 위해 기울였을 그들의 노력과 인내를 생각하면 아무리 자랑해도 모자랄 만큼 대견한 성취다. 하지만 회사에서, 그러니까 이미 다 같은 직원이라는 타이틀을 가진 사람들 사이에서 자랑을 한다는 것이 새삼스러워 보일 수도 있다. 그래서 스스로를 충분히 칭찬해주지 못하고 별 것 아닌 성취처럼 그냥 지나가고 만다.

　'533클럽'은 그것이 안타까워서 내가 붙여준 이름이었다. 힘든 일이 있을 때마다, 스스로 하찮게 느껴질 때마다, 자신이 533 대 1의 경쟁률을 뚫을 정도로 엄청나게 노력한 적이 있었다는 사실을 기억하기를 바랐다. 자신이 그 정도로 대단한 사람임을 잊지 않는 사람은 자신이 가치 있고 대단한 존재임을 스스로 믿기 때문이다. 이후에도 끊임없이 노력하게 되어 있다.

　533클럽의 1주년 기념일에, 그들이 나의 회사 생활 1년차에 대해서 물었다.

"몇 십 년 전의 일을 물어보면 어떻게 하나요?"

이렇게 웃으며 불평하기도 했지만, 그 질문을 들으니 처음 회사에 입사한 후 1년 동안의 일들이 주마등처럼 스쳐지나갔다.

지금 취직하기가 어렵다고들 하는데, 내가 삼성에 입사하던 1972년에도 번듯한 일자리는 귀했다. 내가 삼성 공채 13기였는데, 당시 입사 동기가 185명이었다. 경제 규모가 달라졌다고는 해도 지금과는 비교할 수 없을 정도로 적은 숫자였고, 경쟁률도 마찬가지로 셌다. 취직이 확정되었을 때도 나는 스스로 운이 좋다고 생각했는데, 회사에 들어가 보니 정말 엄청난 행운임에 틀림없었다. 나와 함께 입사한 동기들은 하나같이 명문대 출신에 집안도 좋고 매너나 모든 것이 다 세련되어 보였다.

'한강 이남 영남대를 나온 내가 이런 사람들과 함께할 수 있다니!'

촌놈이 출세했다는 생각을 하니 하는 일마다 신바람이 났다. 모두가 나보다 훌륭해 보였다. 아는 것도 훨씬 많았고, 무역 업무를 주로 하는 회사인 만큼 외국에 대한 이해도 나보다 많은 것 같았다. 나는 주위가 온통 선생님이라는 생각으로 모르는 것이 있을 때마다 이것저것 묻고 빠짐없이 배웠다.

입사 동기라고 하면 경쟁자라고 생각하는 사람들도 있지만, 사람이란 기본적으로 선의를 갖고 있어서 진심으로 도움을 요청하고 진심으로 배우려 들면 자신이 배워서라도 자세히 가르쳐준다. 상대의 수준을 알아보려고 묻는 질문과 선생님으로 생각하고 묻는 질문은 티가 나는 법이다. 이렇게 1년간 열심히 배우고 열심히 일을 하자, 생각지도 않은 행운이 또 내게 찾아왔다.

1년 만에 특진을 한 것이다. 당시 입사 동기 중 특진을 한 친구가 네 명. 선생님 같은 수많은 동기들 사이에서 승진을 하게 되자, 나는 참 신이 나면서도 한편으로는 덜컥 겁도 났다. 내가 다른 사람들보다 잘나서 특진한 것이 아니라는 생각이 들었기 때문이다.

'가만있자, 잘했다고 특진을 시켜주었을 텐데……. 내가 잘하는 게 도대체 뭘까?'

이런 생각은 나를 되돌아보는 계기가 되었다. 전부 다 부족해 보였다. 엄격한 잣대로 내가 어떤 능력을 갖고 있는지 따져보았다. 무역회사인 삼성물산에서 특진까지 했는데, 무역에 대해서 아는 게 하나도 없는 듯했다. 영어도 제대로 못했고, 해외전문가도 아니었다.

'큰일 났구나! 이래서야 어떻게 회사에 도움이 되는 존재가 될 수 있겠어?'

특진은 기쁜 일이기도 했지만, 한편으로는 현실을 통감케 하는 계기가 되었다. 높은 경쟁률을 뚫고 회사에 입사하고, 그 동기들 중에서 특진까지 했으면 그에 걸맞는 사람이 되어야겠다는 결심이 커졌다. 나 자신을 자신 없는 사람으로 그대로 내버려둘 수가 없었다. 나에 대한 자부심을 잃지 않기 위해서는 오로지 공부만이 답이었다.

그때부터 나는 회사의 교육 프로그램을 열심히 이용하고 내 것으로 만드는 사람이 되었다. '코트라KOTRA의 무역실무 과정'을 시작으로 성균관대 무역대학원을 야간으로 다녔고, 한국외국어대학 외국어연수원에서 영어 공부를 했다. 그 외에도 고려대학교 국제대학원, 서울대 경영자 과정, 세계경영연구원, 와튼스쿨 과정, 서울과학종합대학원, 삼성경제연구소의 여러 과정 등 직장생활을 하는 내내 공부를 멈추지 않왔다. 나에게 기회를 준 회사에 도움이 되는 사람이 되고 싶었다. 스스로 자부심을 가질 수 있는 사람이 되어야겠다는 목표가 나를 부지런히 노력하게 만들었다. 그리고 이런 노력 덕분에 나는 어느덧 나 자신을 부끄럽게 여기지 않을 수 있는 사람이 되었다. 나는 지금의 타이틀보다 부족함을 깨닫고 꾸준히 공부해온 나 자신이 더 자랑스럽다.

가족들이 내게 준 '선물'

스스로를 북돋우고 끝없이 노력할 수 있는 힘의 원동력은 가족에게서도 얻을 수 있다. 투명하고 성공적인 CEO들은 대부분 가정에서도 성공한 사람들이다. 아버지 혹은 어머니로서, 남편 혹은 아내로서 최선을 다한 사람들이고, 배우자와 자녀들로부터 좋은 에너지를 얻는다. 나 역시 지난 세월 사랑스러운 딸들과 아내로부터 커다란 지지와 힘을 얻었다. 가족들이 나를 자랑스러운 아버지, 남편으로 알고 있기에 나 또한 그 기대를 저버리지 않도록 즐겁고 열심히 살 수밖에 없었다.

"여보, 이제 와이셔츠 다리는 일은 그만둬요. 세탁소에 맡기면 편하지 않소?"

얼마 전까지 나는 이렇게 아내를 채근했다. 아내는 결혼해서 지금까지 내가 따로 멀리 살 때를 빼고는 한 번도 내 와이셔츠와 양복바지를 남의 손에 맡긴 적이 없었다. 여행을 가더라도 그 날짜 수에 맞게 미리 다려놓고 여행을 다니곤 했다. 젊을 적에는 그냥 그런가 보다 생각했는데, 나이 든 아내를 생각하니 꼭 자기 손으로 다림질하는 아내가 안쓰러웠다. 하지만 아내는 고집불통이었다.

"내가 한번 해보니까 이래저래 하다가 주름만 잡히고 여간 신경 쓰이는 일이 아니던데, 뭘 꼭 한다고 그래요? 옆구리도 아프고 하니까 그냥 세탁소에 맡깁시다."

"제가 할 거예요. 내 행복인데 괜히 뺏으려고 하지 마세요."

자신의 행복이란 말을 처음에는 믿지 않았지만, 차츰 그 말을 믿게 되었다. 밖에서 일하는 남편의 옷을 자기 손으로 다려준다는 것은 아내에게는 단순히 옷을 다린다는 의미가 아니었다. 구겨진 옷보다는 말끔한 옷차림이 깔끔하고 사람을 당당하게 하는 것이 사실이다. 하지만 아내가 다려준 옷은 내게는 주름 하나 없는 옷 그 이상이었다. 말끔하게 다림질된 그 옷에는 밖에 나가서 당당하고 기죽지 말라는 아내의 응원이 고스란히 담겨 있었다. 그런 아내의 마음을 늘 입고 다녔으니 어떻게 위축될 수 있겠는가?

생각해보면 아내는 언제나 나의 자부심을 고려했던 것 같다. 이사하기 전 우리 집에는 흔들의자가 하나 있었다. 아이들이 '아빠 의자'라고 부르던 그 의자에는 나만 앉을 수 있었다. 아내가 만들어놓은 규칙이었다. 무역회사에서 시작해서 합작회사, 외국계 회사까지 장기 출장을 밥 먹듯이 하는 가장이 없어도 그 규칙은 한 번도 깨지지 않았다. 아이들은 실수로 그 의자에 앉았다가 혼쭐이 난 경험을 한 번씩은 가지고 있다고 했다. 그때는 쓸데없는 규칙이라고 생각했지만, 이제는 아내가 무슨 생각을 했는지 너무나 잘 안다. 가장이 자주 집을 비우기 때문에 오히려 가장의 권위를 지켜주고 싶었던 것이리라. 아이들이 나와 친밀하게 지내면서도 늘 아버지에 대해 존경을 표시했던 것은 다 이런 아내의 교육 덕택이라고 생각한다. 존경받는 아버지인 내가 그들의 아버지에 대한 자부심을 훼손할 일을 밖에서 할 수 없었던 것은 당연하다.

자부심은 스스로, 그리고 가족으로부터 선물받을 수 있는 최고의 마음이다. 스스로의 노력만이 만들어낼 수 있는 당당한 자부심. 누군가에게 인정받으면, 자부심은 몇 배로 더 커진다. 또한 자기 자신과의 길고 치열한 싸움에서 이긴 사람의 자부심은, 누구도 넘볼 수 없을 만큼 크고 강력하다.

현실이 갑갑할수록
긴 사이클로 생각하라

선택의 기로,
판단 기준은 나의 '미래'

"동명목재에 취직하겠소, 아니면 삼성에 가겠소?"

아무래도 이 질문은 요즘 친구들에게는 무의미한 것 같다. 무슨 우문인가 싶을 것이다. 그럼 질문을 고쳐보겠다.

"연봉 3,000만 원 주는 데를 가겠소, 2,000만 원 주는 데를 가겠소?"

이렇게 물으면 어떤 대답을 하겠는가? 쑥스러워 얼른 입으로 대답하기 머뭇거려진다면 또다시 질문을 고쳐보겠다.

"일만 열심히 하면 되는 회사를 가겠소, 아니면 미래를 위해 훈련받을 수 있는 회사를 가겠소?"

이 질문에 대답을 하려면 좀 더 생각할 시간이 필요할 것이다. 40년 전쯤 내가 그랬던 것처럼. 당시 나는 동명목재와 삼성, 두 회사에 합격한 상태였다. 선택의 기로에 서게 된 것이다. 지금은 두 회사 가운데 어떤 회사를 선택해야 할지 명확해 보이겠지만, 당시에는 전혀 그렇지 않았다.

지금은 동명목재라는 회사가 사라졌지만, 내가 첫 취직을 고민하고 있을 당시 그 회사는 우리나라 수출 1위를 자랑하는 큰 회사였다. 그때 우리나라는 말할 수 없이 가난해서 외국에 수출할 물건이 없었다. 수출할 거라곤 많지도 않은 자원뿐이었는데, 동명목재는 목재나 합판을 외국에 파는 회사였으니 우리나라 수출 1위 기업이 되었던 것이다. 회사도 대구에서 가까운 부산에 있었고, 규모도 컸다. 당시 삼성은 지금처럼 거대한 기업이 아니었다. 월급도 동명목재가 월등히 많이 주었다. 돈이 많은 기업답게 면접시험에 참가한 수험생들에게 면접비 1만 원을 봉투에 넣어주었다. 그에 비해 삼성의 면접비는 2,000원, 당시 대졸 신입 사원의 월급이 4만 원이었다. 요즘 젊은이들도 그렇겠지만, 가난한 집안의 장남이었던 내게 많은 월급은 무시할 수 없는 매력적인 요소였다.

하지만 나는 고민 끝에 삼성을 선택했다. 그때 나를 삼성으로 이끈 가장 큰 요인은 '미래'였다. 내가 주목했던 것은 삼성의 사훈이었다. 당시 삼성의 사훈을 아직도 기억한다.

"1. 인재제일, 2. 합리추구, 3. 사업보국."

인재를 제일로 삼고, 합리적으로 일하며, 사업으로써 나라를 사랑한다는 사훈이 젊은 마음을 들뜨게 했다. 무엇보다도 사훈의 1번이 진심으로 느껴졌다. 그때도 삼성은 사업 분야가 다양했고, 무엇보다 일을 체계적으로 배울 수 있는 회사였다. 미래 인재양성소를 표방하는 삼성의 분위기가 젊은 내게는 많은 월급보다 더 매력적이었다.

두 번째 나를 움직였던 것은 두 기업의 성격이었다. 당시 동명목재는 규모가 컸지만 개인 업체의 덩치가 커진 형태로 여전히 오너 체제로 움직이는 회사였다. 그에 비해 삼성은 법인체로서 합리적인 의사 결정이 이루어지는 조직이었다.

"삼성에서는 친인척이 더 불리하대."

내가 입사할 당시 들었던 이런 소문도 삼성행을 결심하게 하는 큰 이유였다. 오너 위주의 개인 업체에서는 아무래도 합리적인 의사 결정이 꺾일 때가 많을 것 같았다. 그러다 보면 일에 회의를 느낄 수도 있다는 것이 내게는 중요한 선택의 기준이었다. 나의 선택은 옳았다. 삼성에도 오너의 친인척이라는 사람들이 취직해 있었지만, 공채로 들어온 사람들보다 한 등급 낮게 시작했고, 승진에서도 불이익을 당했다. 내가 최선을 다해 일하면 모든 기회가 동등하게 주어진다는 믿음은 회사가 커가는 데 없어서는 안 될 조건이다. 내가 회사 새내기 시절의 삼성은 그 모든 것을 만족시키는, 좀 더 나은 미래를 꿈꾸게 만드는 회사였다.

나는 지금 젊은 친구들에게도 미래를 염두에 두고, 긴 안목으로 선택을 하라고 말하곤 한다. 늘 젊은 마음으로 사는 나로서는 "요즘 젊은 이……" 운운으로 시작하는 말을 하고 싶지 않지만, 이만큼 사회생활을 한 입장에서 후배들에게 해주고 싶은 말을 하려면 어쩔 수 없을 때가 있다.

인생을 함부로 평가하지 마라

언젠가부터 '자살'이라는 단어가 일상생활에서 가까운 말이 되었다. 특히 자살을 선택하는 사람들이 젊은 세대라는 데 마음이 아프고 한탄스럽기도 했다. 대중의 시선에 노출된 연예인이든, 학업 경쟁에 뒤처진 카이스트 학생들이든 그들의 선택이 잘못된 것임을 분명히 말해주고 싶었다. 인생 선배로서 후배들에게 나는 이런 말을 들려주고 싶다.

"현실이 갑갑할수록 긴 사이클로 인생을 바라보라."

인생은 생각보다 더 긴 마라톤이다. 남의 시선으로 자신을 재단할 필요가 없는 것처럼, 인생의 성공과 실패도 타인의 시선이 무의미하기는 마찬가지다. 돈을 얼마나 벌고 지위가 얼마나 높고 영향력이 얼마나 대단한가로 한 사람의 인생을 설명할 수는 없다. 남들이 성공적인 인생이라 말할 때 도리어 그 당사자는 남몰래 고통스러울 수 있다. 반대로 어떻게 저렇게 살까 싶을 때도 당사자는 마냥 행복할 수 있다. 그런 것이 삶이고 인생이다. 하지만 이런 철학적인 조언이 식상하다면, 보통 사람들처럼 회사 생활로 인생을 채워온 사람으로서 내가 생각하는 성공과 실패, 그리고 성패를 판가름 짓는 선택에 대해 진심으로 조언해주고 싶다.

가장 먼저 강조하고 싶은 사실은, 잠시 잠깐의 성공과 실패로 인생 전체를 평가할 수 없다는 것이다. 남들의 잣대든 자신의 잣대든 상관없다. 변치 않는 사실은 성공과 실패는 인생 전체를 놓고 보면 대략적인 평균에 불과하다. 유명 연예인들을 생각해보면, 이 '평균'의 의미를 이해하기 쉽다. 이미지를 목숨처럼 여기고 대중의 기호에 따라 인기가 올라가고 내려가는 연예인들이야말로 이른바 성공과 실패가 눈에 바로 드러나는 직업이다. 그런데 그 사람의 인생 전체를 놓고 볼 때 어느 한 지점만이 그의 인생이라고 말할 수 있을까? 아니다. 다른 모든 이들이 그렇게 볼지 몰라도 바로 그 사람 자신은 긴 인생을 통틀어 바라보는 훈련을 해야 한다. 인기의 정점에 있었을 때도 있고, 곤두박질쳐서 모든 사람들에게 잊혀졌을 때도 있을 것이다. 그 높이의 고저를 평균 내보면 자신이 어느 정도 인기 있는 사람이었는지를 비로소 파악할 수 있다.

다른 사람도 마찬가지다. 인생이 잘 풀릴 때도 있고, 뭘 해도 막히고 안 될 때가 있다. 잘 풀릴 때만 자신의 인생인가? 아니다. 잘 안 될 때, 꾸준히, 열심히, 최선을 다해 자신이 생각하는 정점을 향해 한 걸음 한 걸음 옮겨야 한다. 힘든 그 시기도 자신의 인생이다. 그것을 받아들일 줄 알아야 한다. 행복은 성과를 통해 얻는 것이 아니라, 모든 과정을 즐겁게 받아들이면서 얻는 것이다. 그래도 성공이 중요하다고 여겨진다면 정점과 바닥의 평균을 내보라. 인생 전체의 평균을 다 내기 전까지는 아무리 자신이라도 자신의 인생을 함부로 평가해서는 안 된다.

그리고 또 한 가지, 시야를 확장시켜 넓게 보는 것이 중요하다. 카이스트 학생들은 전국에서 손꼽히는 수재들이다. 그런데 그들이 신문에 보도된 대로 경쟁에 지쳐 죽음을 선택했다면 안타깝게도 그들의 시야는 너무 좁았다고 할 수밖에 없다. 물론 창의적으로 연구해야 할 인재들을 학점으로 재단하는 시선은 분명히 잘못된 것이다. 하지만 부당하다고 생각하는 타인의 시선에 자신을 내맡기는 것도 잘못이다. 그 집단에 들어가기까지 자신이 이루었던 성과가 그렇게 하찮은가? 그들이 연구자로서의 꿈이 확고했다면 학점이 아니라 같은 연구를 하고 있는 전 세계의 과학자들을 생각해야 한다. 노벨상 위원회에서 전화가 오기만을 바라는, 세계 최고의 연구를 하는 수많은 과학자들의 존재를 실감했다면 그렇게 좁은 곳에서 벌어지는 일에 일희일비할 이유가 없다.

긴 사이클로 인생을 바라보라! 연예인이나 카이스트 학생들이 아닌 20대들에게도 똑같이 해주고 싶은 말이다. 넓은 시야로 자신의 현재와 미래를 가늠하라. 학교를 졸업하고 난 뒤부터는 정글처럼 험난한 사회생활이 시작된다. 평생 동안 몰입할 일과 직업도 결정하게 된다. 일을 시작하는 순간, 인생은 그야말로 선택의 연속이다.

자신만의 원칙으로
셀프 리더가 되어라

모두가 자기 마음대로 사는 것처럼 착각한다. 하지만 절대로 그렇지 않다. 남들의 시선에 의해, 남들의 잣대에 의해, 남들의 편견에 의해 선택하고 평가하고 행복까지 저당 잡혀 사는 이들이 대부분이다.

자신이 인생의 주인으로 사는 방법은 스스로 자신을 이끄는 '셀프 리더self-leader'가 되는 것이다. 셀프 리더에게는 자신만의 확고한 원칙이 있다. 나는 첫 직장을 선택할 때 나만의 기준을 세우고 그 원칙에 충실했다. 여러분은 무엇에 의해 움직이는가? 한번쯤 깊이 생각해보기를 권한다. 바쁘거나 잘나갈 때는 원칙이 없어도 두루뭉술하게 지나갈 수 있다. 하지만 누구에게나 피할 수 없는 위기는 반드시 오기 마련이다. 어려운 선택의 순간도 온다. 그럴 때 자신만의 원칙은 위기 상황에서 빛을 발하고, 변함없이 나를 지키는 힘이 된다.

행운아 마인드

돈이면 다 좋다는, 많은 사람들의 오해에 물든 사람은 자신이 돈을 가장 좋아한다고 착각한다. 그리고 남들을 휘두르는 나쁜 권력의 맛을 본 사람은 권력의 노예가 되어 패가망신하고 만다. 하지만 과연 그것이 진짜 자신이 원하는 삶인지를 곰곰이 생각해볼 필요가 있다.

요즘 20대들을 '88만원 세대'라고 부른다는 말을 들었다. 그런데 생각해보면 내가 20대일 때도 비슷했다. 당시 물가와 지금 물가를 비교해봐도 아마 비슷하지 않았나 싶다. 그때도 남들이 좋다고 인정해주는 직업을 잡기란 쉬운 일이 아니었다. 취직을 하려면 바로 이 치열한 경쟁에서 이겨야 했다. 하지만 그때 젊은이들과 요즘 젊은이들은 분명히 차이가 있는 것 같다. 바로 자신에 대한 믿음에서 차이가 난다.

젊었던 시절, 나는 미래에 대한 꿈이 있었고, 나 자신에 대한 믿음이 있었다. 나뿐만이 아니라 내 친구들도, 거의 다 그때는 그랬다. 지금 현재 그럴듯해 보이지 않는 일을 하고 있더라도 꿈만은 펄펄 살아있었다. 목구멍이 포도청이라 선택한 직업에서조차 최선을 다했고, 최선을 다했던 만큼 당당했다. 그리고 현재의 일이 자기 인생의 모든 것이라고 생각하지 않았다.

지금 월급이 88만 원인 사람도 있고 200만 원인 사람이 있을 수 있지만, 그것은 지금의 차이일 뿐이다. 이 차이가 앞으로 40년 후의 성공과 실패를 말해주는 것은 아니다.

공기업 사장인 나는 1년에 한두 번 대통령과 장·차관 및 주요기관장이 함께하는 워크숍에 참가해야 한다. 그런데 처음 패널토론을 할 때, 사회를 맡았던 서울대 총장님께서 분위기를 부드럽게 하기 위해 농담을 건넸다.

"이채욱 사장은 GE에 있었을 때 월급을 얼마나 받으셨습니까? 그보다 훨씬 적은 인천공항에 오신 것을 후회하지 않습니까? GE하고 인천공항의 월급 차이가 얼마나 됩니까?"

그 자리에는 기자들도 있었는데, 기자들은 패널토론보다 내 월급 차이가 더 궁금했던 모양이다. 토론회가 끝날 무렵 오 총장은 다시 내게 물었다.

"이채욱 사장, 처음 질문에 대한 답을 아직 못 받았습니다."

농담기가 섞인 질문이었지만 도저히 답변을 피할 수 없었다. 그래서 나는 이렇게 대답했다.

"봉급은 지갑으로 받는 것이 있고, 가슴으로, 머리로 받는 것이 있습니다. 지갑으로 받는 것은 적지만 이 세 가지를 합하면 어떤 것이 많은지 계산 중입니다."

기자들은 잘 빠져나간다며 웃었지만, 그것은 나의 진심이었고, 20대들에게 꼭 해주고 싶은 말이다.

젊은 세대들이 착각하고 있는 것 중 하나가 월급, 이를테면 연봉이다. 연봉에 따라 직장을 선택하고 단돈 몇백 만 원 차이에 쉽게 직장을 옮기기도 한다. 그러나 연봉은 눈에 보이는 숫자가 전부는 아니다.

"지갑＋머리＋가슴＝연봉"

아무리 돈을 많이 준다고 해도 비전과 보람이 없는 일을 하는 사람은 행복할 수 없다. 처음에는 좋을지 모르지만 얼마 지나지 않아 마음이 복잡해지기 시작한다. 아무리 현재 월급 명세서의 숫자가 커도 이 직장을 떠나면 쓸데없는 일을 하는 사람은 미래가 불안하다. 아무리 돈을 많이 주어도 비리를 저지르는 일만 해야 하는 자리에 있는 사람은 불행하다.

반면 자신의 원칙에 맞고, 자신의 미래를 위해 도약할 수 있는 발판이 되는 자리에서 일한다면 지금 월급이 88만 원이라도 행복할 수 있다. 오늘의 연봉이 내일의 연봉이 아님을 알기 때문이다. 직업 선택의 기준 1순위는 연봉의 숫자가 아니다. 성취감과 행복의 양을 종합적으로 판단하여 자신이 있어야 할 자리를 선택해야 한다.

누구에게나 기회는 온다. 행운의 흐름에 따라 반드시 기회가 온다. 이때 승부가 나는 것은 그동안의 준비 상태다. 여기에서 말하는 준비는 단순히 스펙만을 의미하는 것이 아니다. 준비라고 하면 많은 사람들이 어학을 생각하는데, 글로벌 시대에 언어는 분명히 중요하다. 그리고 언어 외에 업무 기술도 갖추는 것이 물론 당연히 유리하다. 하지만 그보다 더 중요한 것은 다른 인종, 다른 나라 사람들과 더불어 살 줄 아는 마음이다. 진정한 글로벌 마인드는 나 자신이 이해할 수 있는 원칙을 갖고 타인을 나 자신처럼 존중하는 마음을 뜻한다. 영어를 아무리 잘해도 더불어 살 줄 모르고 원칙도 없는 사람이 글로벌 인재가 되는 경우는 절대로 없다.

또 하나 중요한 것이 크리에이티브 마인드creative mind, 즉 창의적인 자세다. 창의적인 사람들은 두려움 없는 도전의식을 가지고 있다. 그들은 새로운 시도, 그 자체를 즐긴다. 실패를 두려워하는 사람들은 아무것도 시도하지 않는다. 안전할지 모르지만 얻는 것도 없다. 성공에서 10을 배운다면 실패에서는 100을 배우기 마련인데, 젊었을 때부터 실패를 두려워한다면 많은 시간이 흐른 뒤에도, 그 사람은 자신이 원하는 미래에 결코 도달할 수 없다.

실패에 연연해할 필요 없다. 실패 역시 여러분의 인생에서 일어날 수 있는 여러 가지 일들 중의 하나일 뿐이다. 어느 시점, 지위나 나이가 많은 상태에서 경험하는 실패는 뼈아프고 치명적일 수 있다. 하지만 젊은 시절의 실패는 스스로 견딜 만한 수준이다. 자꾸 시도하고 실패해야 심중 깊이 단단해진다. 그리고 실패를 해봐야 창의적인 리더로 성장한다. 실패하지 않기 위해 머리를 쥐어짜고, 온갖 시도를 다해 보고 지난한 과정을 거치는 동안, 비로소 유연한 사고가 발달하기 때문이다.

"아무리 부서진들 한 알의 모래알이야 안 되랴."

도전을 앞두고 실패가 두려울 때마다, 나는 이렇게 중얼거린다. 나라는 바위가 설령 실패하여 산산이 부서진다고 해도 절대 사라지지 않을 한 알의 모래로서 나는 남을 것이다. 나는 그 모래알로도 다시 일어설 수 있다고 믿었고, 또 그렇게 살아왔다.

자신만의 원칙이 있는가? 이미 원칙을 세웠다면, 남들에게 그 원칙을 굳이 설명하지 마라. 스스로 그 원칙을 진화, 발전, 성장시키는 것만 해도 바쁠 테니까.

오케스트라 리더십

새로운 시대에는 새로운 성과 지표가 필요하다

2012년 늦가을, 미국 보스턴의 나무들은 하나같이 물들어가고 있었다. 세계 어디에서나 가을이 되면 나무는 아름답게 채색되지만, 단풍을 볼 때면 늘 설악산, 내장산 등 우리나라의 산들이 생각나곤 한다. 정작 느긋한 마음으로 단풍놀이를 간 기억도 가물가물하면서 말이다. 이렇게 간절히 고국의 가을을 그리워하면서도 급한 일정으로 보스턴으로 향할 수밖에 없었던 것은 다음 두 가지 이유 때문이었다.

하나는 인천공항의 사장 자격으로 상을 받기 위해서였고, 또 하나는 리더로서 보스턴대학 경영대 학생들에게 강의를 하기 위해서였다.

인천공항이 세계 굴지의 경영 컨설팅 조직인 팔라듐그룹Palladium Group과 하버드경영대학출판부HBP가 공동으로 시상하는 '2012

BSCbalanced scorecard : 균형성과기록표 전략실행대상 명예의 전당Hall of
Fame'을 수상하게 되었던 것이다.

BSC 전략실행대상은 일반인들에게는 낯설 수 있지만, 경영학 분야의
세계적인 석학 로버트 캐플런Robert Kaplan 하버드대학 교수와 데이비
드 노턴David Norton 박사가 1992년에 창안한 경영 혁신 기법인 BSC에
맞춰 새로운 경영 혁신을 이뤄낸 기업들을 발굴하고 그들의 베스트 프
랙티스best practice를 나누고자 주는 상이다.

나는 이번 인천공항의 BSC 전략실행대상 명예의 전당 수상을 계기로
이 경영 혁신 기법을 창안한 캐플런 교수와 면담할 기회가 있었는데,
그의 문제의식은 놀랄 만큼 나와 비슷했다. 그는 기업 현장에서 성공적
인 리더로서 일했는데, 그때 느낀 바가 많았다고 했다.

그는 1990년대의 기업 환경 변화를 거론하면서 당시 기업 경쟁력의 원
천이 변하고 있음에도 불구하고 실제로 여전히 기업의 리더들이 행하
는 조직 평가의 틀은 낡았다는 문제의식을 갖고 있었다고 했다.

그의 말을 들으며 기억을 떠올려 보니, 1992년이면 내가 한참 경영 전
선에서 뛰던 시기였다. 그의 주장처럼 당시 성과 관리 시스템은 여전히
재무적 성과 중심으로 이뤄지고 있었다.

GE, GM, 듀폰Du Pont처럼 소위 기업문화를 선도한다고 평가받는 다
국적기업들은 기업 조직의 자본을 효율적으로 배분하고 관리하기 위
해서 재무적인 모니터링 시스템을 개발했고, 이는 다른 기업들로 확산
되기도 했다. 내가 회사 생활을 시작했을 때만 해도 이러한 시스템은
선진 모니터링 시스템으로서 제대로 작동되는 듯했다.

하지만 정보화시대가 가속화된 1990년대부터는 재무와 물리적 자산을 통제하는 것만으로는 경쟁에서 이길 수 없게 되었다.

이전까지는 제조 회사와 같은 패러다임이 대체로 통했다고 할 수 있었다. '우리' 회사와 '우리' 조직만 잘해내면, 즉 관리를 잘하고 자산을 효율적으로 배분하여 생산하고 판매하면 조직도 제대로 굴러갔다.

하지만 서비스산업이 비약적으로 성장하고 정보화사회로 변화하면서 조직 내부와 외부의 차이가 불명확해지자 관리의 대상 자체가 달라졌다는 인식이 늘어나기 시작했다.

돌이켜보면 기업마다 리더십, 인재 중심, 시간관리 등 특징적인 문화가 생겨나기 시작한 것도 무언가 새로운 시스템이 필요했기 때문이다.

전 세계 굴지의 다국적기업들은 이러한 문제의식을 정면으로 해결하기 위해서 이 분야의 전문가인 캐플런 교수와 노턴 박사에게 '미래 조직의 성과 측정measuring performance in the organization of the future'이라는 명칭의 새로운 성과 관리performance management 모델 개발 프로젝트를 의뢰했다고 한다. 이 프로젝트의 결과물이 바로 BSC였던 것이다.

"그렇지만 결국 중요한 것은 전략이나 평가 지표가 아니라 '리더의 실행'입니다."

BSC에 대해 열정적으로 설명하던 캐플런 교수는 우리나라 인천공항에 대해서 관심을 갖고 많은 질문을 던졌다. 그리고는 리더의 마인드, 즉 실행의 중요성에 대해서 강조했다.

나도 캐플런 교수와 같은 생각이었다. 새로운 시대의 평가 지표로서 BSC는 적절하지만, 단기적 성과만 바라보는 경영자에게 그것은 공자님 말씀에 불과하다. 장기적 비전이 없다면 당장의 재무제표가 마이너스인 것을 참아내지 못하기 때문이다.

리더의 실행. 개념은 쉽지만 현실적으로는 매우 어려운 말이다. 행동이란 결국 마음의 소산인데, 마음이 한 가지에만 집중되어 있으면 결코 다른 면을 볼 수가 없다. 기업의 리더도 마찬가지다. 기업의 목표는 성장과 이익이지만, 그것을 단순히 눈앞의 돈으로 환산하는 근시안적인 시각을 갖고 있으면 정보화시대의 다국적기업 환경에서 리더로서 성공할 수 없다. 리더는 오케스트라의 지휘자와 같은 리더십 하모니를 발휘해야 한다.

세계에서 가장 큰 오케스트라, 인천공항

작은 음표 하나라도 놓치면 엉망이 되는 것이 바로 '오케스트라'다. 잘하는 파트가 있으니 그 파트의 소리만 키워낸다면 그것도 오케스트라로서는 실패다. 전체를 보는 눈과 작은 것 하나라도 놓치지 않는 세심함이 동시에 필요하다.

그런데 이제 기업의 리더가 봐야 할 '전체' 속에는 자신의 기업과 조직만이 아니라 주위의 환경까지 포함시켜야 한다. 기업만 잘되고, 당장 돈을 벌면 된다고 믿어서는 절대로 성장할 수 없다. 흔히 경제를 말할 때 파이pie의 비유를 많이 쓴다. 전에는 기업의 자본과 조직을 재료로 파이를 키우고 그 안에서 나눠 먹으면 되었지만, 이제 그렇게만 해서는

행운아 마인드

얼마 못 가 한계를 느끼는 환경으로 바뀌었다.

캐플런 교수와의 면담에서 그와 동감했던 것도, 또 내가 보스턴대학에서 '인천공항의 성공 스토리와 오케스트라 리더십orchestra leadership 모델'을 주제로 강연했던 내용도 바로 그것이었다.

어떻게 해야 파이를 계속 키울 수 있을까? 파이를 키우는 것은 파이의 재료에 기업을 둘러싼 환경까지 포함시키고, 파이를 나눠 먹을 대상도 자신의 조직을 둘러싼 협력사, 지역사회, 나아가 전 세계의 성장까지 생각해야 하는 일이다.

나는 어느 중소식품기업이 10여 년 넘게 특정한 지역의 농산물을 사용하면서 원가 보전을 해주고 있다는 이야기를 들은 바 있다. 중소기업임에도 바탕이 탄탄하다고 느꼈는데, 역시나 리더가 사업을 바라보는 비전이 남달랐던 것이다.

하지만 그 리더는 처음부터 무슨 의도를 갖고 시작한 일은 아니라고 했다. 태풍이 심했던 어느 해, 질 좋은 농산물을 대주던 지역의 농민들이 피해가 막심하다는 이야기에 가슴이 아파서 시작한 일이라고 했다. 전문경영인다운 말은 아니지만, 오히려 그런 상식적이고 인간적인 마음이 산업시대가 아닌 요즘의 기업 환경에 더 잘 어울리는 리더의 마인드다.

만일 회계 문서만 들여다보았다면 사장의 그런 판단은 미친 짓이라고 할 수 있다. 식품은 상품 특성 때문에 원래 가격대로 팔아도 된다. 농산물 가격이 떨어졌으니 마진은 훨씬 늘어나고 그것을 계기로 기업은 더욱 성장할 수 있다. 쉽게 말해 공장 하나를 더 세울 수도 있고, 수익을 늘릴 수도 있다. 그런데 그는 그 기회를 버린 것이다.

하지만 그의 결정이 옳았음이 곧 몇 년 지나지 않아 확인되었다. 자본 상황이 악화되어 원료를 구매할 수 없을 지경에 처했을 때, 그 지역의 농민들이 흔쾌히 외상으로 재료를 공급해주었던 것이다. 덕분에 그 회사는 위기에서 빠져나올 수 있었고, 이를 계기로 농민들과 회사 사이에 끈끈한 믿음이 생겼다고 했다. 그후부터 그 식품회사는 그 지역 농민들의 일을 자기 회사 일처럼 생각하여 억대의 농기계를 사주기도 하고, 농민들도 그 회사를 자기네 이웃처럼 생각하여 농산물 수급이 어려울 때도 그 회사에 납품하는 일을 최우선으로 삼았다고 한다. 그는 이것이 선순환을 믿는 계기가 되었다고 말했다.

이 회사의 사장이 농민들과 선순환을 시작했을 때는 아직 공정무역fair trade이란 말이 널리 알려지지 않았을 때였다. 사실 공정무역은 멀리 외국의 농산품과 선순환 관계를 맺는 일이지만, 기업인으로서 이런 비슷한 아이디어는 꼭 멀리 갈 필요도 없고, 또 농산물 분야에만 갇혀 있을 필요도 없다. 이러한 선순환 관계는 회사의 경계를 넓히고 파이의 크기도 키운다.

나는 인천공항이 세계 최대의 '오케스트라'라고 말하길 좋아한다. 한 음 한 음 신경 쓰고 조화를 이루도록 조정하고, 더 좋은 소리가 날 수 있도록 북돋는 것이 바로 선순환이라면 그것의 결과는 좋은 음악이다. 인천공항이 협력사, 지역과 함께 선순환을 이루면 음악 대신 성장이라는 열매가 나온다.

"파견 직원들이 꼭 인천공항에서 일하고 싶어 해요."

"인천공항에 오는 직원들에게 수당이 더 많은가 보죠?"

"아뇨. 조건은 똑같은걸요. 직원들 말로는 휴게실 같은 것이 잘되어 있어서 좀 더 존중받는 느낌이라고 합니다."

협력사 사장을 만나면 가끔 이런 이야기를 듣곤 한다. 뿌듯한 마음이 드는 순간이다. 나는 그동안 입버릇처럼 이렇게 말하곤 했다.

"공항은 거대한 오케스트라입니다. 오케스트라 단원 중 한 명이라도 엉뚱한 소리를 내면 연주가 엉망이 되듯 공항도 불협화음이 없어야 완벽하게 돌아갈 수 있습니다. 게다가 공항이 어떤 곳입니까? 정부 부처부터 기업인들까지 수많은 사람들이 함께 일하고 있습니다. 이들의 조화를 이뤄내는 것이 성공의 핵심입니다. 그러니 우리 공항은 이들을 잘 대접해야 합니다. 그래야 서비스가 떨어지지 않아요."

해외 공항 관계자들이 인천공항에서 가장 부러워하는 것이 정부 기관과 민간기업이 하나가 된 인천공항의 다양한 협의체 활동이다. 우리 공항의 운영이 잘되고 있다고 칭찬이 많은데, 우리는 그것이 우리 공항만의 힘이라고 생각한 적이 단 한 번도 없다. 공항에 나와 있는 정부 기관만 20여 개. 그야말로 작은 '대한민국'이다. 그래서 우리는 한 달에 한 번 있는 기관장들의 모임을 '국무회의'라고 부른다. 정부 부처 사람들외에 상업 시설, 그리고 청소 등의 아웃소싱을 포함하여 일하는 사람들은 모두 3만 5,000여 명이고 그들의 회사는 470여 개다. 인천공항은 이들의 힘에 의해 매일매일 유지되고 있는 것이다.

우리가 신경 쓰는 것은 조화다. 나의 소속이 인천공항이라고 해서 우리 쪽 이익을 극대화하는 것에만 신경 쓰면 공항은 그 즉시 무너지기 시작할 것이다. 첫째도 조화, 둘째도 조화, 그리고 선순환의 방법을 늘 고민해야 한다.

인천공항을 둘러싼 협의체 활동을 성공적으로 해나가기 위해 가장 신경 쓴 부분은 상주 직원들을 하나의 '가족'으로 만드는 것이었다. 모두가 가족으로 하나 되는 힘은 바로 조직문화에서 나온다.

상주 직원들을 위한 시설을 마련하고 그들에게 서비스를 제공하는 것도 마찬가지 맥락이다. 상주 직원 휴게실에서는 음료수를 마실 수 있고, 편안히 쉬면서 TV도 볼 수 있다. 운동 시간을 낼 수 없는 직원들을 위해 여느 헬스클럽 수준의 체력단련실도 마련했고, 밤낮이 바뀐 채 근무하는 직원들을 위해 수면실도 마련했다.

직원들이 행복하지 않은데 어떻게 진심에서 우러나오는 미소가 나올 수 있겠는가. 이 점 하나만 생각해봐도 리더가 해야 할 일이 무엇인지 명확히 보인다.

아웃소싱도 선진화했다. 2007년 1월부터 인천공항은 아웃소싱 분야에서 '서비스수준협약'이라는 SLA service level agreement 제도를 전면적으로 시행했다.

과거에는 아웃소싱 업체를 평가하는 지표가 숫자 위주였다. 즉 사람을 몇 명 쓰는가, 몇 시간 일하는가를 관리했다. 그런데 이것은 철저히 관리자 중심의 평가 지표다. 물론 숫자만큼 눈에 쉽게 보이는 것도 없으니까 적용 자체가 간단하다는 장점이 있었다.

하지만 SLA 제도를 시행함으로써 단순한 숫자 지표가 아니라 품질 위주로 평가할 수 있게 되었다. 공기 오염도 바닥청소 광도, 먼지 등의 지표를 마련하여 그에 맞게 관리를 해나간 것이다. 결과는 서비스 개선으로 나타났다. 아웃소싱 업체도 품질에 집중적으로 신경을 쓰다 보니 좀 더 효율적인 경영이 가능하다는 의견을 내놓았다. 그러니 이 또한 상생관계, 선순환의 시작이라고 볼 수 있다.

part 2

하버드대 메시지:
리더에게 꼭 필요한 '행운의 씨앗'

열정, 성장, 생각, 배움, 냉정, 판단, 관리, 배려.
지금부터 키우는 이 8개의 작은 '행운의 씨앗'.
이 '행운의 씨앗들'이 10년 후,
당신의 성공을 완성해줄 것이다.

・・・

열정 : 스스로 열정을 창조하라

> **"**
> 열정적인 사람이 되십시오. 그리고 열정을 만드십시오!
> 여러분들이 항상 자신을 열정적으로 만들어줄 무언가를 찾기를 바랍니다.
> 하지만 때때로 원치 않더라도 피할 수 없는 상황이 있다는 것도 압니다.
> 그럴 때라도 여러분의 내면으로부터 열정을 창조해야 합니다.
>
> Be passionate and create your passion!
> I hope you will always find something to make you passionate.
> But I know that sometimes you have no choice.
> If you really can't avoid the situation, you still should create passion in
> yourself.
> **"**

　하버드대에 강연을 들으러 온 젊은 친구들은 하나같이 패기 있어 보였다. 강연 요청이 왔을 때도 그랬지만, 강연장에 와서도 나는 그들이 도대체 왜 나의 강연을 들으러 왔는지 의아했다.

"아시아가 온다, 준비하라! Asia is coming! Are you ready?"

이런 강연 주제가 흥미는 있겠지만, 세계 1위라고는 해도 공항 사장에게 어떤 이야기를 듣고 싶을지 궁금했다. 강의를 듣는 친구들이 전부 공항에서 일할 인재가 아닌 것도 분명했다. 그들에게 전해줄 메시지를 더 진지하게 고민할 수밖에 없었다.

지금 하버드대에 다닌다면 그 사실만으로도 그들은 행운아다. 그리고 리더가 될 준비가 어느 정도 된 사람들일 것이다. 하지만 인생을 살아가다 보면 자신이 얼마나 행운아인지, 얼마나 좋은 일들이 많았는지 잊을 일들이 반드시 생긴다. 생기 있는 젊은이들의 열정은 가슴을 태울 정도로 뜨겁지만, 그것을 유지할 줄 모르면 금세 식어버려 흔적없이 사라지곤 한다. 열정이 사라지면 절대 리더가 될 수 없다. 자신을 리드할 수도 없고, 다른 이들에게 영감을 주는 진정한 리더가 될 수도 없다. 행운아 마인드는 인생의 순간순간, 참 많은 시험들을 거친다. 그래서 어려울 때, 나태할 때, 변함없이 나다움을 유지해줄 열정은 세월이 갈수록 더욱 중요하다.

어린아이에게 배워라

어린아이들을 밖에 내보내 하루 종일 놀라고 하면 밤이 되어 온 마을을 찾아다니며 데리고 들어와야 겨우 집으로 돌아온다. 나 역시 벌거숭이 시절에는 하루해가 짧을 정도로 산이며 들을 헤집고 다니며 놀았다. 어린아이에게 자유를 주고 놀게 하면 지루함을 모른다는 것은 동서고금 세계 어느 나라를 막론하고 똑같다. 좋은 장난감이 없어

행운아 마인드

도 일 년 열두 달 신나게 뛰어논다. 이처럼 아이들을 지루하지 않게, 아니 신나게 만드는 것은 무엇일까? 아이들은 결코 장난감을 탓하지 않는다. 별다른 놀거리가 없어도, 바닥에 돌멩이 하나 없어도, 기어코 놀이를 생각해내고 새로운 규칙을 만들면서 또 다른 즐거움을 찾는다.

많은 사람들이 이렇게 지루할 틈 없이 노는 것은 어린 시절만의 특권이라고 생각한다. 소리를 지르며 즐겁게 뛰어노는 아이들을 보면서 '저 때가 좋은 때지……' 하며 한숨 섞인 말투로 말한다. 하지만 어른이 되면 꼭 지루하게 살아야 하는 걸까?

"어른이 되면 놀 수만은 없죠. 생계를 유지하려면 돈을 벌어야 하는데, 지루함쯤은 참아야죠."

난 이런 대답에 동의할 수 없다. 인생은 한번뿐이다. 그리고 어린 시절보다 어른으로 처신하며 살아야 할 시기가 훨씬 길다. 그런데 그 긴 인생을 지루하고 맥빠지게 살아야 한다니, 억울하지도 않은가? 그보다 일은 지루한 것이라고 도대체 누가 정해놓았는가?

흔히 일을 하면서 즐거울 수 있는 사람들은 특별한 사람이라고 생각한다. 청소년들이 선망하는 연예인이라는 직업을 가진 사람들, 평생 아름다운 것을 창조하는 예술가들, 혹은 놀고먹는 것처럼 보이는 자리에 있는 사람들……. 나는 그들 또한 엄청난 노력을 다해 그 자리에 올랐음을 알고 있다. 하지만 '일과 즐거움의 일치'라는 일반인들의 선입견이 꼭 틀린 것만은 아니라고 생각한다.

그렇다면 그런 특수한 직업을 가진 사람이 아닌 평범한 월급쟁이들은 일과 즐거움을 분리해서 생각할 수밖에 없는 운명인가? 나는 그렇게 생각하는 사람은 월급쟁이로서도 한 사람의 인간으로서도 '실패'라고 생각한다.

일이 생계 수단이기만 해서는 안 된다. 사람의 인생에서 일이 차지하는 시간은 잠자는 시간을 제외하면 가장 길다. 깨어 있는 동안은 살아 있는 내내 거의 일한다는 뜻이다. 그런데 그 긴 시간을 지루하게, 생계를 위해 마지못해 보내는 것이 당연하다니, 그건 좀 억울하지 않은가.

어린아이들이 노는 것을 자세히 살펴보라. 아이들은 까닭없이 매 순간 즐거워하는 것이 아니다. 아이들은 매 순간 진지하게 눈빛을 반짝거리며 자신들이 하는 일에 흥미진진해한다. 그 즐거움의 요체는 바로 '재미'와 '열정'이다.

하버드대의 젊은 친구들에게 나는 이렇게 말했다.

"열정적인 사람이 되십시오. 그리고 열정을 만드십시오! Be passionate and create your passion!"

한때 어린아이였던 우리 모두 열정이라는 보석을 갖고 있었다. 그 열정만 놓치지 않는다면 우리는 평생 진지하게 눈빛을 반짝거리며 흥미진진하게 살아갈 수 있다. 목구멍이 포도청이라 할 수 없이 하는 일, 즐거워서 그다음이 저절로 기다려지는 일. 그 차이는 처음엔 작지만, 5년 후 10년 후에는 엄청난 간극이 되어 나타난다.

**열정은 생기는 게 아니라
만들어내는 것**

1989년, 나는 당시 개인적으로는 충격이라 할 만한 인사이동 발표를 들었다. 삼성과 GE의 합작회사 사장으로 발령을 낸다는 내용이었다. 두바이에서 삼성의 해외사업본부장 업무를 성공적으로 해내고 돌아온 지 얼마 안 된 시점이라, 그 인사는 좀 의외였다.

"그냥 잘 정리하고 와."

좋게 말해주는 분들이 위로해주는 말씀이 이 정도였고, 어떤 이들은 좌천성 인사가 아니냐고 수군거렸다. 늘 긍정적인 편이라 그런 말에 기분이 좌우되지는 않았지만, 아닌 게 아니라 조금은 그런 생각이 들었다.

'왜 하필 나일까? 왜 하필 거기지?'

삼성과 GE의 합작회사는 누적된 적자가 눈덩이처럼 불어난 상태였다. 누가 봐도 이제 사업을 정리하려는 참이었고, 그 일을 해결할 사람으로 내가 뽑힌 것이다. 정말 하기가 싫었다. 사장이라면 누구나 성과를 올리고 싶어 한다. 내가 맡은 사업이 흑자를 이루길 바라고, 내 회사의 직원들이 월급도 많이 받고 일도 신나게 하기를 바란다. 그런데 나는 최악의 적자를 기록한 사업을 정리하러 가야 하다니, 마음이 정말 좋지 않았다. 당연히 그곳에서 일하는 사원들도 구조 조정을 피할 수 없을 것이다. 직원을 자르러 온 사장이라니……. 누가 그 자리를 원하겠는가? 정말 어떻게 해야 할지 고민이 되었다.

'그렇다고 회사를 그만둘 수는 없지 않은가?'

회사를 그만두지 않는다는 것은 확실했다. 그랬기에 이 인사 발령을 거부할 수 없다는 것도 확실했다. 절대로 열정이 생길 수 없는 상황에 처한 것이다. 열정은커녕 피할 수 있다면 피하고 싶은 상황이었다. 하루 이틀, 하나님도 회사도 원망스러웠다. 늘 신나게 일하니까 이번에도 신나게 일할 수 있을지 한번 보겠다는 심산 같았다. 하지만 아무리 한

숨을 들이쉬고 내쉰다고 해도, 누구를 원망한다 해도 상황이 변하지는
않았다.

'가만 있자……. 내가 파악한 상황은 하나도 없는데, 괜히 남의 말
만 듣고 이렇게 풀죽어 지낼 필요가 없지 않나?'

나는 마음을 바꿔 먹었다. '하필'이라는 말을 좀 바꾸어 생각해보았
다.

'왜 꼭 내가 가야 할까? 왜 꼭 거기여야 할까?'

'하필'을 '꼭'으로 바꾸고 나니, 뭔가 다르게 느껴지기 시작했다. 반
드시 어떤 이유가 있어 그곳에 가게 된 거라는 생각도 들었다. 그래서
백지를 한 장 꺼내 책상 위에 올려놓고 곰곰이 생각했다. 삼성과 GE
합작회사는 의료기기를 파는 회사인데, 무역 업무만 하던 내가 의료기
기에 대해 아는 것이 있을 리 없었다. 아무것도 모르면서 무턱대고 좋
아하는 것도 위험한 일이지만, 남의 말만 듣고 풀죽어 있는 것은 더 위
험한 일이 아닌가.

'의료기기 사업 회사의 사장이 된다. 내가 왜 꼭 이 일을 해야 하는
걸까?'

나는 이 질문에 대한 대답을 백지에 하나씩 적어나갔다.

1. 회사가 GE와 합작을 결정했을 때는 분명히 이익이 있는 사업이
   었을 것이다.
2. 의료기기는 병원의 진료 수준을 획기적으로 높이는 기계다. 병
   원이라면 꼭 필요하다.

3. 의료기기의 고객은 의사들이다. 적어도 박사급인 사람들이 나의 고객이다.

4. 이 회사가 사라져서 세계 최고 품질의 의료기기가 제대로 공급되지 않으면 우리나라 사람들의 건강을 위해서도 좋은 일이 아니다.

5. 의료기기를 제대로 운용하게 도와주면 간접적으로는 생명을 구하는 일이다.

6. 나는 여태까지 해외 마케팅 업무를 해왔지만 이 회사에 가면 다른 일도 할 수 있다. 적자가 된 이유는 세일즈에 있을 테니 이 부분을 개선하면서 세일즈와 마케팅 전문가가 될 것이고, 최고 수준의 고객에게 서비스를 해야 하니, 서비스 전문가도 될 것이다. 무엇보다 최첨단 기계의 품질관리를 하게 될 테니 제조 및 애프터서비스에도 최선을 다해야 할 것이다. 결국 나는 새로운 일에 대해 배우면서 나의 능력을 전천후로 개발할 수 있다.

7. 이것은 세계 최고의 회사 GE와 한국 최고의 회사 삼성의 공동사업이다.

······

백지에는 더 이상 빈 곳이 없었고, 이 사업을 접어야 할 이유도 하나도 없었다. 또한 사장으로서 이 일에 머뭇거릴 필요도 없었다. 이 일은 내게 어려운 일이 아니라, 반드시 잘할 수밖에 없는 일이었다. 여태까지 적자를 쌓았던 것이 이상할 정도로 잘해낼 가능성이 많이 보였다. 여기까지 생각이 미치자, 멈췄던 열정이 다시 조금씩 샘솟기 시작했다.

나는 회사를 설득했다. 이 사업의 잠재력에 대해 이야기하고 사업을 이어가야 한다고 말했다. 삼성과 GE에서는 나의 권유를 받아들여 회사의 문을 닫지 않기로 결정했고, 대신 나에게 이 회사를 맡아서 책임지라고 했다. 결론적으로 이 합작회사는 양측 회사에 커다란 이익을 안겨주었다. 5년간 연평균 46퍼센트의 성장을 이뤄냈고, 사업의 구조를 전면 조정하기 시작했다. 우선 가동률이 27퍼센트인 공장을 정리했다. 땅을 삼성전자에 매각하고 엑스레이 기계를 해외에 매각했다. 인력 102명을 줄여서 그룹 관계 회사로 전배 조치토록 했는데, 이 점에 대해 당시 김순택 상무(현재 삼성그룹 미래전략실 부회장)께 깊이깊이 감사드린다. 덕분에 단 한 명의 직원도 내 손으로 나가게 하지 않았다. 그리고 이 성과는 내가 GE에서 일하게 된 결정적인 계기가 되었다.

GE에서는 나의 성과를 보고 삼성에 나를 빌려달라고 제안했다. 그래서 나는 삼성의 직원이면서 GE에서 일하는 흔치 않은 경험을 하게 되었다. 그때도 나는 어디까지나 삼성의 직원이라는 마음가짐으로 일했다. 나중에 GE에서 일해보지 않겠느냐는 적극적인 제안을 받았을 때도 많이 망설였다.

당시 삼성에서 하는 일은 즐거웠다. 비전도 있었다. 연봉이 중요하지 않았다고 하면 다른 사람들은 자신을 포장하기 위한 거짓말이라고 하는데, 나에게는 한 치의 거짓 없는 진실이다. 내가 어떤 일을 선택하는 가장 큰 조건은 내 인생의 일부인 '일'을 열정적으로 할 수 있느냐 없느냐이다. 국회 패널토론에서 사회를 맡은 서울대 오 총장이 농담처럼 말했듯이 GE와 인천공항의 연봉 차이는 5~10배 사이로 꽤 크다. 만일 내게 연봉이 일에 있어 첫손 꼽는 조건이었다면 결코 인천공항의 사장직을 수락하지 않았을 것이다. 삼성에서 GE로 옮길 때도 같은 마음이었다.

GE로 자리를 옮기게 한 결정적인 이유, 나의 열정에 불을 지른 생각은 GE가 바로 '글로벌 기업'이라는 사실이었다. 세계적인 기업에서 전 세계의 인재들과 함께 지구촌을 무대로 마음껏 일해볼 수 있는 기회는 흔치 않았다. 세계가 내 무대이고, 세계적인 경영인들과 경쟁하고 배우며 세계적인 업무 교육을 받을 수 있다는 생각에 마음이 두근거렸다. 무대가 전 세계인만큼 이 두근거림, 이 열정이 한시도 사라지지 않으리라는 확신도 있었다.

직장을 옮기는 것은 좋다. 하지만 연봉 차이 500만 원 때문에 옮기지는 않았으면 좋겠다. 당장의 돈도 중요하지만, 인생은 더 길다. 일을 선택하는 이유의 1순위가 돈이라면 열정은 한참 뒤로 처질 수밖에 없다. 돈이 주는 기쁨은 잠시지만, 열정이 주는 추진력은 더 오래간다. 1~2년 일하고 바로 은퇴할 생각인가? 평균수명이 늘어난 만큼, 일도 더 오래해야 한다. 심장이 뛰는 일, 재미있는 일을 택해야 더 오래, 즐겁게 일할 수 있다. 열정 없이 일하는 것은 스스로 자신의 마음을 어둡게 만든다. 한 번 사는 인생, 보람도 없고 재미도 없이 살 필요는 없지 않은가?

가만히 두면 열정도 멈춘다. 열정은 그냥 저절로, 아무 때나 생기는 것이 아니다. 살다 보면 항상 자신에게 유리한 상황만 전개되지는 않는다. 즐겁고 잘나갈 것 같은 일에만 열정이 생긴다고 하면 그는 아마추어다. 남의 월급을 받고 일할 자격이 없는 사람이다. 남들이 다 피하려

고 하는 상황이라도, 스스로 불운하다고 여겨지는 상황에서도 없는 열
정을 만들어내기 위해서 노력하는 사람이라야 '프로페셔널'이다.

　사회생활을 하면서 누구나 하나의 도구를 갖게 된다. 내게는 그 도
구가 백지였다. 백지와 대화하며 상황을 객관화했고, 마음도 차분하게
정리할 수 있었다. 백지에 목록을 적어가며 내 마음에 열정을 불붙일
이유가 전혀 없는지 상황을 냉정하게 살펴보기도 했다. 물에 빠지면 지
푸라기라도 잡는다는 말이 있다. 어떤 좋지 않은 상황이 내 몫이 되었
더라도 딱 한 가지의 불씨는 남아 있다. 그 불씨를 붙잡고 스스로 열정
을 만들어낼 수 있는 방법을 찾아라. 통나무 끝에 겨우 붙은 가냘픈 불
꽃이라도 자신의 손으로 알맞게 바람을 불어주고, 불길이 번져가도록
애를 쓰면 어느새 활활 타오르게 마련이다. 열정은 생기는 것이 아니라
만들어내는 것. 백지를 마주하고 나 자신과 대화하며 나는 많은 것을
배웠다.

●　○　○

성장 : 가치를 더하는 사람이 되라

"

만약 당신이 성장하지 않는다면 많은 문제들이 생길 것입니다.

직원들이 성장하지 못하면 조직은 새로운 일을 창출할 수 없고,

건강한 회사로서 사회에 제대로 된 기능을 할 수도 없습니다.

If you stop growing, you start having all kinds of problems.

Employees cannot grow, cannot create new jobs,

cannot function as a healthy company.

"

자신감의 근원은 '준비'

강의를 많이 하고 질문도 많이 듣다 보니, 설명하고 대답하면서 점점 내 가치관과 경영에 대한 시각을 정리하게 되었다. 처음엔 '행운아 마인드'와 '열정'을 혼용해서 말하다가 그 미묘한 차이를 언젠가부터 깨달았다. '행운아 마인드'는 마음의 중심, 내면의 바탕, 깊은 뿌

리, '나다움'을 유지하는 근본적인 힘, 그런 의미가 강하다. 이를테면 '가치관'이다. 그에 비해 '열정'은 동력이자 추진력, 행운아 마인드가 겉으로 드러나는 상태, 일상에서 발휘되는 힘에 가깝다. 나는 반드시 이일을 해야 한다는 뜨거운 마음. 그것은 열정이다. 열정의 이면에는 반드시 해낼 수 있다는 자신감이 있어야 한다.

하버드대에서 내가 강조한 것은 자신감self-confidence이다. 아시아 사람들은 자신을 드러내는 것은 미덕이 아니라고 배웠다. 그 말이 자기 안의 자신감을 애써 죽이라는 말은 아니었을 텐데, 오랜 세월 동안 그렇게 행동하기를 강요받다 보니 실제 자신감이 손상된 것처럼 보이는 사람들도 적지 않다.

겸손은 분명히 미덕이다. 하지만 필요한 때라면 자신감을 드러낼 수도 있어야 한다. 내부에서 솟아나는 자신감은 그 사람을 당당하게 만든다. 진짜 자신감이 있는 사람은 친절하고 겸손하다. 어설픈 자신감에 가득찬 사람일수록 쉽게 자만한다. 자신감은 대충 해서는 얻을 수 없다. 허무맹랑한 큰소리, 근거 없는 공상으로는 열정을 샘솟게 만드는 자신감을 가질 수 없다. 자신감의 근원은 '준비'다.

"준비하라, 준비하라, 준비하라!Prepare, prepare, prepare!"

내가 하버드대에서 공개한 성공의 노하우는 바로 이것이었다.

인천공항, 준비된 '1등'

자신감이라는 메시지를 전달하기 위해 나는 인천공항을 예로 들었다. 인천공항은 공항 분야의 노벨상이라고 하는 공항서비스평

행운아 마인드

가^{ASQ : airport service quality}에서 7년 연속 세계 최고 공항으로 선정되었다. 5년 연속 1위를 했을 때도 세계 최초라고 했는데, 7년 연속이니 인천공항의 경쟁력을 따를 공항은 아직 없다고 자부한다.

그런데 이런 인천공항의 유래 없는 성과는 이미 10여 년 전, 인천공항을 설계할 때부터 이미 시작되었다. 인천공항은 처음부터 동북아시아의 허브공항^{hub airport}을 목표로 했다. 그때 그 목표가 진짜로 성취될 것이라 믿는 사람은 많지 않았다. 당연하다. 목표는 누구나 크게 잡을 수 있다. 문제는 실행, 정확히 말하면 열정적인 실행과 확실한 성과다. 그런데 이를 위해 가장 중요한 것이 바로 준비, 준비, 그리고 준비뿐이다.

인천공항은 그 준비에 소홀하지 않았다. 바다를 매립하여 부지를 만들 때부터 세계 1위 공항이 된 지금까지 완벽하게 준비를 다해왔다. 아무것도 없는 불모지에서 태어난 인천공항은 그 자체가 불가능을 가능으로 만든 아름다운 창작물이다.

2011년 1월, 인천공항의 여행객은 이전보다 10.9퍼센트나 늘었다. 이런 수준으로 여객이 늘어나면 인천공항의 여행객 수용 능력은 2015년이 한계다. 이를 위해 우리는 2009년부터 새로운 준비를 시작했다. 2017년 무렵이 되면 여행객을 6,200만 명까지 감당할 수 있는 제2터미널이 완공되고, 이후 수용 능력을 1억 명 수준까지 늘려나갈 계획이다. 1억 명은 엄청난 숫자지만, 인구 대국 중국이 여행자유화 시책을 시행하면 당장 시급한 문제가 될 것이다.

그때가 되어 허둥지둥 대책을 마련하면 이미 늦다. 고객들도, 경쟁 공항들도, 우리를 기다려주지 않는다. 언제나 최고의 공항으로서 품격을 떨어뜨리지 않고 여유있게 여행객을 맞이하기 위해 미리미리 예측하고 준비해야만 한다. 경쟁력은 저절로 얻어지지 않는다. 이렇게 준비를 적기에 시작할 수 있는 것도 처음 공항에 열정을 다한 리더와 공항맨들의 꾸준한 준비 덕분이다.

인천공항은 입지 조건 준비 자체가 얼마나 훌륭한지 보여준다. 바다를 매립한 인천공항 부지는 땅만 1,700만 평이나 된다. 여행객이 늘어나면 얼마든지 새로운 터미널을 만들 수 있도록 처음부터 준비를 했던 것이다. 또한 활주로가 바로 바다로 나가기 때문에 소음공해도 없다. 소음공해는 공항의 가장 큰 골칫거리다. 도심에 위치한 일본의 나리타공항은 소음 때문에 더 이상 터미널을 늘릴 수 없고, 하네다공항이 새로 문을 연 활주로는 터미널에서 멀고 더 확장할 땅도 없다. 공항으로서 천혜의 조건이 갖춰지도록 처음부터 준비한 덕분에 인천공항은 공항 주변에 에어시티air city도 개발할 수 있다.

에어시티는 다른 지역 개발처럼 쇼핑센터를 만들어서 서울 사람들을 불러들이는 것이 목표가 아니다. 인천공항을 이용하는 여행객들 10명 중 2명이 환승객이다. 환승하는 시간만큼 여행을 즐기는 프로그램도 있지만, 짧은 시간일 때는 에어시티에서 관광도 하고 휴식도 하게 해주는 것이 공항의 서비스이자 관광 수요도 늘리는 방법이다.

심각한 문제없이 최고의 공항을 차근차근 만들어온 힘은 결국 사람이다. 공항에서 일하는 사람들의 쉬지 않는 쇄신과 준비성이 1등 공항을 만들었다. 덕분에 인천공항의 직원과 협력사 직원 모두, 스스로 인천공항 사람이라는 자신감을 갖고 일할 수 있는 것이다.

준비되지 않은 사람은 다가올 시간을 즐길 수 없다. 즐기지 못하면

행운아 마인드

불안하고, 불안하면 열정이 샘솟을 리 없다. 준비되지 않은 사람이 자신감 있어 보인다면, 그건 아주 잠시뿐이다. 진가는 얼마 지나지 않아 드러난다. 조직에서 일하는 사람에게는 '자기 몫'이라는 게 있다. 준비되지 않은 사람이 제 몫을 다할 리 없고, 그런 사람에게 회사는 두 번의 기회를 주지 않는다.

혁명적 인사 시스템, 잡 포스팅

내가 인천공항에 가서 시행한 제도 가운데 잡 포스팅^{job posting}이란 것이 있다. 우리말로는 '직원 공모제'라고 표현할 수 있다. 쉽게 말해 '내가 원하는 부서에 가서 일할 수 있는 기회를 주는 제도'가 '잡 포스팅'이다. 잡 포스팅의 핵심은 인사권의 위임이다. 흔히들 사장의 큰 권한 가운데 하나가 인사권이라고 한다. 그래서 인사권을 내놓는 것이 쉬운 일이 아니라고 생각한다. 특히 상하체계가 확실한 공무원 조직—공기업도 예외는 아니다—에서는 파격이라고 말하는 사람도 많았다. 하지만 글로벌 기업에서 경영의 효율성을 고민하며 일했던 나에게는 그것이 당연한 귀결이었다.

CEO는 전체적인 그림을 보고 방향을 제시한다. 그 방향에 따라 CEO가 그린 그림대로 움직이게 만드는 것은 각 분야의 실무를 맡은 팀들, 팀에 속하는 팀장 및 팀원들이다. 인사권이 사장의 권한인 것은 맞지만, 그 인사가 다 맞아떨어진다고 확신할 수 있는 경우는 거의 없다. 네댓 명의 팀이라면 모를까, 백 명도 넘는 사람들을 완벽하게 파악하기란 불가능한 일이다. 사람을 제대로 파악하지 못한 채 인사 발령을 내는 사장의 마음은 불안해야 정상이다. 더구나 직원들의 열정을 불러 일으켜 최고의 회사로 만들려는 마음을 가진 리더라면 더더욱 고민스러울 것이다. 그래서 나는 인사권을 전가의 보도처럼 여기는 리더에게 이런 속담 하나를 기억하라고 말하고 싶다.

"열 길 물속은 알아도 한 길 사람 속은 모른다."

열정적으로 일하라고 해놓고 그들의 열정을 무시하면 안 된다. 리더들이 자신의 팀원, 직원의 마음을 제대로 반영하지 못하면 조직의 효율도 기대하기 어렵다. 그렇다면 그들의 열정을 어떻게 끌어낼 수 있을까? 직원들의 재능과 역량을 끌어내어 그들이 꿈꾸는 미래에 대한 비전, 가능하다면 개인적인 바람까지 충족시켜주어야 한다. 나는 이것을 한 사람의 개인인 리더가 모두 완벽하게 해낼 수 있다고 생각하지 않는다. 그래서 내가 생각한 방법이 바로 '잡 포스팅'이었다.

회사에 있는 실무 팀마다 일정 수의 인원이 필요하다. 팀장은 자기 팀에서 필요한 팀원을 회사 내에 공지한다. 그러면 그 팀에 가고 싶은 직원들이 지원한다. 직원의 입장에서 보면 이렇다. 직원들은 자신이 가고 싶은 팀을 3지망까지 써낼 수 있다. 그리고 1지망부터 각 팀의 팀장과 면담을 한다. 이런 과정을 통해 팀장은 자신의 팀에 가장 잘 맞는 팀원을 뽑아서 팀을 조직한다. 원하는 일을 하게 된 직원들이 신바람나니, 팀 전체의 사기가 오르는 것은 당연하다. 조직은 스스로 노력하고 움직여야 최고의 성과를 거둘 수 있다. GE에서도 그랬듯이, 인천공항이 효과를 보았듯이 스스로 쇄신하고 발전하는 조직만이 1등이 될 수 있다. 대신 인사권을 위임받은 리더는 다음 세 가지 원칙을 지켜야 한다. 공정하고, 투명하고, 일관성이 있어야 한다는 것. 이 세 가지를 충족시키지 못하면 인사권을 회수한다.

인천공항에서 잡 포스팅 제도를 시작한 것은 그곳이 특히 공기업이었기 때문이다.

"우리 팀에는 일할 사람이 없습니다."

공항에 출근한 초기에 나는 많은 팀장들로부터 이런 말을 여러 번 들었다.

"당신 팀에 직원이 10명이나 되는데, 사람이 없다니 말이 되는가?"

이렇게 되묻자, 그 팀장은 꿀 먹은 벙어리마냥 아무 말도 못하고 머리만 긁적였다. 사태를 파악해보니 업무 능력 위주로 발령받은 사람들이 모인 팀이 아니었다. 이런저런 소개와 입김으로 소위 낙하산을 타고 자리를 차지해 앉았거나 인사부서에서 배치한 대로 주저앉은 사람들이 적지 않았던 것이다. 공기업의 폐해라고 방관하기엔 그냥 두고만 볼수 없는 심각한 문제였다. 공기업, 사기업 할 것 없이 일을 하는 것은 사람이다. 그러니 인재 관리가 엉망이면 리더가 야심찬 프로젝트를 추진해봤자 아무 소용이 없다.

"나는 본부장과 실장만 임명하겠소. 본부장에게는 각 처장들의 인사권을 줄 테니, 실무팀장들에게는 직접 팀원을 뽑아 일을 추진하도록 해보세요."

나는 이렇게 제안했다. 인사권을 위임한다는 것에 불안해하는 사람들도 적지 않았다. 특히 직원들은 일방적으로 인사에 불리함을 당하지 않을까 걱정이 많았다. 각 리더들에게 내가 한 말 때문이었으리라.

"여러분이 쓸 사람을 뽑아서 함께 일하시오. 그리고 그 직원들을 열심히 키우고 성장시키되, 만약 싹수가 없으면 잘라 버리시오."

무서운 말일 수 있다. 직원들 입장에서 리더의 마음에 드는 사람이 되기 위해서는 신경 쓸 일이 한두 가지가 아니다. 자신의 업무 능력을 나날이 키워야 하고, 잠재력 있는 사람이 되어야 하는데다, 조직의 화합에도 신경 써야 하기 때문이다. 하지만 인사권 이동 때문에 불안해한 것은 리더들도 마찬가지였다.

칼이란 쥔 사람에게도 위험한 물건이다. 직원을 뽑을 권리가 생긴 리더들도 고민이 많기는 마찬가지였다. 인사권을 위임받은 만큼, 팀에 성과가 없으면 그것은 바로 자신의 책임이다. 다른 사람을 탓할 수 있는 변명의 기회가 아예 사라져버린 것이다. 자신이 뽑은 팀원들인 만큼 그들의 능력 부족은 리더의 안목 부족, 통솔력과 리더십의 부재를 고스란히 드러낸다. 게다가 보는 눈은 다 똑같은 법이니 될성부른 나무의 떡잎 같은 인재를 두고 리더들 간의 경쟁도 치열했다. 그렇게 인재를 확보하고, 자신이 키운 인재의 능력을 최대한 끌어올리고, 장차 리더감으로 키우는 것까지 리더의 몫이 되다 보니, 실제로 부담감이 적지는 않았다.

그보다 더 심각한 경우도 있었다. 잡 포스팅 제도 초기에 이렇게 하소연하는 리더가 몇 명 있었다.

"사장님, 저희 팀엔 아무도 지원하지 않았습니다."

그때 나는 단호하게 말했다.

"그래요? 아무도 당신과 일하고 싶지 않다는 것은 당신에게 리더십이 없다는 뜻입니다. 자, 이제 어떻게 하겠습니까?"

잡 포스팅 제도는 전 직원을 긴장하게 만드는 인사 시스템이었다. 직원은 직원대로 어느 팀에서든 데려가고 싶은 직원으로 매 순간 스스로 준비해야 했고, 리더는 리더대로 모든 팀원이 함께 일하고 싶어 하는 리더로 거듭나야 했다.

혈연, 학연, 지연으로 팀원을 뽑는 사람이 발견되면 인사권을 빼앗았다. 처음에는 드러나지 않아도 나중에 성과가 나오지 않는 팀을 자세히 살펴보면 리더의 비리가 드러나게 마련이다. 이 때문에 공정성과 투명성을 실천하지 않는 리더를 배제하기는 그리 어려운 일이 아니었다.

그리고 잡 포스팅 제도에서 아무 팀에도 뽑히지 않는 직원은 사표를 써야 했다. 마찬가지로 자신의 팀에 아무도 지원하지 않은 팀장은 팀을 없애고 역시 사표를 써야 했다. 공기업 최초의 잡 포스팅 제도는 바뀌지 않을 것 같던 공기업을 효율적으로 돌아가게 만들었다. 그리고 직원들 스스로 자신감을 키울 수 있는 기회가 되었다. 항상 열정적으로 일하는 사람, 늘 준비하는 사람들로 조직이 채워지자, 인천공항의 성과가 나날이 커져갔다. 지금은 다른 공기업에서도 이름만 다르게 바꾸어 이 제도를 활용하고 있다.

"당신은 당신을 채용하겠는가? 당신에게 왜 그 일을 맡겨야 하는가? 당신은 당신에게 얼마의 연봉을 주겠는가?"

셀프 리더로서 스스로에게 물어야 할 이 질문. 이 세 가지 질문은 지금 인천공항, 그리고 이 제도를 도입한 많은 기업의 직원들이 실제로 매일 묻는 질문이다. 이 질문에 당당하게 대답하기 위해 필요한 것은 단 한 가지, 준비뿐이다.

생각 : 한 단계 위에서 사고하라

> **"**
>
> 저 같은 사람도 이런 자리에 오를 수 있습니다.
>
> 여러분들은 하버드, MIT, 그리고 다른 좋은 학교의 학생들입니다.
>
> 여러분들은 저보다 훨씬 더 뛰어날 수 있고,
>
> 세계를 이끌어가는 리더가 될 수 있습니다.
>
> Even someone like me can reach these positions.
>
> You are a Harvard, MIT and all other very good school students.
>
> You can reach much higher than me,
>
> you can be the top leader of the world.
>
> **"**

신입 사원의 당돌한 각오

'임원은 한번 해봐야겠다.'

특별할 것 없는 꿈. 그러나 기업에 입사하는 신입 사원이라면 한번

행운아 마인드

정도 마음속에 담아보았을 법한 이 마음을 나도 갖고 있었다. 삼성에 입사할 당시 나의 포부는 이처럼 컸다.

게다가 나는 경상도 촌놈이었다. 그냥 한번 생각해보는 데 그치는 생각이란 없었다. 나는 진짜로 그렇게 되어 보고 싶었다. 행운아 마인드가 없는 사람들, 분위기에 초치는 사람들은 이런 생각을 진지하게 하는 신입 사원에게 현실을 알라는 둥, 꿈은 좋다는 둥의 말을 할 것이다. 하지만 저 멀리 있는 꿈이라고 해서 현실성이 아예 없는 것은 아니다. 물론 먼 미래의 일은 알 수 없다. 다만 실현 가능성을 놓고 볼 때, 확률은 반반이라는 것이다. 신입 사원 한 개인에게 있어 임원이 될 가능성은 50퍼센트, 임원이 되지 않을 가능성도 50퍼센트다. 이왕이면 자기 마음속의 가능성 50퍼센트를 살리며 일을 계속하는 것이 좋지 않을까? 그 꿈을 진지하게 생각하면서 앞으로의 직장생활을 한다면 마음속에 든든한 엔진을 하나 더 장착하는 셈이다.

신입 사원에서 단숨에 임원이 되겠다는 꿈은 몽상이다. 꿈이라고 말할 가치도 없다. 하지만 언젠가 임원이 되겠다는 꿈은 충분히 현실적이다. 이런 꿈조차 몽상이라고 하는 사람들은 그 꿈을 현실로 만들어가는 행동을 해보지 못한 불행한 사람들이다. 프로로서 직장생활을 하는 사람이 아니라 얼치기로 일하며 자리보전에만 급급한 사람들이다. 진지하게 임원을 꿈꾸는 사람이라면 그 꿈을 현실로 만들기 위해 치열하게 일한다. 그리고 일하는 방식에 대해서 고민한다. 그런 사람들이 좋은 기업을 만들고, 훌륭한 리더가 된다.

'저 포도는 분명히 실 거야.'

우화 속의 여우는 결국 먹고 싶은 포도를 먹지 못하고 뒤돌아서면서 이렇게 말한다. 신입 사원의 진지한 꿈을 비웃는 사람들, 신입 사원이면서 꿈조차 꾸지 않는 사람들은 바로 이 여우와 같은 사람들이다.

실제로 해보지 않으면 모른다. 물론 절대로 쉬운 일은 아니다. 신입 사원의 꿈을 비웃는 사람들은 그 길이 결코 쉽지 않다는 사실을 이미 잘 알고 있다. 그래서 더더욱 그 꿈을 비웃는 것이다. 자신은 진작에 그 어려움을 예상하고 그 꿈을 어느 순간 포기했기 때문이다.

스트레치 골 전략과
꿈의 실현

그렇다면 나는 어떻게 신입 사원 시절의 꿈을 현실로 만들었을까? 솔직히 신입 사원 시절의 꿈은 곧 잊어버렸다. 좀 더 정확히 말하면, 매 순간 최선을 다하며 한 단계 한 단계 올라갔다. 임원이라는 꿈은 상징적이었다. 내가 직장생활을 가치 있게 할 수 있는 동기를 주기적으로 부여해주는 역할을 했다. 그리고 어느 시점부터 그 꿈을 향한 체인이 구체적으로 감기기 시작하자 매번 최선을 다해 내 앞에 놓인 단계들을 밟아나갔다.

신입 사원으로 일하기 시작하면서, 나는 그때부터 일을 입체적으로 생각하는 버릇을 들였다. 신입 사원인 내가 하고 있는 일을 한 단계 위 과장의 입장에서 바라보면 일의 성격이 좀 더 정확히 보였다. 아울러 일을 하고 있는 나의 위치까지 보였다. 과장의 눈으로 보면, 프로젝트가 어떻게 움직여가는지도 보였다. 과장이 무엇을 원하고 있으며, 내가 누구와 협력해야 하는지도 보였다. 물론 과장의 위치에서 바라보려면

행운아 마인드

꽤 많은 노력이 필요했다. 내 업무는 물론이고 프로젝트 전체에 대한 공부가 필수적이었다. 잘 안 보일 때는 긴장했다. 내가 업무에 대해 제대로 모르는 부분이 있다는 신호였기 때문이다. 그럴 때는 밤을 새서라도 업무와 현장을 파악했다.

이렇게 과장의 위치에서 업무가 보이면 내가 지시받은 일, 과장이 내게 기대하고 있는 성과도 보였다. 그리고 신입 사원이라 내게 기대하고 있지 않은, 숨어있는 '기대치'도 보였다.

이른바 '스트레치 골stretch goal'이었다. GE에서 처음 '스트레치 골'이라는 말을 들었을 때, 나는 그동안 내가 해왔던 일들에 대한 이름을 찾은 기분이었다. 삼성의 신입 사원 시절부터 단 한 번도 변하지 않았던 나의 일하는 방식. 그것이 바로 '스트레치 골 전략'이었다.

좋은 리더는 팀원들의 능력을 잘 파악하고 있다. 한 사람 한 사람의 능력과 잠재력, 한계를 본인보다 잘 파악하고 있다. 그런데 아무리 훌륭한 리더라도 단언할 수 없는 부분이 있다. 바로 잠재력이다. 잠재력은 자신 외에는 누구도 알 수 없다. 그리고 설령 리더가 그것을 알고 있더라도 여러 명의 팀원들을 이끌고 성과를 내야 하는 입장에서는 지금까지 '보여준 적 없는 잠재된 능력'까지 생각하며 일을 시키기는 힘들다. 만일 그가 잠재력을 이끌어내지 못했을 경우, 고스란히 자신과 팀의 리스크가 되기 때문이다.

그렇기에 잠재력은 미래 리더들의 몫이 된다. 스트레치 골이 된다는 뜻이다. 고무줄로 예를 들면 이렇다. 리더는 고무줄을 최대한 늘여서 목표 지점에 이르려고 한다. 그렇더라도 고무줄이 끊어지면 모든 것이 허사가 되므로 끊어지지 않을 정도로만 당긴다. 그런데 그 강도라는 것은 팀원 개개인의 입장에서 각기 다르게 느껴진다. 자기 위치에서도 업무 파악이 잘 안 되는 사람에게는 그 강도가 곧 끊어질 것처럼 힘겹다. 하지만 자기 위치는 물론이고 리더의 눈으로 일을 볼 수 있는 사람은 그 강도가 헐겁게 느껴진다. 즉 좀 더 당길 수 있다는 느낌이 온다. 그것은 자기 자신만이 아는 잠재력이다. 조금 더 늘릴 수 있다는 느낌. 자신이 미래의 리더가 될 수 있느냐 아니냐는 바로 이 스트레치 능력에 달려 있다.

리더가 기대하지 않았지만, 충분히 내가 해낼 수 있는 몫. 누구도 기대하지 않았던 목표를 초과달성한 사람은 인정받기 마련이다. 그것이 한두 번이 아니라 매번 그렇다면, 그 사람이 미래의 리더라는 사실을 누구라도 인정할 수밖에 없다.

GE에서는 이런 사람들을 톱 텐 탤런트 그룹top 10 talent group, 즉 특별관리대상 그룹으로 뽑아 특별히 관리한다. 인재가 기업의 가장 큰 자산이라고 믿는 기업답게, 미래의 리더를 선별하여 최고의 리더로 만들어가는 것이다. 내가 GE에 있을 때 채용했던 사람 중 많은 이들이 바로 이 '톱 텐 탤런트 그룹'을 통해 리더로 성장했다. 현재 SK증권 대표이사로 일하고 있는 이현승 사장도 그중의 한 사람이다.

그의 면접을 준비하면서 나는 가장 먼저 왜 GE에 오려고 하는지 묻겠다고 마음먹었다. 최연소 행정고시 합격에 재무 장관 비서관으로서 4명의 장관을 모신 화려한 경력의 소유자였다. 장관이 바뀌었는데도 비서관을 바꾸지 않았다는 것은 그의 일솜씨가 그만큼 뛰어났다는 이야기다. 그런 그가 왜 세계적인 컨설팅업체 A.T.커니A.T. Kearney와 금융투자회사 메릴린치Merrill Lynch를 거쳐 GE로 오려고 하는지 궁금했다.

"솔직히 말해도 됩니까?"

내 질문에 잠시 머뭇거리던 이 사장은 이렇게 되물었다.

"재무 장관이 되어 보고 싶어서입니다."

그의 대답이 인상적이었다.

"이만큼 뛰어난 능력이라면 공무원 조직 내에서도 가능하지 않았겠습니까?"

"장관님 네 분을 모시면서 재무 장관을 꼭 해보고 싶다고 생각했습니다. 그러나 층층시하에 너무도 까마득히 멀게만 느껴졌습니다. 어쩌면 기업을 경험하고 우회적으로 그 길을 가는 것이 빠를지도 모른다고 생각했습니다."

그의 답을 듣고, 그가 다른 성공한 리더들처럼 한 단계 위에서 사안을 바라보고 스트레치 골을 성취하는 사람임을 깨달았다. 장관을 보좌하면서 재무 장관의 눈으로 업무를 파악했을 사람이었다. 그러니 실제 자신이 그 자리에서 할 수 있는 일들도 한눈에 보였을 것이다. 한 단계 한 단계 더 높은 위치에서 목표를 초과 달성하며 매번 꿈을 업그레이드하는 사람의 전형적인 특성이었다.

그는 GE에서도 스트레치 골을 성취하는 능력을 매번 보여주었다. 그런 인재를 놓칠 GE가 아니었다. 그는 빠르게 임원으로 승진하고, GE 코리아 전무를 거쳐 GE에너지코리아 사장이 되었다.

리더가 아닐 때는 자신의 노력이 리더에게 보이지 않을 것 같아서 불안해한다. 하지만 리더가 되어 보면 미래의 리더감이 명확히 보인다. 매번 스트레치 골을 성취하고, 그 성취를 스스로 즐기며 그다음 일을 신바람나게 하는 사람, 그렇게 해서 조직 전체에 신바람을 불러일으키는 사람이 바로 미래의 리더감이다. 그런 사람은 숨기려 해야 숨길 수 없고, 보지 않으려 해야 안 볼 수 없다. 인재는 어떤 자리에 있어도 드러나게 마련이다.

일을 하기 전에 꿈을 꾸고, 일을 할 때는 목표를 정확히 인식하는 것이 '스트레치 골'의 시작이다. 자신의 현재 시야보다 한 단계 위에서 내려다보는 연습. 그것이 시야의 확장이며, 한 단계 위에서, 또는 두 단계 위에서 생각하는 것은 리더로서 꼭 지녀야 할 습관이다. 남이 생각한 것보다 목표를 초과 달성하는 횟수가 늘어날수록 자신이 볼 수 있는 시야도 점점 넓어진다. 그러다 두 단계 정도 높은 시야에서 일이 보일 때쯤, 자신의 현재 위치는 어느새 한 단계 더 높아져 있을 것이다. 꿈은 그렇게 시야를 넓히고 생각의 시선을 높이는 과정을 통해 점점 현실이 되어간다.

배움 : 실패로부터 배워라

"
아무리 힘든 시기라도, 당신을 믿는 사람이 하나도 없다 하더라도,

그리고 많은 사람들이 당신을 비난하더라도,

고개를 떨구지 말고 자신감을 가지세요.

성공으로부터 배우는 것보다 실패로부터 천 배나 값진 교훈을 얻을 수 있습니다.

그러므로 어려운 일로부터 도망가지 마세요.

실패를 더욱 큰 기회로 바꿀 수 있습니다.

Even at the toughest time, when no one believes in you

and even many people blame on you,

never put your face down but be self-confident in yourself.

You can learn from failure 1000 times more than from success.

Therefore do not try to escape from difficulties.

You can change a failure to a bigger opportunity.

"

회사 자본금 3분의 1을
손실내던 날

'감천고해甘泉苦海.'

사자성어도, 자랑스러운 이야기도 아니지만 강연 때마다 빠뜨리지 않는 말이다. 하버드대에서도 나는 내 인생의 교훈인 '감천고해' 이야기를 들려주었다. 1980년 초의 일이니 벌써 30년 전의 일이지만, 나는 아직도 태풍이 온 그날을 생생하게 기억하고 있다. 고철 사업을 하기 위해 사놓았던 고선박 네 척이 그대로 바다 밑으로 가라앉은 날, 회사에서 얼굴 들기가 어려웠다.

'어쩌자고 네 척이나 한꺼번에 샀을까?'

'태풍이 올 줄 누가 알았나?'…….

뒤늦은 후회들이 밀려오고 핑계거리들도 떠오르고……. 머릿속이 온갖 생각으로 터질 듯했다. 하지만 변치 않는 단 하나의 사실은 선박이 온데간데없이 가라앉아버렸고, 회사에 돌이킬 수 없는 손해를 끼쳤다는 것이다.

나는 너무나 망연자실하여 자리에 앉아 사표를 썼다. 그런데 그대로 사표를 내러 갈 순 없었다. 사표를 낼 때 내더라도 이런 식은 아니라는 생각이 자꾸만 나를 붙잡았다. 그렇다면 어찌하란 말인가, 나는 사표를 만지작거리며 생각에 잠겼다.

'그만둘 때 그만두더라도 해결은 해놓고 관둬야겠다!'

만일 내가 이 일을 해결하지 않고 사표를 낸다면 회사에 더 큰 손실을 안기는 셈이었다. 회사는 분명히 이 일을 해결해야 할 텐데, 만일 내가 이대로 도망을 쳐버린다면 누군가 나를 대신해서 뒤처리를 해야 한

행운아 마인드

다. 그러나 이 일을 가장 잘 알고 해결할 수 있는 사람은 바로 나였다. 모든 걸 알면서 도저히 도망갈 수 없었다. 내가 저질러놓은 일을 내가 해결하지 않으면 평생토록 후회가 나를 쫓아다닐 것만 같았다. 무엇보다 자존심이 허락치 않았다. 사람들은 잊을지 몰라도 나만은 내가 도망쳤다는 사실을 잘 알고 있을 테니까.

날짜가 공란인 사직서를 서랍 안에 도로 집어넣었다. 그리고 그 길로 아직도 성난 파도가 해안가를 덮치는 감천으로 내려갔다.

내가 낸 손실은 당시 삼성물산 자본금의 3분의 1 규모였다. 고선박 한 척을 들여와서 시험적으로 해체 사업을 해본 결과 엄청난 이익을 보았다. 네 척을 들여와서 한꺼번에 해체해서 팔면 서로 시너지 효과도 낼 수 있었기에 분명히 큰 이익을 볼 수 있으리라고 생각했다. 그때 나는 30대였다. 젊었기에 리스크는 충분히 감수할 수 있다고 생각했다. 사실 고선박은 죽은 배이기 때문에 보험 가입 대상이 되지 않았다. 물론 나도 리스크 개념은 있었지만 그것을 심각하게 생각할 나이가 아니었다. 내 눈에는 사업이 줄 이익만 크게 보였다. 감천바다는 젊은 내게 어떤 것이든 100퍼센트 자신할 수 있는 것은 없으며, 늘 변수가 생길 수 있다는 사실을 처음 가르쳐준 셈이다. 하지만 이건 어디까지나 지금에서야 드는 생각이지, 그때는 바다 앞에만 서면 가슴이 답답하고 잠도 오지 않았다.

해체 현장은 삼청교육대 출신의 인부들까지 많이 근무해서 분위기가 험악했다. 또 해군, 해병대 특수요원 경험자들까지 고용해서 바다 밑에 가라앉은 고선박을 50톤씩 절단해서 육지로 실어 올리는 일을 진행했다. 한 척당 수천 톤에 이르는 무게였다. 네 척을 다 처리하니 1년

반이라는 시간이 훌쩍 흘러갔다. 감천바다 앞 여관방에 '감천고해'를 써붙이고, 밤마다 힘든 노동을 해준 인부들과 소주를 나누는 것이 그 시절을 견디는 유일한 방법이었다. 나는 묵묵히 일하며 하루라도 빨리 끝이 나기를 기다렸다. 그리고 그 끝에는 퇴사가 있다고 굳게 믿었다. 말 그대로 앞이 보이지 않는 하루하루, 희망 없는 노력의 나날이었다. 지금 생각해봐도 30대의 패기 넘치는 젊은이가 견디기에는 힘든 상황이었다. 그때는 회사에서 나를 다시 고용하리라는 기대는 감히 상상조차 할 수 없었다.

실패로부터
도망치지 않는다는 것

그때 나를 유일하게 지탱했던 것은 '자신감'이었던 것 같다. 어떤 상황에서도 스스로에게 부끄럽지는 말자는 결심, 그것을 다치면 진짜 절망하리라는 느낌이 나를 실패에서 도망치지 않게 해주었다. 한 번 도망치면 다음도 없을 것 같았다. 그때는 그저 막연한 느낌이었는데, 돌이켜보면 정말 잘한 선택이었다. 결과적으로 나는 그 일을 제대로 해결한 노고를 인정받아 두바이 해외합작법인 책임자로 일하게 되었고, 그 일로 인해 정말 많은 것을 배울 수 있었다. 하지만 이런 결과와는 상관없이, 나는 나의 강연을 듣는 모든 젊은이들, 그리고 하버드대의 젊은 친구들에게도 자신감을 유지하라고 강조한다. 그리고 제대로 실패해서 그 실패로부터 더할 수 없는 교훈을 얻으라고 조언한다.

실패에서 얻는 배움은 성공에서 얻는 배움의 백 배, 아니 천 배에 달한다. 실패에서 도망치지만 않으면 더없이 강한 자신감을 얻을 수 있다. 사람들이 제일 못하는 것 중의 하나가 진실한 사과이고, 그다음은 실패를 인정하는 일이다. 실패를 당당하게 인정하는 사람들, 어떻게든 그것을 해결해나가는 사람들은 '아무나'가 아니다. 실패를 인정하고 해결하는 사람들은 아주 특별한 사람들이다. 다른 사람들의 따가운 시선과 실패했다는 말들 속에서도 꿋꿋이 자신의 일을 다하는 사람의 자신감. 그의 자신감은 뜨거운 불속에서 단련되는 철과 같이 강해진다. 최악의 환경에서 다져진 자신감이기에 웬만한 상황에서도 다치지 않는다. 실패한 일에서 도망치지 않고 끝까지 해결해내는 사람들이 자신이 좋아하고 즐거운 일에서 성과를 내는 것은 어쩌면 당연하다.

"내가 누군데!"

이것은 남들에게 하면 안 되는 말이다. 바로 자기 자신에게 해야 하는 말이다.

최악이라고 생각하는 상황, 도망치고 싶은 상황에서 자기 자신에게 이 말을 해보라.

'내가 누군데, 여기서 도망을 친단 말인가? 내가 그것밖에 안 된단 말인가?'

무엇보다도 나는 자신감이 강한 사람인 것 같다. 나의 긍정적인 생각과 행동도 결국은 나 자신의 자신감을 북돋기 위한 것인지도 모른다. 선박이 가라앉은 바다를 바라보면서 피눈물을 흘리던 30대에, 내가 그 일을 해결함으로써 어떤 배움을 얻게 될 거라는 생각은 하지 못했다. 그것은 어디까지나 후일담이다. 단지 그때 나는 자신감에 상처를 입히는 일을 하고 싶지 않았다. 실패는 한 번이지만, 인생은 기니까. 그 실패가 평생 더할 수 없는 교훈을 남길 것이라고도 생각지 못했다. 괴로 웠던 일이 나의 가치를 더하는 일이 되리라는 것도 알지 못했다.

기회, 가장 힘든 순간에 찾아온다

CEO로 성공한 많은 사람들을 보면서 하나의 결론을 얻었다. 그들은 언제나 자신의 가치를 높이는 일을 잊지 않는다는 것이다. 그리고 자신감을 키우기 위해 매 순간 준비하고 깨어 있는 사람들이기도 했다.

처음 취직했을 때, 나는 주변 사람들의 엄청난 능력들을 보며 살짝 기가 죽었다. 지방대학을 졸업한 사람도 나 하나뿐인 것 같았고, 나처럼 촌사람도 없는 것 같았으며, 나처럼 가난하게 산 사람도 없는 것 같았다.

'이 중에서 내 위치는 어디일까?'

부지불식간에 내 마음에 들어온 이 물음은 이후 한 번도 나를 떠난 적이 없다.

나는 1946년생이다. 일본의 식민지 지배가 끝난 1년 후에 태어난 우리 세대에게 가난은 숙명이었다. 식민지였던 까닭에 강토는 피폐해 있었고, 다섯 살 때는 전쟁이 나서 그나마 온전하게 남은 것도 없었다.

전쟁 때 피난을 가서는, 부모님이 나와 어린 동생을 데리고 산에 올라가 나뭇가지로 움막을 짓고 살기도 하셨다. 그 움막에서 자고 일어나면 온몸이 벌레에 물려 다음날은 피부가 벌겋게 일어나 있었다. 어렸지

행운아 마인드

만 바로 옆에서 나는 듯한 포탄 소리는 아직도 생생하게 기억난다. 전쟁이 끝난 뒤에도 희망은 보이지 않았다.

5남 2녀인 우리 형제자매는 단칸방에서 북적북적 모여 살았다. 초가집에 방이 딱 두 개였기에 어쩔 수 없는 일이었다. 낮에는 밭에 가서 채소를 뽑아야 했고, 학교에 가려면 10킬로미터 걷는 것은 기본이었다. 학교가 끝나면 집에 와서 밭일을 해야 했는데, 똥지게를 지는 것이 가장 힘들고 고역이었다. 똥물이 튈까봐 늘 조심조심 걷던 그때가 아직도 눈에 선하다. 그렇게 가난한 형편이라 고등학교 장학금 제도가 없었다면 선생님도 시험에 응시하라는 말씀을 못 하셨을 것이다.

고등학교 때, 장차 진로를 정하기 위해 문과와 이과를 나누는데, 나는 이과 계통의 직업을 갖고 싶었다. 하지만 생각지도 않은 색약 판정 때문에 이과를 포기할 수밖에 없었고, 그나마 장학생 시험에 떨어져서 고등학교를 그만두어야 했다. 하지만 그때도 나는 비관적으로 생각하지 않았다. 어떤 일이든 해결할 길이 있다고 생각했고, 매일 충실하게 사는 것이 내가 할 수 있는 전부였다. 누구와 비교도 하지 않았다. 어린 시절에는 혼자라도 최선을 다하면 되리라고 믿었고, 실제로 그랬다.

하지만 삼성에 입사한 뒤에는 사정이 좀 달라졌다. 신입 사원들이었지만, 가만히 있어도 경쟁 구도가 느껴졌다.

'나는 여기서 어떤 수준인가?'

이 질문에 나는 냉정하게 답할 수밖에 없었다. 내가 보기에 나는 동기들에 비해 능력과 조건이 보잘것없었다. 그래서 대단해 보이는 동기들에게 하나하나 배우면서 일하기로 마음먹었다. 회사에 조금이나마 가치를 더하는 사람이 되어야겠다는 것이 당시 나의 목표였다. 회사에 가치를 더하는 사람이 되려면 나 자신의 가치를 높여야 했고, 그 생각이 나를 끊임없이 공부하게 만들었다.

뛰어난 것이 없는 나였지만, "기회는 공평하게 찾아온다"는 믿음이 있었다. 요즘 젊은이들은 기회를 좋은 상황 정도로만 보려는 경향이 있다. 하지만 기회는 결코 편하게 일할 수 있는 상황이 아니다. 기회는 앞으로 나아갈 수 있는 디딤돌 역할도 해줄 수 있지만, 곤두박질치게 만드는 위기일 수도 있다. 능력을 갖추었다고 해도 만만하게, 마음 편하게 일하기 힘든 상황, 그것이 바로 기회다. 그래서 기회를 포착하지 못하는 많은 이들이 똑같은 상황을 '시련'이라고 부른다.

냉정 : 시련을 넘어 단단해져라

"

불운아 마인드를 갖고 있는 사람은 모든 것이 완벽한 상황에서도

다른 사람을 탓하고, 상황을 탓하고, 부정적이어서 열정도 사라지고 맙니다.

시련을 겪을 때 감정에 치우친 남 탓과 회피는 문제 해결에 전혀 도움이 되지 않습니다.

우리에게 필요한 것은 냉정함입니다.

어떤 상황에서도 우리의 일을 지킬 준비가 되어 있어야 합니다.

Someone who has unlucky guy mindset thinks they did everything perfect

but blame others, blame situation, negative and no passion.

In the crucible, that won't help solve the question.

All we need is calmness.

We have to be ready for any circumstance to keep our work.

"

젊은이들에게 시련은
독이 아니라 약이다

누구에겐가 재미있는 경구를 들은 적이 있다.

"달걀은 스스로 깨고 나오면 닭이 되지만, 남이 깨주면 계란 프라이

가 된다."

평소에 농담을 즐기는 터라 속으로 외워 두었다. 실의에 빠진 젊은 친구들에게 가볍게 건네줄 말이 하나 더 늘어났다고 생각하니 웃으면서도 뿌듯했다.

2011년 상반기 즈음, 내가 인천공항 직원들에게 해주고 싶었던 말도 바로 그런 것이었다. 특히 신입 직원부터 실무에 투입된 친구들을 볼 때마다 진심을 다해 그들을 격려해주고 싶었다. 루이비통을 인천공항에 입점하도록 결정하기까지, 또 입점 결정이 난 후 불거진 잡음들에 대처하면서 시달리는 직원들을 보며 나는 늘 이렇게 말했다.

"이런 특별한 기회가 또 어디 있겠어? 오로지 인천공항에 근무하기 때문에 얻을 수 있는 귀한 경험이야. 자부심을 가지라고! 값진 경험이야. 이런 기회가 우리를 더 단단하게 할 거야. 힘들더라도 절대 도망가지 말고."

상투적인 격려가 아니라 진심이었다. 젊은 친구들에게 시련은 독이 아니라 약이다. 물론 일부러 시련을 겪을 필요까지는 없지만, 시련을 만났을 때는 맞닥뜨려 한판 승부를 벌여야 한다고 나는 믿는다.

성공보다 실패로부터 얻는 것이 더 많은 것처럼, 시련 또한 사람을 움직이게 한다. 지혜를 짜내고, 지혜가 모자라면 지혜가 되어줄 사람에게 매달리고, 자존심도 구겨 보고, 체력이 소진될 때까지 일에 몰두하게 만든다. 작은 시련은 작은 지혜와 체력을 요구하고 자존심도 건드리지 않는다. 그러나 큰 시련은 모든 것을 한계치까지 확 끌어올리게 만든다.

'차라리 때려치우고 말지!'

늘 자신만만하고 패기 있던 젊은 친구들의 입에서 이런 말이 나오는 경우를 종종 보게 된다. 자신을 행운아라고 믿는, 예를 들면 하버드대에 내 강연을 들으러 온 친구들 또한 자신만의 필드에서 이런 시련을 겪는다. 나는 개인적으로 뛰어난 젊은이에게 시련은 축복이라고 생각한다. 세계 최고 수준의 두뇌와 학습능력, 토론 실력과 젊은 체력에 무엇 하나 빠지는 것 없다는 자부심까지 갖춘 하버드대 출신 젊은이들이 시련 없이 성공가도를 달리게 되면 체력과 날카로운 머리가 점점 무뎌져 어느 날 다가온 돌발 상황에 어이없이 무너지고 만다. 그때는 나이도 들고, 자존심도 훨씬 더 세고, 사회적 위치도 더 높아져, 이때 만나는 시련들은 그 높아진 위치만큼이나 만만치가 않다. 또 그 파장도 크다. 자신의 시련이 개인적인 일로만 끝나지 않는다. 그 시련에 무릎을 꿇으면 그와 함께 일한 직원들, 고객들, 더 크게는 사회까지 망가진다. 유서 깊은 영국은행을 파산시키고 미국의 부동산 버블을 만든 사람들은 결코 평범한 사람들이 아니었다. 그들 대부분이 하버드대 이상의 최고 교육을 받은 뛰어난 사람들이었다.

축구, 사이클, 종합격투기 등 대부분의 운동선수들은 경기가 훈련보다 쉽다고 말한다. 사이클의 경우 장거리 경기에서 몸속의 지방을 재빨리 에너지로 바꿀 수 있어야 하고, 언덕과 장거리 경기 막바지에 부딪치는 체력의 한계를 이겨내는 선수가 결국 승리의 주역이 된다. 종합격투기도 경기 중에 폭발적인 공격력을 키우기 위해 평소에 근력, 지구력, 심폐 지구력, 민첩성 등을 키우는 강도 높은 훈련을 빠뜨리지 않는다. 이런 훈련 과정을 통해 선수의 능력, 즉 한계에 이르는 시간이 점점 느려지고 운동 능력도 향상된다. 그런데 이런 발전은 어느 날 갑자기 얼을 수 있는 것이 아니다. 매일 반복하여 눈에 보이지 않을 정도로 조금씩 수치를 높여가는 것이다. 아무런 훈련도 하지 않다가 어느 날 갑자기 강도 높은 훈련을 하면 근육도 심장도 망가질 뿐이다.

자신을 행운아라고 믿는 젊은이들이 해야 할 훈련도 운동선수들의 훈련과 다를 바 없다. 그런데 안타깝게도 어떤 종류의 능력은 평소에는 발전되지 않는다. 최선을 다해 문제를 해결하게 하는 그 모든 능력은 사실 시련을 겪어야만 진짜배기 훈련을 받는다고 할 수 있다. 그렇지만 그 훈련은 누구나 거절하고 싶은 상황이다. 달리 시련이라 부르는 것이 아니다. 시련의 훈련장은 덥고 습하고 맵고 공기도 희박하며 시야도 확보되지 않는다. 누구나 그 앞에 서면 두세 걸음이라도 뒷걸음질치게 된다.

만일 그 훈련장의 조교가 나라면 헌병 시절에 익힌 구령으로 뒤에서 소리칠 것이다.

"절대로 피하지 마라!"

어쩔 수 없다는 듯 어깨가 축 처진 상태로 시련을 맞이한 젊은이들의 어깨를 꽉 잡아 바로 펴게 할 것이다.

"싸우기도 전에 지고 싶은가? 실의에 빠질 일이 아니다!"

팩트는 팩트일 뿐,
냉정하게 받아들여라

루이비통 입점은 인천공항의 우선 과제였는데, 그 회사의 자부심이 하늘을 찔러서 입점시키기가 결코 쉬운 일이 아니었다. 우리 직원들은 루이비통이 결정만 내리면 만사가 다 해결되리라는 희망으로 최선을 다해서 루이비통과의 입점 계약을 드디어 이루어냈다.

　세계에는 1,700여 개의 국제공항이 있다. 그중에는 전통적으로 유명한 공항도 수두룩하고 우리보다 더 많은 인종, 더 많은 사람들이 오가는 공항도 있다. 그리고 국제공항들에는 저마다 면세점이 있다. 면세점은 공항은 물론 국가의 수입이기도 하다. 당연히 공항 매출에 신경을 쓰지 않을 수 없다. 그러니 수많은 공항들이 명품의 대명사 가운데 하나인 루이비통을 입점시키려 애쓴 것이다. 자국인 프랑스 샤를드골공항도, 편리하기로 유명한 싱가포르 창이공항도, 네덜란드 스키폴공항도 엄청나게 애를 썼지만, 모두 면세점 유치에 실패했다.

　우리는 애초부터 할 만한 일이라고 생각했다. 우선 인천공항은 세계 최초로 7년 연속 '세계 최고 공항'의 영예를 가진, 명실공히 '명품공항'이었다. 그리고 명품에 대한 선호도가 높은 중국과 일본의 여행객이 가장 많이 들렀다 가는 동북아 최고의 허브공항이었다. 루이비통이 선택하지 않는다는 것이 오히려 이상할 정도의 조건이었다. 하지만 루이비통은 명품이라는 자존심과 고집을 갖고 있었다. 그것은 오랜 세월의 전통과 같은 것이어서 쉽게 건드릴 수 있는 문제도 아니었다. 하지만 우리 직원들의 끈질긴 노력과 설득으로 루이비통은 결국 세계 최초로 인천공항 면세점에 매장을 열기로 합의했다. 그것도 회장과 사장이 직접 인천공항에 와보고 난 후에야 최종 결정을 내릴 정도로 까다로운 일이었다.

　나와 직원들은 이제 축배를 들어도 되겠다고 생각했다. 면세점 매출을 높이기 위해 인천공항이 할 수 있는 최선의 일을 다했으니, 일의 성격으로 보면 축배를 들어도 괜찮은 시기였다. 하지만 웬걸, 문제는 그 이후부터 생기기 시작했다. 면세점을 운영하는 두 회사가 루이비통 유치 경합에 나선 후부터였다.

직원들의 얼굴이 점점 어두워지기 시작했다. 공항이 루이비통을 설득했으니, 어느 회사에서 운영하느냐는 인천공항의 문제가 아니었는데도 두 회사의 물밑 작업으로 인해 실무 직원들은 매일 시달려야 했다. 경합이 끝난 후에도 잡음이 계속되어, 결국 법정 공방까지 해야 했고 국회 및 감사원의 감사까지 받아야 했다.

"고래싸움에 새우등 터지는 것 아닙니까?"

"사장님, 너무 힘드네요."

직원들은 나를 볼 때마다 하소연했다. 실은 내 마음도 같았다. 하지만 흔들릴 정도는 아니었다. 힘들지 않은 것은 아니었지만, 그렇다고 견디지 못할 정도도 아니었다. 이미 젊은 시절에 겪은 수많은 시련들로 인해 머리, 가슴, 체력 등 시련을 이겨내기 위한 능력은 충분했던 것이다. 나는 직원들에게 어디에서도 겪을 수 없는 귀한 시련이니 제대로 부딪쳐 힘을 얻으라고 말했다.

533 대 1의 경쟁을 뚫을 정도의 인재들이기 때문에 경험할 수 있는 시련이었다. 게다가 세계 최초로 겪는 경험은 돈 주고도 살 수 없는 귀한 것이다. 훗날 루이비통이 다른 공항에 입점할 날이 있을지 모르겠지만, 그 공항의 직원들은 인천공항의 직원들이 겪은 선례를 참조할 수 있을 것이다. 세계에서 가장 콧대 높은 명품 브랜드를 설득하는 일을 어느 수입회사에서 할 수 있으며, 고래 같은 회사들이 날카롭게 대립된 채 경합하는 사이에서 중재하는 일을 어느 회사에서 경험할 수 있

겠는가? 게다가 국민의 세금으로 지어진 공기업이 아니라면, 정치권과 정부 등 갖가지 권력기관들로부터 쏟아지는 압력을 언제 경험해보겠는가? 이 모든 것이 인천공항의 직원이기 때문에 가능한 경험이다.

"냉정해라!"

직원들이 힘들어하는 상황이 올 때마다 내가 했던 말이다. 하버드대의 젊은 친구들에게 해주었던 말이기도 하다.

시련이 더 무거워지는 것은 당황하기 때문이다. 당황할 때 사람은 실수가 많아지고, 실제 다가온 상황보다 더 부정적으로 환경을 분석하는 경향이 있다.

중요한 사안을 결정할 때 분명한 원칙과 철학이 있으면 누가 뭐라고 공격해도 흔들리지 않는다.

"이 결정이 국가적으로 유리할까? 고객에게 도움이 될까? 우리 공항에 이로운 것인가?"

이러한 철칙에 기초하여 공정하고, 투명하고, 일관성이 있으면 누구도 걱정할 필요 없다.

솜을 싣고 개울을 건너던 당나귀가 미끄러운 자갈에 넘어진 상황을 생각해보자. 처음에는 솜이 질 만한 무게였지만 미끄러져 솜에 물이 먹으면 갑자기 몇 배의 무게가 되고, 느닷없이 무거워진 짐 때문에 당나귀는 놀라서 날뛰게 된다. 사실 시냇물 깊이가 당나귀의 무릎 정도밖에 안 된다고 해도, 놀란 당나귀에게는 차가운 물이 자신을 삼킬 것처럼 무섭게 느껴져 네 다리를 버둥거리다 결국 익사하고 만다. 만일 당나귀가 침착했더라면 어땠을까? 아무리 침착하더라도 물먹은 솜의 무게는 어마어마할 것이다. 하지만 침착하게 미끄러진 다리를 일으켜 세우면 네 다리로 몸을 바로 일으킬 수 있다. 일단 몸을 일으켜 세우면, 솜에 스며들었던 물 가운데 많은 양이 주르르 흘러내릴 것이다. 그렇게 물속에 넘어졌을 때보다 훨씬 가벼워진 몸으로 개울을 건너다 보면 당나귀 자신의 터덜거리는 걸음걸이, 그리고 햇살과 바람 덕분에 솜은 점점 갈수록 가벼워지고 결국 하루 정도만 지나면 마침내 원래의 무게로 돌아간다.

시련 앞에 냉정해야 하는 이유가 바로 이것이다. 팩트를 팩트로만 받아들여야 한다. 그리고 그보다 좀 더 좋은 방법은 그것을 '행운'으로서 믿는 것이다.

'아, 힘들다. 하지만 내가 지금 여기가 아니면 어떻게 이런 일을 경험하겠어? 또 부딪쳐 보면 분명히 뭔가 남겠지.'

긍정적으로 문제를 해결하겠다고 마음먹고 냉정하게 팩트를 바라봐야 한다. 그렇잖아도 부정적인 상황에서 풀이 죽거나 필요 이상으로 두려워하면 팩트가 물먹은 솜처럼 더더욱 어깨를 짓누른다.

냉정하게 바라보기 시작하면, 해결하지 못할 상황은 없다. 사회생활을 하는 젊은 친구들 대부분은 정도正道를 간다. 그런 친구들이 시련 앞에서 냉정을 못 찾는다면 너무나 안타까운 일이다. 투명하고 깨끗하게 모든 일에서 바른 길을 걸었다면 모든 문제는 해결할 수 있다.

진짜로 무너질 수밖에 없는 상황은 자기 자신이 만든다. 이 점을 깊이 명심하기 바란다. 좋지 않은 상황은 냉정하기만 하다면 결코 사람을 무너뜨릴 수 없다.

내가 공기업에 갔을 때, 내게는 원칙이 있었다. 투명함, 공정성, 뚜렷한 방향성. 이 세 가지만 있으면 절대로 무너지지 않는다.

인천공항에서 일을 진행하자면, 늘 수많은 말을 들어야 했고 압력도 있었다. 정부에서 A라고 말하면 국토부에서는 B라고 말했고, 언론에서는 C라고 거들었다. 나에게 확인도 하지 않고 나에 대한 구설수를 만들기도 했다. 하지만 이미 마음속으로 준비했던 터였고 흔들리지 않을 자신도 있었다. 나의 무기는 위에서 말한 세 가지 원칙이었다.

특히 방향성은 중요했다. 어떤 목표가 생겼고, 직원들과 함께 그것을 공유하여 방향을 정하면 어느 누가 뭐라고 해도 흔들리지 않았다. 그렇기에 직원들에게 냉정하라고 말할 수 있었다. 리더인 내가 흔들리지 않을 테니, 실무에서도 흔들릴 필요가 없는 것이다.

물론 바람이 불면 그 어떤 튼튼한 기둥도 좌우로 흔들릴 수밖에 없다. 하지만 부러지거나 어느 한쪽으로 쓸려가지는 않는다. 바닥에서부터 저 꼭대기까지, 목표를 향해 가는 방향성이 확실하면 잠시 흔들리다가도 반드시 제자리로 돌아온다. 그것이 계속되면 다른 외부의 힘을 막는 또 다른 힘이 된다.

A라는 의견에 좌로, B라는 의견에 우로, C라는 의견에 위로, D라는 의견에 아래로……. 이렇게 움직인다고 생각해보자. 그 일 자체가 이상해 보이지 않겠는가? 이러쿵저러쿵 간섭했던 세력들도 그 일 자체를 의심하기 시작할 것이다. 반면에 감 놓아라 배 놓아라 아무리 떠들어도 한 길을 계속 가면 간섭하던 세력들도 그 일이 진행되는 결과를 기다릴 수밖에 없다.

냉정해라. 시련을 맞이했을 때, 스스로 껍질을 깨는 법을 배울 수 있는 기회를 맞았다고 오히려 환영해라. 시련은 겪어도 실의에는 빠지지 마라. 힘들 때마다 남의 도움을 기대하는 사람은 리더로서 성장할 기회를 스스로 버리는 것이다. 충분히 준비하고 일관성 있게 추진하고 목표를 견지해나간다면, 시련은 단지 우리를 단단하게 만드는 강도 높은 훈련일 뿐이다. 그리고 솔로몬 왕이 했던 유명한 말처럼, 어떤 시련도 인생의 다른 순간들처럼 "이 또한 지나갈 것이다."

• • •

판단 : 떠날 것인가, 지킬 것인가

> "
> 불운아 마인드를 가진 사람들과 친하게 지내지 마십시오.
> 전염되기 쉽거든요!
>
> Please do not stay closely with unlucky guy,
> because it's very contagious!
> "

기업 내 사조직,
왜 문제인가

역시 인천공항에 처음 왔을 때의 일이다. 직원들과 모이는 자리에서 나는 이렇게 말했다.

"제 고향은 경상북도 상주입니다. 이제부터 제가 상주향우회를 만든다고 합시다. 마침 부사장도 상주 출신이고 직원 중에도 상주에서 온친구들이 있으니 그들을 모아 회비도 걷고 저녁마다 술을 마시면 여러분은 기분이 어떻겠습니까? 저는 물론 이 사조직은 친목단체라고 말하겠지요. 그렇게 말하면 여러분 마음이 편안하겠습니까?"

직원들 중에 입을 여는 이가 아무도 없었다.

"지금부터 인천공항에는 사조직이 없습니다. 어떤 줄에도 서지 마세요. 저는 자기 목숨은 자기가 지켜야 하는 그런 시스템을 만들 것입니다."

비단 공기업만이 아니다. 국내 기업 대부분에 사조직이 있다. 사조직이라는 말이 뭔가 대단한 듯 보이지만, 이름을 들여다보면 대학교에서도 볼 수 있는 친목단체. 'OO향우회', 'OO토목회', 'OO경영회'……. 이름만 놓고 보면 나쁠 것도 없어 보인다. 동향들과 소회를 풀고, 같은 분야를 전공한 사람들끼리 모여 새로운 학술정보를 공유하고 친목을 도모한다면, 그야말로 교과서적이기만 하다면 별 문제 될 게 없다.

하지만 이런 친목단체가 기업이라는 조직에 생기면 말 그대로 사조직이 되고 만다. 우리 직원들에게 예를 들었던 것처럼 만일 내가 내 고향 출신들과 정기적인 모임을 갖는다고 치자. 내 첫 마음은 순수했을지라도 남들 눈에는 그리 보이지 않을 것이다. 내가 사장이기 때문이다. 직원들 눈에는 신임사장인 내가 공기업에서 입지를 다지기 위해 줄서기를 시키는 것으로밖에 보이지 않을 것이다. 사조직을 만든 주창자의 첫 마음도 오염되기 십상이다. 아무리 실력 위주로 사람을 보겠다고 해도, 동향 출신 직원들과 만나게 되면 같은 화제로 인해 친밀감을 더 느끼게 될 것이고 자주 만나게 되니 그렇지 못한 직원에 비해 그의 능력이 더 도드라져 보일 수 있다. 리더로서 사람을 제대로 볼 수 없다면 그야말로 자격 상실이다.

기업 내 사조직이 순기능보다 역기능을 하는 이유는 사조직이 가진 태생적인 한계 때문이다. 기업 전체의 목표가 아니라 사조직의 작은 목표를 더 우선시하는 순간이 온다. 기업 전체를 생각하고 움직이는 리더가 아니라 사조직의 리더를 더 의식하게 되는 순간이 오는 것이다. 어떤 사람들은 이를 악의적으로 이용하기도 한다. 말 그대로 줄서기를 시키고, 자기 자신의 권력을 배가시키는 조직으로 이용하는 것이다. 그런 사람들 때문에 기업은 망가지기 시작한다. 암도 처음에는 하나의 조직이 악성이 되면서 시작된다. 도려내지 않으면 순식간에 생명을 앗아간다. 기업의 시스템이 마비되고, 부정부패가 만연되고, 결국 망가지는 것도 마찬가지로 순식간이다.

나는 인천공항의 모든 사조직을 없앴다. 그리고 잡 포스팅 제도를 도입했다. 잡 포스팅은 잘 모르는 사람이 보기에 사조직의 인간관계와 다른 점이 없어 보일 수도 있는 제도다. 각 부서마다 지원자를 모집하고 리더가 자신이 쓸 인재를 뽑아서 쓰는 제도이니, 친분이나 학연·혈연·지연에 의해 뽑을 수 있다고 생각할지도 모른다. 물론 절대 그런 일이 있으면 안 된다. 리더로서의 인사원칙(공정, 투명, 일관성)을 잃으면 인사권을 회수하겠다고 미리 선언도 했다.

사실 이것은 무서운 시스템이다. 처음에는 친분에 의해 사람을 뽑고, 전에 함께 일했다는 이유, 누가 부탁을 했다는 이유 등으로 사람을 뽑거나 지원할 수도 있다. 하지만 자신이 훌륭한 리더로 성장하기 위해서는 개인적인 관계가 아니라 성과 창출과 혁신, 성장과 발전이라는 기업의 목표에 따라 움직여야 한다. 사조직처럼 성과 같은 것도 없이 대충 사람들과 술 마시고 어우러지며 잘 지내면 유능한 사람처럼 보일 수 있는 그런 제도가 아니다. 한 사람 한 사람의 성과가 무섭도록 명확하게 드러나는 제도이다. 일정 기간이 지날 즈음엔 자신이 인사권을 사용한 결과가 어떻게 자신에게 고스란히 반영되는지 확실히 알게 된다.

리더의 위치에 있는 사람이 실력이 아닌 청탁으로 사람을 뽑았을 수도 있다. 하지만 마지막에는 그 결과에 의해 리더 자신이 평가받아야 한다. 잘 알고 있는 팀장과의 줄서기를 위해 자신에게 맞지도 않는 팀에 지원했던 직원들은 함께 일하는 동안 내내 힘들어야 했고, 예상대로 형편없는 성과를 자신의 눈으로 목도할 수밖에 없었다. 실력으로만 사람을 뽑고 기업 전체의 목표에 합치되게 운영되었던 팀과의 비교는 피할 수 없다.

"자기 목숨은 자기가 책임져라."

GE의 공공연한 묵계였다. 외국계 기업에서 일해본 사람이라면 이 말이 무슨 말인지 뼈저리게 기억할 것이다. 지위와 상관없이 GE의 모든 구성원은 자기 목숨을 스스로 지켜야 한다. 사장과 친하든 친하지 않든 목표를 달성하면 오케이. 하지만 성과를 내지 못하면 계약기간이 3년이 남았더라도 그만두어야 하는 시스템이었다. 한 마디로 '업적주의'였다.

처음 GE에 갔을 때는 인정이라곤 없어 보인다고 생각하기도 했다. 하지만 곧 기업을 위해, 또 직원들 각자를 위해 최고의 시스템이라고 생각하게 되었다. 사람에 따라 술을 못 마시는 사람도 있고 듣기 좋은 소리를 못하는 사람도 있는데, 그런 것이 승진에 영향을 미친다고 생각한다면 그 기업이 제대로 앞을 향해 갈 수 있을까? 지위 고하를 막론하고 업적으로 평가받는다면 누구도 불평할 수 없을 것이다. 상을 받든

행운아 마인드

벌을 받든 자신의 능력에 따른 것이니 말이다.

이런 제도를 인정머리 없다고 불평만 하며 어린애처럼 자기 동향, 자기 동창, 자기 친척만 찾으며, 친하다는 사적인 감정으로 실력 이상의 대접을 받으려고 하는 사람들, 그리고 자신의 위치를 과시하며 사람들을 줄 세우며 그 위에 군림하려는 사람들은 기업을 망치는 사람들이다. 사조직의 리더들은 언뜻 자신만만해 보이지만, 그들의 자신감은 행운아로서의 당당한 자부심이 아니다. 늘 다른 사람의 마음을 감시해야 직성이 풀리는 불행한 마음을 숨기기 위한 포장, 혹은 무거운 가면일 뿐이다. 이런 사람들은 정작 기업 조직 자체에 대해서는 불평불만만 많다.

현명한 조직 생활을 위한 충고

일의 성과가 아닌 다른 것에 신경 쓰는 사람들은 직급이 낮을 때는 줄서기에 연연하고, 직급이 높을 때는 직급이 낮은 부하 직원들을 괴롭히는 경우가 많다. 조직 생활을 힘들어하는 사람들의 고민을 들어 보면 상사의 이상한 성격에 대한 이야기가 많이 나온다.

"우리 부장은 성격 이상자 같아요. 별 일 아닌 걸로 사람을 초주검으로 만든다니까요."

말로 사람을 죽일 수 있다는 것을 나도 잘 안다. 나도 사회 초년병 시절 그런 분을 상사로 모신 적이 있으니까. 나의 친구들도 마찬가지다. 지금 최고경영자가 된 그들도 신입 사원 시절, 직급이 낮던 시절에는 말도 안 되는 야단에 기죽기도 했다. 도대체 화가 풀리지 않아 술로 푼

적도 한두 번이 아니다. 하지만 그 때문에 회사를 그만두고, 자신의 목표까지 잊어버린다면 그보다 비효율적인 일도 없다.

가지각색의 사람이 모여 생활하는 조직에 이런 사람 한두 명이 없다면 오히려 이상하지 않나, 라고 생각하면 어떨까? 그리고 상사의 야단을 되도록 효율적으로 '정리'하라고 권하고 싶다. 송곳처럼 날카로운 비난과 욕설까지 들어가며 상사로부터 야단맞을 때, 같이 흥분할 게 아니라 냉정하게 그 야단의 내용을 분석하는 것이다.

'그래, 이 건은 내가 백 번 잘못했어. 야단맞아도 당연해.'

자신의 잘못이 확실할 때, 그 야단의 내용이 일과 상관없는 인신공격이라 할지라도 잘못한 팩트만 받아들여서 소화하는 법을 배우는 것이 좋다. 물론 이왕이면 냉정하게 잘못한 부분을 분석해서 혼이 나면 좋겠지만, 너무나 인간적인 상사에게 그런 것까지 기대하지는 말자.

'아무리 생각해도 내가 뭘 잘못했는지 모르겠단 말야……'

때로는 정말 자신의 잘못이 아닌 것으로 혼이 날 때가 있다. 세상에서 가장 멍청한 사람 대하듯 무지막지하게 야단치는 상사에게 반발심이 일어나지 않는다면 오히려 이상한 일이다. 이런 때는 그냥 '무심하게' 받아들이는 것이 좋다.

'내 끗발이 낮아서 당했구나!' 내지는 '이번엔 내 차례구나!' 이런 식으로 말이다. 세상에는 말을 유난히 아프게 하는 사람들이 있다. 아프지만 이 사실도 받아들이자. 그런데 그것은 야단을 맞는 내 문제가 아니라, 그런 독한 말을 하는 상사의 문제일 뿐이다.

골프를 칠 때, 상대방에게 휘말리면 일희일비하게 되고 결국 자신의 게임이 엉망이 되고 만다. 자신의 게임을 잘 운영하려면 이것이 '나의 게임'임을 절대 잊지 말아야 한다. 다른 사람이 아닌 나의 플레이를 한다는 것. 이것은 회사 내에서 인간관계에서도 잊지 말아야 할, 중요한 마음가짐이다.

모든 판단의 1순위,
자신의 그릇과 현재의 능력

아무리 완벽한 시스템을 가진 회사라도 사람 간의 문제는 늘 있게 마련이다. 하지만 공정한 시스템이 갖춰진 회사라면 희망은 있다.

하지만 세상 모든 기업이 다 이렇게 공정한 것은 아니다. 현실적으로 줄서기를 해야만 하는 상황이 올 수도 있다. 그것 때문에 고민하는 사람들이 의외로 많다. 그렇다면 개인은 어떻게 해야 할까?

"판단의 지혜를 갖춰라."

나는 후배들에게 이렇게 말한다. 물론 나의 기본 입장은 실력을 키우라는 것이다. 능력과 실력이 출중한 사람은 어떤 조직에서도 환영을 받는다. 금세 리더가 되어 스스로 조직을 바꿀 위치에 서게 된다. 그리고 영 아니다 싶은 조직이면 쉽게 떠날 수 있다. 구역질이 날 정도로 괴로워하면서도 조직을 떠날 수 없는 사람은 실력이 없는 것이다. 실력이 없으면 용기도 낼 수 없다. 그러니 자신의 운신의 폭을 넓히기 위해서라도 능력은 필수다. 직장인은 평생 공부하지 않으면 순식간에 낙오자가 된다. 일자리를 잃고 나서야 낙오했다는 사실을 깨닫는다. 조직을 선택할 자유를 잃었다고 느낄 때, 바로 깨달아야 한다. 물론 대책을 강구해야 한다.

하지만 지금 현재, 조직 속에서 괴로워하는 사람들은 나의 기본 입장이 교과서적이라고 느낄 것이다. 그렇게 생각하는 사람들을 위해서 나는 "판단의 지혜를 갖춰라"라고 말하는 것이다.

한 단계 위에서 일을 파악할 수 있어야 한다는 말은 조직에 대해서도 적용된다. 조직을 파악할 수 있어야 한다.

"내가 바꿀 수 있는 조직인가, 바꿔봤자 나만 다치는 조직인가?"

실력이 없는 사람은 조직의 성격도 파악하지 못한다. 사실 기업은 분명 싹수가 있어서 생긴 것이다. 기업을 만든 사람들은 잘될 이유가 있기에 조직을 만들고 이어가고 있다. 그렇기에 실력 있는 사람이 바른 마음으로 바꾸고자 한다면 바뀔 가능성이 크다. 문제는 자기 자신이다.

내 능력으로 바꿀 수 있는 조직인가를 판단할 수 있어야 한다. 조금 바뀌면 가능성이 훨씬 있어 보이는 회사인지, 힘들여 바꿔야 할 필요가 있는 곳인지 생각하고, 가치가 있다면 문제점을 제기하고 앞장서서 개선을 위해 노력해야 한다. 그것이 리더의 사명이다.

하지만 개중에는 그렇지 않은 조직도 있다. 회사 전체가 도둑질을 하는 회사 같은 곳이 그렇다. 옆사람이 회삿돈 1,000원을 횡령했으니 그보다 적은 나의 500원은 아무것도 아니라고 생각하는 분위기의 회사 말이다. 이런 회사는 조직 전체의 문화를 송두리째 바꾸는 전면적인 변화와 혁신이 필요하다. 그 전면적인 변화와 혁신을 내가 나서서 할 것인지에 대해서는, 또 한 번 냉정한 판단이 필요하다.

조직의 성격을 파악하는 것, 내가 그 회사에서 어떤 기여를 할 수 있는지 판단하는 지혜도 능력이다. 불평은 필요 없다. 고치거나 떠나거나. 둘 중 하나다. 불평하는 사람은 노예근성을 가진 사람일 뿐이다. 행운아 마인드를 가진 미래의 리더는 노력을 통해 조직을 바꾸거나 아니면 그럴 가치가 없는 조직의 실체를 일찌감치 판단하고 파악한다. 잘못된 것을 보면 고치고, 고치는 방법과 지혜를 찾아내고, 고칠 수 없다면 깨끗이 떠나라. 가장 중요한 일은 먼저 자신이 어떤 그릇인지 판단하는 것이다. 모든 선택에 앞서, 자기 자신에 대한 판단이 먼저 이루어져야 한다.

관리 : 꿈을 관리하라

"

우리가 무엇을 성취하든

깨끗하지 못하고 규칙을 지키지 못했다면

우리의 성공은 즉시 무너질 것입니다.

무너지는 건 쉽지만 다시 일어서려면 오랜 시간이 필요합니다.

Regardless of whatever we achieve,

if we are not clean enough and violate the rule,

our accomplishment will fall down immediately.

Collapse is easy but rebuilding needs long time.

"

싱가포르의 저력은
어디서 나오는가

세계를 종횡무진하며 사는 동안 정든 나라가 하나 있다. GE 의 아시아 총괄회사가 있는 싱가포르가 그곳이다. 싱가포르는 다국적

행운아 마인드

기업의 아시아 총괄법인이 많은 곳이다. 영토도 적고 부존자원도 많지 않은 이 나라의 유일한 자원은 '사람'이다. 예측 가능한 제도, 훌륭한 리더, 그리고 이들을 신뢰하고 살아가는 국민들이 싱가포르를 만든다. 그래서 싱가포르의 교육제도는 철저한 엘리트주의로 보인다. 엘리트가 될 인재를 어려서부터 고르는데, 마지막까지 엘리트 코스에 뽑힌 인재들은 국가의 전폭적인 지원을 받으면서 공부하게 된다.

이 엘리트 교육의 백미는 국가 장학금 제도에 있는데, 대통령 장학금, 수상 장학금 등 국가 고위 공무원 직위가 붙은 장학금을 받은 사람은 외국 유명 대학에서 유학할 수 있는 기회가 주어진다. 물론 국비 장학금으로 유학을 다녀왔으니, 돌아온 후에도 국가적인 인재로 인정받고 싱가포르의 엘리트로서 국가의 발전을 위해 일하게 되어 있다. 이른바 출세코스fast track가 예약이 되는 것이다. 따라서 이 장학금을 받기 위한 경쟁이 치열한데, 대통령 장학금의 경우 경쟁률이 무려 1만 대 1이라고 한다.

나는 이 1만 대 1의 경쟁을 뚫고 대통령 장학금으로 미국 유학을 다녀온 26세의 싱가포르 청년을 만난 적이 있다. 바른 자세와 빛나는 눈빛을 지닌 그 청년은 시종일관 공손하면서도 자신만만한 말투로 나와 대화를 나누었다.

"대통령 장학금을 탔다니, 대단하오. 싱가포르에서는 대통령 장학금을 타면 적어도 장관은 할 수 있다던데……."

내 질문에 청년은 진지한 표정이 되었다.

"맞습니다. 대통령 장학금을 탄 저는 장관은 할 수 있을 겁니다."

과연 엘리트 중의 엘리트라는 생각이 들었다. 목소리에 들어 있는 당당함이 스물여섯이라는 기개만으로는 채울 수 없는 자신감으로 꽉 채워져 있었다. 나는 그 단순한 말만으로도 그에게 매료되었다. 하지만 내가 그에게 강한 인상을 받은 것은 그다음에 나온 말 때문이었다.

"하지만 전 아직 마음에 결심을 하지 못했습니다."

"무슨 결심 말이오?"

"미래에 장관이 되는 길을 갈지, 가지 말지 아직 결정을 내리지 못했다는 뜻입니다."

"아직 다가온 일도 아니고, 미리 결정된 것도 아닌데 무슨 결심이 필요하단 말이오?"

"미래에 장관이 되려면 지금부터 마음의 결심이 필요합니다. 장관은 공직입니다. 나라를 위해 일해야 하는데, 그러기 위해서 저는 개인적으로 많은 것을 희생해야 합니다. 가족보다 나라 일이 우선되어야 할 일도 많을 것이고, 저 자신의 쾌락이나 이익에 맞게 살 수도 없습니다. 평생 공익을 우선시하고 흠 없이 살아야 하는데, 저는 아직 젊습니다. 사랑하는 사람도 있고요. 제가 저와 제 가족보다 공익을 우선하며 살 것인지 지금은 쉽게 결정할 수가 없습니다."

이 청년이 바로 현재 대한변호사협회 회장인 신영무 회장의 사위가 되었고, 현재 군복무 중에 있다. 미국에 공부하러 보낸 딸이 결혼을 결심했다는 사윗감이 외국인이었을 때, 신 회장은 주저했다. 그의 부탁으로 청년을 만나본 나는 적극적으로 둘의 결혼을 추천했다. 미래에 대한 그의 준비가 믿음직했기 때문이다.

나는 이 이야기를 중앙공무원 연수원, 고시 합격생을 대상으로 한 강연에서 빠뜨리지 않고 소개한다. 청년의 말을 듣고, 싱가포르의 저력이 어디에서 왔는지 알 것 같았기 때문이다. 전 세계 기업의 아시아 거점으로서 부족함이 없는 사회 인프라, 아시아의 불명예인 부정부패가 가장 적은 나라라는 명예가 하루아침에 만들어진 것이 아니었다. 물론 청년은 그 세대의 첫손에 꼽히는 엘리트였다. 하지만 엘리트가 모두 국가에 이익이 되는 것은 아니다. 오히려 엘리트이기 때문에 자신의 이익에 눈이 멀어 가지 말아야 할 길을 가는 경우도 많다.

꿈을 관리해야 하는 이유

얼마 전 가난한 사람들의 가슴에 대못을 박은 부산저축은행 사태 같은 경우만 보아도 똑똑한 사람들의 마음가짐이 얼마나 중요한지 알 수 있다. 만일 그 싱가포르 청년 같은 마음으로 성장하여 고위층이 된 사람들이 사회의 요직을 맡았다면 과연 그런 일이 벌어졌을까? 보통 사람들이 쌈짓돈까지 털어 저축한 그 귀한 돈을 탕진하고 개인적인 용도로 쓰기 위해 권력층까지 매수하는 일이 과연 일어날 수 있었을까?

그들이 젊은 시절부터 자신의 미래에 대한 확고한 꿈을 갖고 있었다면, 그들이 진짜 리더가 된 후 많은 사람들을 절망에 빠뜨리는 일을 일으키지는 않았을 것이다. 그래서 나는 더더욱 젊은 인재들에게 이렇게 말하고 싶다.

"당신의 꿈을 관리하시오!"

꿈이 없는 사람은 없다. 음악가가 되겠다거나 사업가가 되겠다는 것만이 꿈은 아니다. 회사에 다니는 사람이 어떤 직위에 이르러 어떤 사업을 진두지휘해보고 싶다는 소망도 꿈이다. 공무원으로서 사회에 어떤 공헌을 하겠다는 것도 훌륭한 꿈이다. 그리고 모든 꿈은 이루기 어렵다.

기억하라. 꿈은 시간을 먹고 자란다. 한 개인이 견뎌내기 힘들 정도의 긴 시간이 지나서야 이루어지는 것이 꿈이다. 그러므로 매 순간 자신의 꿈을 되새기는 행동이 필요하다. 시간은 그냥 흘러가는 것이 아니어서 어느 해는 대리가 되어 실무에서 온갖 스트레스를 받고, 어느 해는 과장이 되어 책임질 일이 생길 수도 있다. 세파에 시달리는 와중에 꿈을 되새김질하기란 쉽지 않다. 사람들은 그렇게 자신의 꿈을 잊어간다. 바로 그렇기에 나는 꿈도 관리해야 한다고 믿는다.

"나는 리더가 될 사람이야!"

이 한 마디로 많은 것이 정리될 수 있다. 공무원 고위직이 꿈인 젊은이라면 미래를 생각하는 것만으로도 부정부패의 유혹을 뿌리칠 수 있다. 기업의 이사가 꿈인 젊은이도 마찬가지다. 나중에 자신의 처신을 불편하게 만들 부정이라고 생각하면, 유혹을 뿌리침으로써 생기는 약간의 불편이나 불이익쯤은 감수할 수 있다. 약삭빠르게 자신의 신변을 정리한다는 의미가 아니다. 미래의 리더라는 큰 꿈을 가진 사람은 자신이 하는 일에 매 순간 자부심을 느껴야 한다. 그래야만 열정이 샘솟아 일에서도 성공을 이룰 수 있고, 작은 어려움 따위에 흔들리지 않는다. 자부심이란 남들이 아는 것과는 상관없는, 자신이 소중히 간직하고 힘을 얻을 수 있는 마음이다. 자부심을 가진 사람만이 자신의 꿈을 잊지 않고 관리할 수 있다.

월남에서 복무할 때, 나는 헌병이었다. 부대 가까이에 전쟁 물자를 공급하고 관리하는 부대가 있었고, 나는 그 부대의 초소를 관리하는 정문을 지키고 있었다. 당시 미군과 관계가 있는 한국 군인들 중 적지 않은 수가 부정을 저질렀다. 물자를 빼돌려 암거래를 하는 식으로 큰 돈을 번 사람도 있다. 헌병으로 정문을 지키다 보면 부정을 저지르는 장면을 왕왕 목격할 수 있었다. 그건 별로 어려워 보이지 않았다. 마음만 먹으면 쉽게 돈을 벌 방법이 보였다. 하지만 한 번도 그런 유혹을 느낀 적은 없었다. 오히려 젊은 혈기에 의협심을 누르는 것이 어려웠다. 졸병만 아니라면 잘못된 일들을 죄다 제자리로 돌려놓고 싶었다. 그들은 월남전에 참전하고 있는 병사들에게 나누어줘야 할 물품들을 몰래 빼돌려 시중에 팔아먹고 있었다. 나중에 이 물건들이 베트콩인 적의 수중에 들어갔다는 말도 들려왔다.

"우리는 절대 저런 짓 하지 말자."

나와 함께 근무를 했던 이광진 선배가 했던 말이다. 나처럼 법대 출신이었던 그 선배도 똑같은 의협심을 느끼고 있었다. 당시 우리는 법대 재학생인 졸병에 불과했다. 앞으로 어떤 인생이 펼쳐질지 누구도 말해주지 않았다. 이익에 따라 움직이는 사람들이었다면 부정으로 큰돈을 벌어 고국으로 돌아가는 사람들에 대해 배가 아팠을 수도 있다. 하지만 나와 선배에게 목숨보다 중요한 것은 자부심이었다. 미래에 무엇이될지는 몰라도 나의 자부심에 상처를 입히는 행동을 하며 살 수는 없다고 생각했다. 자부심을 지키면서 나는 작은 부정이 어떻게 조직을 부패시키는지 볼 수 있었다. 그것은 젊은 내게 타산지석이 되어 큰 교훈을 주었고, 회사 생활을 하는 내내 윤리에 대한 나만의 확실한 규율을 만드는 데 커다란 도움이 되었다.

리더를 꿈꾸는 자,
당당하게 "No!"라고 말하라

리더로서 나는 조직을 이끄는 데 윤리를 가장 첫손에 꼽는다. 조직에게 엄격한 만큼 나 자신에게도 엄격한 잣대를 들이댄다.

인천공항에 출근하는 날, 나는 비서에게 내 명의의 통장, 도장, 그리고 비밀번호를 알려주었다. GE 때부터 나는 비서를 '보스boss'라고 부른다. 서로 유쾌하게 지내자는 의미도 있지만, 실질적으로 리더의 비서는 모두 보스다. 리더의 모든 일정을 알고, 일과를 컨트롤하니 비서야말로 리더의 보스가 아닌가.

"보스, 이 통장에 돈을 넣어두었으니 개인 비용은 이 통장의 돈으로 처리해줘. 3분의 1로 줄어들면 채워줄 테니 미리 말해주고."

리더가 되면 공적이든 사적이든 사람을 만날 일이 많아진다. GE 때와 마찬가지로 인천공항에서도 나의 가장 큰 업무 중의 하나는 사람을 만나는 일이다. 그런데 사람을 만나는 일이란 때로는 공사가 불분명할 때도 있다. 그래서 공기업에 가기로 하면서 나는 좀 더 엄격한 기준을 정했다. 사적인 내용이 조금이라도 있을 경우, 모든 비용을 개인 계좌에서 처리하기로 말이다. 사기업에 다닐 때는 이보다는 느슨했다. 공적인 성격이 50퍼센트 이상이면 회사 비용으로 처리하는 일도 있었는데, 공기업은 국민의 세금으로 만들어진 곳이니 그러면 안 된다고 생각했다. 그래서 조금만 성격이 모호해도 미련 없이 개인 비용으로 처리했다.

나에게 강연 요청이 오면 강연을 할 것인지도 조심스럽게 결정했다. 인천공항 사장으로서 장기적으로라도 도움이 될 만한 자리를 선택하는 것이 선택의 기준이었다. 개중에는 하버드대나 시드니 콘퍼런스 또는 브라질에서 열린 '남미 공항 인프라 세미나'처럼 인천공항의 경영 노하우를 전수하고, 인천공항의 위상을 높이는 강연회도 많았다.

사장으로서 근무시간에 대한 개념도 중요한 부분이었다. 강연회에서 주는 강연료는 100퍼센트 인천공항 자원봉사단 통장으로 들어갔다. 근무시간에 강연을 했으니, 강연료 역시 회사의 공적인 자금이기 때문이다. 나는 통장에 얼마가 들어오고 얼마가 나가는지 알지도 못하고 관심도 없었다.

"이거 감사 때 무슨 돈이냐고 의심받을 것 같은데요?"

나의 개인 보스, 비서가 이렇게 말했을 때 나는 웃었다. 일리가 있는 말이었다. 공기업 사장 통장으로 각처 명의로 돈이 들어오곤 하니, 통장 사본만 보면 뇌물로 보일 수도 있을 터였다. 하지만 상관없었다. 인천공항 사장으로서 중요한 강연을 했지만, 회사의 시간을 도둑질하면 안 된다는 의미로 그 돈을 회사와 자원봉사단의 활동비용으로 쓰기로 결정했고, 그것이 옳다고 확신했다. 인천공항에는 정기적으로 봉사하는 팀 400여 명이 활동하고 있는데, 나의 강연료로 봉사기금이 조금이나마 확충이 된다면 일석이조라고 생각했다.

리더로서 당연한 윤리지만, 이 당연한 윤리를 행하지 못해 윗물이 썩는 일이 자주 발생한다. 공기업에서 일하면서 나는 권력의 부탁이나 청탁, 압력을 견디는 것이 얼마나 어려운 일인지 몸소 실감했다. 내가 민간기업 전문경영인 출신이라는 사실을 수없이 다행으로 여겼다. 민간기업 출신으로 한 번도 공무원이나 권력에 청탁성 부탁을 한 적이 없다는 것도 나의 행보를 가볍게 해주었다.

누구에게 부탁할 것도 없고 부탁을 들어줘야 할 이유도 없으니, 합리적으로 판단하여 모든 것을 결정할 수 있었다. 사회생활 새내기 때부터 중간관리자를 거쳐 리더가 되기까지, 부정한 청탁을 하면서 신세를 진 사람들이 많았다면 공기업 사장으로서 어려운 일이 생겼을지 모른다는 생각도 들었다.

"No!"

나는 당당하게, 이렇게 소리칠 수 있는 것에 감사했다. 공무원 출신이 공기업 사장이 되면 여러 기관들의 압력과 부탁에 쉽게 "No!"라고 거절할 수 없을 것 같다는 생각도 들었다.

자부심을 잊지 않고 꿈을 관리하며 리더가 된 사람만이 더 큰 조직을 이끌 때 자신의 뜻을 제대로 펼칠 수 있다. 또한 누군가의 힘과 협박에 끌려다니지 않고 합리적이고 투명하게 조직을 이끌 수 있다.

20대에게 리더란 미래에 다가올, 소중한 꿈일 것이다. 그러니 잊지 말도록. 미래의 리더를 자유롭게 하는 것은 지금 현재, 젊은 그대 바로 여러분 자신이라는 것을.

배려 : 모든 이를 진심으로 존중하라

> "
> 모든 국가들은 그 고유의 역사와 문화를 갖고 있습니다.
>
> 반드시 남을 존중하십시오.
>
> 그것이 또한 아시아의 덕목과 강점이니까요. 그렇지 않습니까?
>
> Each country has unique history and culture.
>
> Please respect others.
>
> That is also the Asian virtue and strength, isn't it?
> "

GE와 글로벌한 나의 친구들

　　요즘 나의 커다란 즐거움은 먼 곳에 있는 벗들로부터 온다. "유붕자원방래 불역락호 有朋自遠方來 不亦樂呼"라는 공자의 말처럼 먼 곳의 벗들이 나를 찾아오니 그 즐거움이 여간 크지 않다. 내게 있어 먼 곳의 벗들이란 일하면서 만난 세계 곳곳에서 살고 있는 친구들이다. 여전히 왕성히 활동하고 있는 그들을 실제로 만나는 횟수는 1년에 몇 번 안 되지만, 이메일과 전화가 있어 늘 지척에 있는 듯 소식을 듣곤 한다.

내가 GE아시아 초음파 부문 담당으로 일하던 1997년에 만났던 오말 이스락은 이제 십여 년을 함께한 친구가 되었다. 그는 메드트로닉스라는 회사의 회장으로 갈 때, 먼저 전화로 기쁜 소식을 내게 알려주었다. 역시 막역한 사이인 UL의 회장 키스 윌리엄스는 홍콩에서 열린 경마대축제에 나와 아내를 초대했다. 신년에 열리는 경마대축제는 홍콩 사람들이 가장 즐기는 축제라 관광객이 많아 호텔 사정이 좋지 않을 텐데, 그는 호텔과 경마 티켓까지 준비해서 친한 친구들과 즐기자고 제안했다. 비록 일이 바빠서 가지는 못했지만, 즐거움을 함께 나누려는 그의 마음이 전해져 행복했다.

후지모리 요시아키는 일본에 있으니 먼 곳의 친구들 중에서도 가까이에 있는 셈이다. 그는 GE에서 은퇴하는 은퇴 파티에 나를 초대했다. 그리고 후배인 아룬은 호주에서 새 사업을 시작했는데, 한국에 오면 나를 꼭 만날 것이라며 벌써부터 시간을 예약하고 있다. GE아시아태평양 회장이었던 고란 맘은 대학에서 겸임교수로 일하느라 싱가포르와 스웨덴을 오가는 바쁜 중에도 나와 자주 전화와 이메일을 주고받으며 친교를 나누고 있다.

모든 일이 그렇겠지만, 회사 생활에서도 마지막까지 남는 것은 사람인 것 같다. 회사에서 만난 친구들은 GE로 자리를 옮길 때는 생각지도 못했던 선물이다. 회사를 옮길 때는 고려의 대상이 아니지만, 시간이 지나면 그곳에서 함께 멋진 시간을 보낸 사람이 가장 큰 수확이 된다.

GE라는 세계를 아우르는 커다란 그릇이 아니었다면, 경상도 상주의 산골 출신인 내게 이런 글로벌한 친구들이 생겼을 리 없다. 지금 생각하면 내가 글로벌 회사를 선택한 것은 젊은 시절부터 "사나이라면 중앙에서 일해봐야 한다"는 엉뚱한 생각의 결과였는지도 모른다.

글로벌 기업은 내게 잘 맞았다. 그때는 내가 잘 적응하는 이유에 대해서 생각해본 적이 없었다. 적응이라고 말했지만 뭔가를 이겨내고 참는 등의 과정은 없었다. 글로벌 기업의 문화 자체가 낯설지 않았고, 그 문화에 동화되는 것도 자연스러웠다. 그것이 얼마나 다행스러운 일이었는지 그때는 몰랐지만, 지금은 글로벌 마인드와 문화적 소통의 중요성을 잘 알고 있다. 그리고 내가 어떻게 해서 거부감 없이 글로벌 문화에 젖어들었는지도 알고 있다.

글로벌 마인드를
갖는다는 것

이처럼 내가 글로벌 기업문화에 잘 적응할 수 있었던 것은 삼성물산 입사 시절부터 갖고 있었던 겸손한 마음 때문이었다. 나보다 훌륭한 조건과 능력을 가진 동료들에게 진심으로 배우고자 했던 마음, 내가 존중받고 싶은 만큼 남에게도 그렇게 대했던 자세가 바로 글로벌 문화에서 갖춰야 할 조건이었던 것이다.

글로벌 기업이라고 해서 모든 것이 장밋빛이라는 뜻은 아니다. 성과에 대해 냉혹할 정도의 평가가 있고, 경쟁도 치열하며, 문화적 충돌도 늘 일어난다. 하지만 미래에 리더가 될 사람들이라면 이런 곳에서도 진정한 친구를 사귈 수 있어야 한다. 아니, 이제는 시대가 바뀌었다. 이제 글로벌 감각은 기업에서 일하는 수준을 넘어섰다.

처음 월남에 갈 때, 외국인을 보는 것 자체가 두려웠다. 그때를 생각하면 참으로 상전벽해桑田碧海라 할 만한 변화가 우리 사회에 일어났다. 인천공항을 이용하는 수백, 수천만의 내외국인은 그 자체로 글로벌하게 어울리고 있고, 한국에서 일하는 외국인을 보는 것도 흔한 일이 되었다. 미국, 일본, 중국인은 물론 멀리 북유럽에서, 아프리카에서, 남미에서, 가까이는 동남아시아에서 온 사람들까지 전 세계인이 한국에 터전을 잡고 일하고 있다. 더 이상 한국인만의 사회가 아닌 것이다.

전 세계인들과 함께 사는 것이 일상이 된 현재, 리더가 되고 싶다면 무엇보다 존중과 배려가 몸과 마음에 배어들어 있어야 한다. 이는 내가 하버드대에서도 마지막까지 강조한 성공의 조건이다.

༄

"내 마지막 충고는 이것입니다. 다른 사람들을 존중하십시오. 우리는 국제화 시대에 살고 있습니다. 특히 아시아는 경제 크기나 인종, 종교 등을 봤을 때 너무나 수많은 다양성을 갖고 있습니다. 예를 들어 어떤 이는 GDP가 500달러인 나라에서 왔고, 어떤 이는 5,000달러, 또는 5만 달러인 나라에서 왔을 수 있습니다. 그러나 무시하지도 숭배하지도 마십시오. 사람들의 색깔, 문화, 종교, 경제 수준에 상관없이 모든 이들은 다른 사람들로부터 존중받아야 합니다."

༄

행운아 마인드

부탄은 인도 국경선 근처의 나라로 부존자원도 없고 관광자원도 빈약하다. 이 나라의 국민소득은 5,000여 달러(2007년 기준)로 우리나라의 4분의 1에 불과하지만, 세계적으로 행복 순위는 10위 안에 속한다.

"저렇게 후진 나라에서 어떻게 살아?"

글로벌 감각을 갖지 못한 우리나라의 중장년층들은 우리나라보다 못사는 나라에 대해 쉽게 이런 말을 하곤 한다. 아마 그런 사람들은 직접 부탄에 간다 해도 똑같은 말을 할 것이다.

그렇다면 이번에는 입장을 바꿔 부탄의 입장에서 생각해보자. 부탄에도 우리나라처럼 글로벌 감각을 갖지 못한 중장년층이 있다면 우리나라를 보고 대체 뭐라고 할까?

"저렇게 불행한 나라에서 어떻게 살아?"

OECD에서 우려를 표할 정도로 자살률이 높은 우리나라를 부탄 사람들은 혀를 차며 구경할 것이다.

이렇게 사람들마다 높이 평가하는 기준이 다르다. 글로벌 감각을 익히려면 무엇보다 다양한 기준을 인정하고 존중할 수 있어야 한다. 하버드대에서도 말했듯이 국민소득이 500달러인 나라에도 역사와 문화와 전통은 있다. 돈 많은 나라의 사람이 며칠 혹은 몇 달간의 관광으로 결코 이해할 수 없는 심오한 철학과 사상이 그 나라를 이루고 있다. 그냥 상식만 있는 사람이라도 여행객 혹은 이방인인 자신이 할 수 있는 것은 오직 '존중'뿐임을 바로 알 수 있을 것이다.

꼭 존경까지 할 필요는 없다 해도 '존중'은 기본이다. 그 나라에 전통과 문화가 살아있는 것처럼 나 역시 한국이라는 오래된 역사와 전통, 찬란한 문화를 가진 나라에서 온 사람인 만큼, 다른 나라 사람에게서 존중받아야 한다. 글로벌 환경은 바로 이런 것이다. 각기 찬란한 문화를 지닌 사람들이 모여서 함께 공부하고 일에서 경쟁하고 서로를 배우는 것이다. 지금 현재의 국민소득이 500달러냐 5만 달러냐는 중요한 것이 아니다.

우정은 서로를 동등한 입장에서 바라볼 때 생긴다. 전 세계 어느 나라에서도 마찬가지다. 서로를 존중하고 배려함으로써 우정이 성립되고 시간의 시험을 통과하면서 인간적으로 깊은 이해를 나눌 수 있다.

동양적 사고방식으로 생각해보자. 전 세계에는 수십 억 명의 사람이 살고 있다. 같은 나라에서 태어나는 것도 대단한 일이지만, 같은 공간에서 같은 목표를 지향하며 일하는 것이야말로 기적 같은 일이다. 이 특별한 인연을 소중히 여기는 것이 당연하지 않겠는가? 한 사람 한 사람을 소중한 존재로 대할 때, 우리는 먼 훗날 멋진 우정을 얻을 수도 있고 그를 기억할 때마다 미소짓게 하는 사람이 될 수도 있다. 이는 같은 한국인들끼리의 관계에서도 마찬가지로 통하는 말이다.

지금 만나는 사람과의 인연은 생각해보면 기적과 같은, 실로 놀라운 인연이다. 그래서 내 앞에 있는 사람은 말 그대로 '내 눈 앞의 기적'과 같은 존재다. 기적처럼 소중한 인연을 존중하고 최대한 배려하며 일하는 것. 내가 존중받고 싶은 그대로, 상대방을 존중하며 대하는 것. 글로벌 무대에서의 성공은 이런 인간관계의 기본을 다하면 자연스럽게 이룰 수 있다.

행운아 마인드

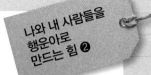

나와 내 사람들을
행운아로
만드는 힘 ❷

오케스트라 리더의 조건

첫째, 미래를 제시하는 비전 있는 리더

인천공항의 BSC 전략실행대상 수상을 계기로 만난 캐플런 교수는 리더가 지켜야 할 것들 중 가장 먼저 '비전vision'을 꼽았다. 나도 그의 의견에 동감한다.

비전을 하나의 구호 정도로 생각하는 사람이라면, 그는 리더로서 자격이 없다. 비전이란 한 개인의 입장에서는 꿈이고, 오케스트라로 비유하자면 음악의 처음과 끝이다. 무턱대고 대통령이 되겠다고 하는 아이들의 꿈을 비전이라고 할 수 없다. 마찬가지로 장대한 교향악에 대해 완벽하게 파악하지 못한 지휘자는 오케스트라 앞에 설 수 없다.

비전이란 대상에 대한 완벽한 이해와 전략을 가진 사람만이 가질 수 있는 것이다.

그래서 성공하는 기업과 조직의 리더가 내세우는 비전은 듣는 순간 빠져들게 되는 음악과도 같다. 듣는 순간 우리 기업에 반드시 필요한 것이었다는 깨달음을 주고, 기업의 발전을 생각하는 직원이라면 누구나 동참하고 싶은 것만이 '비전'이다.

그런 비전을 줄 수 없는 리더는 리더십이 없는 리더, 그 기업에 부적절한 리더다. 조직의 미래를 알려주지 못하는 리더는 직원을 앞으로 이끌수 없고, 동기부여를 해주지 못한다. 훌륭한 인재가 가장 견디지 못하는 것은 자신이 하는 일이 무의미하다는 느낌이다. 때문에 부적절한 리더가 있는 기업에서는 핵심 인재가 하나둘 빠져나간다.

둘째, 호랑이 새끼를 진짜 호랑이로 키우는 리더

또한 리더는 언제나 후임에 대해서 계획을 세우고 있어야 한다. 후임에게 승계할 계획을 가져야 한다는 말을 가장 높은 자리에 있을 때 떠날궁리를 하라는 뜻으로 들으면 오해다.

빈필하모니관현악단Wien Philharmonic Orchestra이나 베를린필하모니 관현악단Berlin Philharmonic Orchestra, 뉴욕필하모닉교향악단New York Philharmonic Orchestra……. 이름만 들어도 황홀한 이런 오케스트라의 단원이 되는 것은 솔리스트soliste로 성공하는 것만큼이나 어려운 일이라고 한다. 훌륭한 오케스트라에 연주 실력이 모자란 단원이 없다는 의미다.

마찬가지로 좋은 기업에는 좋은 인재가 있다. 좋은 인재란 리더에게 어떤 존재이며 어떤 사람들인가? 리더라면 한번쯤 깊이 생각해봐야 한다.

내 생각에 좋은 인재란 자신의 일에 열정을 다하는, 차세대 리더가 되기에 모자람이 없는 사람들이다. 그러므로 그들과 함께 경영을 해나가는 리더의 인재경영이란 그들의 다음 단계까지 준비하는 사람이어야 한다. 즉 자신이 서 있는 그 자리의 후임까지도 계획해야 한다는 뜻이다.

"호랑이 새끼를 키운다"는 말이 부정적인 의미로 쓰이는데, 좋은 리더란 그 말을 긍정적으로 듣는 사람이다. 리더는 특히 인재를 두려워해서는 안 된다.

'자기보다 무능하지만 훌륭한' 인재는 없다. '자기 자리를 위협하지 않을 만큼만 유능한' 인재도 없다. 만일 그런 인재를 꿈꾸는 사람은 기업에 해가 되는 사람이다. 그런 사람은 자신의 업무를 영원히 놓지 못한다. CEO가 회사 일을 전부 다 알 수는 없다. 리더가 모든 것을 다 아는 사람이라는 것은 착각 중에서도 최악의 착각이다. 리더는 모르는 것은 다른 사람들에게서 지혜를 구할 줄 알고, 잘 아는 사람에게 권한을 위임할 줄 아는 사람이다.

내가 처음 삼성-GE 합작회사에 갔을 때 의료기기에 대한 지식이 거의 없었다. 하지만 나는 당황하지 않았다. 방법이 있다고 생각했다. 그것은 최고의 전문가를 찾는 일이었다.

나는 의료기기의 소비자이자 고객인 의사들에게 영업을 제일 잘하는 직원이 누구인지를 물으러 다녔다. 그렇게 하자 여러 사람의 입에서 동시에 나오는 이름들이 있었다. 나는 그들을 찾아 회사로 불러들였고, 그들에게 모든 것을 맡겼다.

리더는 지휘자 역할만 하면 되는 것이다. 그런데 권한을 위임하라는 내 말을 듣고 권한을 위임했다는 회사 사장 중에는 별 효과가 없다고 말하는 사람도 있었다. 하지만 그는 제대로 권한을 넘긴 적이 없었다.

담당자가 보일 때마다 일의 진척 사항을 물어봤는데, 그에게서 권한을 위임받았다는 생각을 전혀 할 수가 없었다. 그는 여전히 전처럼 보고할 준비에 늘 바쁘게 보였다. 리더가 한 임원에게 임무를 맡겼으면 결과가 나올 때까지 기다려야 한다.

그런데 말로는 권한을 넘겼다고 하면서, 시시때때로 그 일에 대해 묻는다면 담당자로서는 신경이 곤두설 수밖에 없다. 훌륭한 인재를 데려다 놓고 보고만 하게 만드는 꼴이 된다.

김성근 야구 감독은 프로야구 감독 시절 선수와 밥을 한 끼도 같이 먹지 않았다고 한다. 밥 먹을 사람이 없어서 외로웠지만, 선수들의 긴장감 유지를 위해 고독을 참아낸 것이다. 이걸 보면 결국 리더십도 선택이라는 생각이 든다. 김 감독이 긴장감을 유지하기 위해 거리를 두는 것도 명확한 목적이 있는 리더십이고, 나처럼 직원들과 자주 밥을 먹으면서 이야기를 나누는 것도 내 나름의 노력하는 리더십이니까 말이다.

이렇듯 리더는 인재의 능력 발휘를 위해 말 한마디도 무겁게 생각해야 하는 사람이다. 그렇게 노력하여 호랑이 새끼였던 훌륭한 인재를 진짜 호랑이로 키워낼 계획을 세우는 것. 그것이 진정한 리더의 역할이다.

셋째, 롤모델이 되는 리더

리더는 또한 다른 이들에게 롤모델role model이 되어야 한다. 비전을 제시하고 공유하는 것과 마찬가지로 가장 가까운 역할 모델이 되어야 한다. 직장인들은 하루 8시간 이상 회사에서 일한다. 그 직장에서 가장 높은 층에 있는 사람들, 즉 리더는 다른 직원들의 모델이 될 수밖에 없다. 나는 모델은 아니지만, 홍보용 사진도 찍어 보았고 방송국 카메라 앞에도 서 보았다. 그런데 모델이 되었을 때의 그 당혹감은 내가 리더로서 일하는 데 많은 도움이 되었다.

카메라 앞에서 모델은 도망갈 곳이 없다. 사진작가가 원하는 포즈를 취하는 것은 오히려 쉬운 일에 속한다. 직업 모델이 아닌 나에게 어려웠던 것은 오히려 아무것도 하지 않을 때였다. 무엇을 보여줘야 할까를 생각하니 손가락 하나 자유롭지 못했다. 사진작가나 방송국 카메라 감독은 그냥 자연스럽게 하라는데, 그게 어디 쉬운 일인가. 하지만 결국 나도 자연스러운 것이 최선의 답이라는 사실을 깨달았다. 내가 터득한 것은 아주 단순했다. 일부러 무엇을 꾸며봤자 다 소용없다는 것이었다. 오랜 시간 카메라 앞에서 모델 노릇을 하다 보면 평상시 내가 했던 행동이 그대로 다 드러날 수밖에 없다. 그러니 꾸미는 것은 곧 한계가 드러나게 마련이다.

리더도 마찬가지다. 하루 8시간, 일주일에 5일 이상…… 결코 무엇을 꾸밀 수 있는 시간이 아니다. 카메라가 없다고 생각해서는 안 된다. 직원들의 눈이 모두 카메라다. 그들 앞에 리더의 행동은 그대로 노출된다. 리더의 비전이 진실하지 못할 때 오히려 해악이 되는 것도 바로 이 때문이다. 조직을 충분히 파악하지 못하고 진심으로 만들지 않은 비전은 직원의 눈이라는 명징한 카메라 앞에 다 들통나게 되어 있다. 그러므로 리더는 진짜 비전을 갖고 자신의 믿음대로 행동해야 한다. 이런 리더의 존재 자체가 메시지다. 직원들은 리더를 보며 비전을 자신의 생활로 가져가고 동기부여를 하게 된다. 가장 강력한 교육은 교사의 행동이듯이 리더도 마찬가지다. 성취하고 싶은 비전이 있다면 먼저 그렇게 행동하면 된다.

넷째, 진심으로 타인을 배려하는 리더

마지막으로 내가 강조하고 싶은 오케스트라 리더십은 '배려'다. 배려는 마치 인천공항의 나무 바닥처럼 드러나지 않게 스며든다.
인천공항에서 사람들의 발이 가장 많이 닿는 곳은 전부 나무로 되어 있다. 카페 같은 곳이 아니라면 수많은 사람이 24시간, 365일 지나다니는 곳에 나무를 깔 생각을 도저히 하기 힘들다. 단단한 시멘트나 대리석으로 만들면 깨질 일도 없고 청소하기도 쉽다. 하지만 사용하는 사람에게 시멘트와 나무 바닥 중 편안함을 주는 재료를 택하라면 십중팔구 나무 바닥을 선택한다. 남녀노소가 공항을 이용하는데, 뛰기 좋아하는 아이들이 넘어져도 덜 다치고, 관절이 아픈 어르신들 무릎에 충격을 덜 가게 하는 것도 나무다.

인천공항이 나무 바닥을 택한 것은 바로 사용자를 배려하는 마음에서 비롯된 '작은 선택'이었다.

'역지사지 易地思之'는 리더로서 직원을 대할 때, 상사가 부하 직원을 대할 때, 기업이 지역사회를 대할 때, 언제나 마음에 새겨야 할 말이다. 어떤 기업의 사장은 하청업체에 깐깐하기로 소문이 나 있다. 웬만한 업체라면 "다음에 잘하겠습니다!"라는 한 마디 말에 받아주는 물건도 그는 바로 되돌려 보낸다. 그런데도 그 기업과 한번 인연을 맺은 하청업체는 계약을 연장하려고 애를 쓴다.

"저희가 품질 관리는 정말 깐깐하게 합니다. 작은 실수도 절대 용납하지 않죠. 하지만 그 외에는 아무것도 요구하지 않습니다. 갑이라고 갑노릇한 적도 없습니다. 접대는 오히려 제가 하는 편이죠. 잘 만들어주십사 하는 의미로. 무엇보다 어음을 끊지 않습니다. 자금 없이 회사를 운영하는 어려움을 누구보다도 잘 아는데, 어떻게 상대에게 그렇게 할수 있겠습니까?"

그 회사 사장은 상대방의 입장에서 생각하면 어떻게 해야 할지 판단하기가 쉽다고 말했다.

내가 돌려받고 싶은 대로 행동하는 것이 배려의 시작이다. 내가 받고자하는 행동은 기업을 키우기 위해 상대가 해주어야 할 최소한의 상도덕商道德일 때가 많다. 그 정도의 배려면 나의 사업이 위태로워지지 않고, 성장할 기회를 얻는다는 사실을 알기 때문이다. 그렇기 때문에 배려는 중요하다. 상대가 성장할 기회를 주면, 그 기술력과 양질의 서비스가 우리 회사에도 이익으로 되돌아온다. 그러면 나의 경쟁력도 커지고,

사업도 더 잘되며 고용도 늘어난다. 역시 선순환의 무한반복이다.

이렇듯 배려는 기업을 둘러싼 환경을 튼튼하게 해준다. 나무 한 그루는 아무리 커도 위태롭다. 주변이 도시가 되면 간단하게 잘려 나가고, 태풍이 와도 뿌리가 뽑히기 쉽다. 하지만 숲은 다르다. 여러 그루의 나무가 천천히 자라나가 숲을 이루게 되면, 쉽게 그 터에 도시를 만들 수 없다. 태풍이 와도 다 함께 숲을 지킬 수 있고, 잠시 머무는 사람들도 한 그루 나무에서 누릴 수 없는 편안한 그늘을 누리고 간다. 모두가 행복할 수 있는 방법이 바로 숲을 이루는 것이다. 리더는 작은 배려로부터 선순환을 만들어 기업을 둘러싼 숲이 무성하도록 만드는 사람이다.

"조직을 편성하는 가장 생산적이고 효율적인 방법은 당신이 알고 있는 조직이라는 개념을 해체하고 협력 파트너가 되는 것이다."

현대경영학의 아버지 피터 드러커Peter F. Drucker의 말이다. 그는 미래 기업의 가장 이상적인 모델로 '오케스트라'와 같은 조직을 꼽았다. 드러커는 오케스트라가 매우 자율적이면서도 팀워크를 가진 조직들이 리더의 지휘로서 결합한 조직이라고 파악했다. 여기서 중요한 것은 '지휘'라는 개념이다. 산업시대의 리더가 '지시하는 인물'이었다면, 현대 기업의 리더는 '지휘하는 인물'이다. 자율적인 각각의 팀을 같은 목표를 위해 협력할 수 있도록 하나로 만드는 것이 바로 지휘다.

리더는 카리스마가 있어야 한다고 많은 사람들이 생각한다. 그리고 카리스마라고 하면 뭔가 범접할 수 없는 이미지를 떠올리곤 한다. 하지만 나는 진짜 카리스마란 그 사람의 비전을 따르고 싶어 하게 만들고, 그 사람의 행동을 롤모델로 삼고 싶어 하게 만드는 것이라고 생각한다. 그러한 카리스마는 일방적인 지시나 통제로는 절대 얻을 수 없다.

행운아로서의 자신을 믿고 언제나 긍정적인 리더로서 타인에게 그 행운을 나누어줄 수 있는 사람만이 오케스트라의 지휘자로서 각 악기 파트의 진심이 담긴 협력을 이끌어낼 수 있다. 진심으로 타인을 배려하고, 진심으로 자신의 비전을 믿으며, 그에 따라 열정을 다하는 리더. 그런 리더만이 자신의 조직을 성장시키고 상생을 실천하여 기업의 성장과 사회의 성장을 함께 이뤄내는 진짜 리더로서의 자격을 얻는다.

part 3

'행운의 리더'가 해야 할 역할,
지켜야 할 가치

CEO는 CEO대로, 신입 사원은 신입 사원대로
각자가 해야 할 '역할'이 있다.
행운아들은 자신에게 늘 이렇게 묻곤 한다.

나는 내 역할에 대해 충분히 고민하고 생각했는가?
나는 내가 해야 할 일들을 잘 실행하고 있는가?
나는 조직에 '가치'를 더하는 사람인가?
나는 사회의 선순환을 이끄는 리더로서 살고 있는가?

CEO의 즐거움이란

CEO가 들을 수 있는
최고의 칭찬

       인천공항에서의 첫 번째 임기는 2011년에 끝나기로 되어 있었다. 나는 공기업으로서 눈에 띄는 혁신을 이룸과 동시에 사업적으로도 성공한 것에 크게 만족했다. 이제 내가 없어도 된다는 생각이 들었다. 그래서 그만 자리에서 물러나기로 마음먹었다.

    "좀 더 계시면 안 되겠습니까?"

    주위에서는 연임하라고 만류했지만 흔들리지 않았다. 물론 내가 연임하고 싶어 한다고 마음대로 할 수 있는 자리도 아니었다. 연임 권유가 의례적인 말이라고는 생각하지 않았지만, 나 말고도 인천공항의 가치를 높여줄 최고경영자는 얼마든지 많다고 생각했다.

그런데 상황이 내 생각과는 다르게 돌아갔다. 말단 직원들부터 고위 급 직원들까지, 모두가 한목소리로 내게 연임을 청했다. 내가 여러 차례 그만둘 것이라고 말했는데도 불구하고 연임을 청원하는 서명서가 돌아다니기도 했다. 그것은 공무원으로서 있어서는 안 될 일이라고 판단했다. 나 때문에 직원들에게 피해가 가면 안 된다는 생각에 바로 중단하도록 부탁하고, 이메일로 전 임직원들에게 내 생각을 명확하게 밝혔다. 그런데도 연임 요구가 사라지지 않았다. 한 직원 대표는 나를 찾아와 직접적으로 계속 사장직을 맡아달라고 말했다.

"공기업 노동조합 직원들은 사장을 나가라고 해야 정상 아닙니까? 대체 왜들 날 붙잡고 그래요?"

나는 농담으로 분위기를 밝게 하려고 했지만, 그 직원 대표는 웃지 않았다.

"계속 인천공항을 이끌어주십시오."

"아니, 대체 왜요? 인천공항 시스템, 훌륭합니다. 내가 없어도 잘 돌아가요."

나의 말은 진심이었다. 무슨 말을 해도 흔들리지 않을 자신이 있었다. 그런데 그의 말이 뜻밖이었다.

"직원들이 행복해합니다. 저 사장님보다 인천공항에 오래 다녔는데, 이런 적은 처음입니다."

마음이 많이 흔들렸다. 고맙고 행복했다. 직원들이 나로 인해 행복해지다니, CEO로서 들을 수 있는 최고의 찬사가 아닌가. 나는 결국 직원들이 눈에 밟혀 연임 권유를 받아들이고 말았다.

인생의 세 가지 즐거움

동양에는 인생삼락^{人生三樂}이라는 말이 있다. 공자가 인생의 세 가지 즐거움을 말한 이후, 많은 시인과 문객, 사상가들이 인생의 즐거움을 논했다.

공자가 말한 인생삼락은 우리도 잘 알고 있는 세 가지다. '학이시습지^{學而時習之}', 즉 배우고 때때로 익히는 것이 첫 번째 즐거움, '유붕자원방래', 즉 멀리서 친구가 찾아와 함께하는 것이 두 번째 즐거움, '인부지불온^{人不知不慍}', 즉 남이 나를 알아주지 않아도 성내지 않는 것이 세 번째 즐거움이다.

나는 경영하는 사람이므로, 배우고 때때로 익히는 것은 열정적으로 일하고 자신을 발전시키는 것으로, 친구와 함께하는 것은 다 함께 행복한 경영을 우선시하는 것으로, 남이 나를 알아주지 않아도 성내지 않는 것은 스스로에게 부끄럽지 않고 만족하는 마음으로, 이렇게 대입하여 읽곤 했다.

그런데 요즘에는 《맹자》의 〈진심편^{盡心篇}〉에 나오는 군자의 세 가지 즐거움이 마음에 다가온다. 여기에 그 유명한 "왕 노릇하는 것은 군자의 즐거움에 속하지 않는다"는 내용이 들어 있다. 그만큼 왕 노릇하는 것은 쉬운 일이 아니라는 뜻인데, 생각해보면 CEO 노릇도 쉬운 일은 아니다. 하지만 나는 CEO로서 맹자의 인생삼락에 깊이 동감한다.

맹자는 인생삼락의 첫 번째 조건으로 '부모구존 형제무고^{父母俱存 兄弟無故}'를 꼽았다. 부모님께서 살아계시고, 형제에게 별 문제가 없으면 즐겁다는 뜻이다. 소박한 듯하지만, 누구의 인생이든 이것이 선행되지 않으면 행복하지 않다. 즉 가정의 평화가 모든 즐거움의 최우선이라는 말이다. 여기까지는 모든 사람이 공감하는 행복의 조건이다.

두 번째부터는 맹자다운 군자의 조건이 열거된다. '앙불괴어천 부부작어인仰不愧於天 俯不怍於人.' 하늘을 우러러 한 점 부끄러움이 없는 것이 즐거움이라는 의미다. 예전에 군자는 아마 선비 중에 있었을 것이다. 요즘은 모든 사람이 군자가 될 수 있는데, 경영자들 중에도 군자가 있을 수 있다. 하지만 모든 선비가 군자가 될 수 없었듯이 요즘 사람들도 마찬가지다. 맹자의 말에 의하면 이 두 번째 즐거움을 모르기 때문에 군자가 적었을 것이라는 생각이 든다. 아무리 남에게 자신의 죄를 속일 수 있어도 하늘만은 속일 수 없다. 그래서 스스로 자신을 가꾸는 사람이 아니면 하늘을 우러러 부끄러움이 없기란 쉬운 일이 아니다. CEO로서도 마찬가지다. 누구에게도 부끄럼이 없고, 당당할 수 있으려면 어떤 부정한 일에도 관여해서는 안 된다.

맹자의 마지막 즐거움도 마치 경영자에게 한 말처럼 들린다. 맹자는 '득천하영재 이교육지得天下英材 而教育之'를 마지막 즐거움이라 했다. 천하의 영재를 얻어 그를 가르치는 것이 즐거움이라는 뜻이다. CEO가 늘 인재에 욕심을 갖는 것도 맹자의 마지막 즐거움과 관련이 있다.

인간은 어떻게 해야 최고로 가치 있게 인생을 살아갈 수 있을까? 나는 사랑하고 사랑받는 사람, 열정적으로 살 수 있는 사람, 덕을 지니고 선하게 살 수 있는 사람이면 최고의 인생을 사는 것이라고 생각한다. 그중에서도 최고는 '사랑'일 것이다. 내가 다른 사람을 사랑하고, 다른 사람으로부터 사랑을 받는 것만큼 행복한 일이 또 있을까? 일하는 현장에서도 그럴 수 있다면 그보다 더한 행복은 없을 것이다.

나는 CEO가 목표로 삼아야 할 가치도 별반 다르지 않다고 믿는다.

사실 CEO가 되려면 인생 전체를 통틀어 일의 현장에 있어야 한다. 인생과 일의 구분이 없다고 해도 과언이 아니다. 인생에 해당하는 시간 동안만 사랑을 최고 가치로 놓고, 일을 할 때는 다른 가치를 우선순위에 놓는다면 그 사람은 '사랑'이라는 가치를 아예 잊고 살아가기 쉽다. 인생에 있어 가장 많은 시간 동안 일을 하는 것이 우리네 삶이기 때문이다.

따라서 꼭 CEO가 아니더라도 일과 인생의 가치는 같이 추구하는 것이 좋다. 그래야 스스로 원하는 삶을 살아가게 된다. 어떤 가치를 인생의 1순위로 놓든, 자기에게 주어진 일에 최고의 성과를 내기 위해 투명하고 공정하게 노력한다면, 그 사람은 언젠가 조직에서 CEO의 위치에 서게 된다.

CEO가 되면 여태까지의 노력과 열정만으로는 부족하다. 성과는 그동안의 노하우로 얼마든지 낼 수 있을 것이다. 그러나 CEO는 성과 외에 더 높은 이상을 품어야 한다. 자신이 경영하고 있는 조직을 세계 최고의 위치로 끌어올리는 것은 기본이고, 사회 구성원들이 자신의 회사를 부러워하고 존중하게 만들어야 한다는 이상과 목표를 세워야 한다. 무엇보다 기업의 구성원들을 깊이 사랑해야 한다. 사랑하는 사람의 특징은 그 상대방만 생각한다는 데 있다. 다른 사람들이 미쳤다고 할 정도로 상대에 몰입하는 것이 사랑의 특징이다. CEO도 기업과 기업의 구성원들에게 미쳐야 한다. 그들을 위해 무엇을 할지 한시도 잊지 않고 생각해야만 한다.

쓰레기를 줍는 사장

인천공항 사장으로 부임한 얼마 뒤, 직원들이 나를 보며 수군거린다는 사실을 알게 되었다. 인천공항에는 업무 특성상 수천 개의 감시 카메라가 있다. 그러니 마음만 먹으면 내가 무엇을 하는지 직원들이 다 알 수 있다.

"사장이 쓰레기를 줍고 다닌다."

초기에 뒤에서 들려오던 이야기들이었다. 분명 혼자 있을 때, 떨어진 쓰레기를 몇 번 주워 버렸는데, 그 일이 소문이 난 것이다. 나는 내가 몸담고 있는 기업을 세계 최고의 기업으로 만든다는 생각으로 왔다. 그러니 쓰레기를 줍는 것이 당연했다. 최고의 기업에 쓰레기가 될 말인가? 나에게는 지극히 당연한 행동이었지만, 공항 직원들에게는 그렇지 않았던 모양이다. 그리고 살짝 불편하기도 했나 보다. 사장인 내가 쓰레기를 주우니 직급이 나보다 아래인 직원들이 줍지 않을 수 없었던 것이다. 나는 다시 한번 리더의 리딩leading, 즉 솔선수범의 효과에 대해 깨달았다. 누가 보든 보지 않든, 조직을 사랑하는 마음을 가진 리더는 먼저 행동한다. 결코 말이 앞서지 않는다.

직원들이 해주었으면 하는 행동이 있다면 리더인 내가 먼저 해야 한다. 진심으로 기업이 잘되기를 바라며 하는 행동은 한두 번에 그칠 리가 없고, 그렇기에 어느새 회사의 문화가 된다. 처음에는 리더가 하기 때문에 어쩔 수 없이 하던 사람들도 나중에는 마음에서 우러나 행동하게 된다. 그리고 기업을 사랑하는 리더의 마음을 인정하게 된다. 솔선수범이야말로 진심을 보여줄 수 있는 가장 빠른 길이다.

리더는 도장만 찍는 사람이 아니다. 최고의 팀을 만든 다음에는 일이 잘되는 것이 당연하다. 그리고 결재에도 큰 시간이 들지 않는다. 그럼에도 불구하고 리더는 바쁘다. 열심히 일하는 직원들, 기업의 고객들을 사랑하는 방법을 생각해내야 하기 때문이다. 직원들의 고민이 무엇인지 알아내고, 고객들에게 더 큰 만족을 주는 법을 연구하는 것도 리더의 몫이다.

이렇게 해서 기업의 힘을 키우고, 조직원들이 좀 더 자기의 맡은 일에 몰두할 수 있도록 환경을 조성해주는 것도 중요하다. 리더는 조직 전체의 역량을 키우고, 이 역량을 한데 모아 시너지를 발휘하게 해야 한다. 그들에게 주어진 프로젝트의 성과, 그 이상의 결과를 얻으려면 리더가 항상 그들에게 헌신하고 봉사해야 한다. 기업이 구성원들에게 최선을 다하고 있으며, 그들의 능력이 배신당하지 않는다는 것을 알게 되면, 구성원들은 자신이 갖고 있는 능력 이상의 성과를 보여준다.

1＋1＝2의 성과를 내는 리더는 뛰어난 경영자가 될 수 없다. 1의 잠재능력을 끌어내고, 다른 1의 능력을 막고 있는 담을 치워주어야 한다. 이렇게 조직원들을 행복하게 해주면 1＋1이 무한대가 된다. 시너지를 끌어내지 못하는 리더는 리더로서의 자격이 없다. 리더는 구성원들을 최고로 만들어야 하고, 그들이 최고의 기업을 만들도록 한 방향으로 이끌어야 한다. 그리고 그렇게 바탕이 만들어진 기업은 다시 사회에서 존경받는 기업을 조직의 목표로 삼아야 한다.

제주도의 거상巨商 김만덕은 CEO로서 본받을 만한 분이다. 젓갈 장사 등으로 거부가 된 김만덕은 흉년이 들자 자신의 전 재산을 풀어 굶어죽을 지경에 처한 제주도민들을 구제한다. 나라가 할 수 없었던 일을 한 상인이 해낸 것이다. 이 일로 김만덕은 여성으로서는 최고의 벼슬을 하사받는다. 뿐만 아니라 마음대로 육지 행차를 할 수 없는 제주도민의 몸으로 조선 사람의 꿈인 금강산 여행까지 하게 된다.

제주에 전해지는 이야기에 의하면 김만덕이 재산을 풀어 어려운 사람을 도운 것은 한 번이 아니었다고 한다. 사업을 하면서도 끊임없이 지역사회에 관심을 두었고, 기업이 소속된 사회의 흥망을 함께했다는 이야기다.

김만덕은 제주를 상징하는 분이다. 몇 백 년이 흘렀어도 제주도민의 가슴속에 존경의 마음을 불러일으키는 이름이다. 그녀가 그저 거상이기만 했다면 그 이름이 몇 백 년이나 갈 수 있었을까? 자신의 일과 자신이 속한 사회에 대한 사랑이 진심이 아니었다면 그런 행동이 가능했을까? 김만덕이 돈만 많았다면 아무도 그 이름을 기억하지 않을 것이다. 엄청난 부를 이루었다 해도 그 돈은 세월의 흐름에 꺾여 사방으로 흩어졌을 것이다. 하지만 한 CEO의 진심어린 사랑이 그녀의 부를 진정한 부로 만들었다.

나는 CEO가 누릴 수 있는 즐거움이 바로 그런 것이라고 생각한다. 사랑하는 마음으로 자신의 일에 최선을 다하고, 자기와 함께하는 사람들을 존중하고, 기업을 품어주는 사회까지 끌어안는 마음, 그래서 오랜 세월이 흘러도 많은 이들이 기업을 사랑할 수 있게 하는 그런 역할. 그것이 바로 CEO의 즐거움이자 해야 할 일이다.

행운아 마인드

고객이 손해 보지 않게 하라

'두 개의 룰'을 발표하다

　　　"여러분께 인천공항 사장으로서 두 개의 룰을 발표하겠습니다. 첫 번째, 여러분의 고객이 손해 보지 않게 하십시오. 두 번째, 첫 번째 룰을 절대 어기지 마십시오. 회의 끝!"

　2007년 GE의 킥 오프 미팅kick off meeting에 강연자로 초대되어 온 워렌 버핏 회장으로부터 처음 '두 개의 룰'에 대해서 들었을 때 참 멋있고 의미 있다고 생각했다. 기업의 리더로서 마음에 두고 있던 말을 존경하는 분으로부터 직접 듣는 것은 멋진 어록을 전해 듣는 것과는 또 다른 강렬함이 있었다. 그때는 내가 이 말을 써먹을 때가 있으리라고는 전혀 생각지 않았다. 워렌 버핏은 이 말을 자사의 경영자들을 상대로 말했던 것으로, 나도 그분의 말씀처럼 고객의 손해에 대해 경영자들은 항상 이런 자세여야 한다고 믿었다.

그런데 2008년 9월, 나는 인천공항의 사장이 되어 직원들에게 워렌 버핏이 말한 것과 비슷한 '두 개의 룰'을 발표했던 것이다.

2008년 9월은 내 임기가 시작된 달만은 아니었다. 2007년 발생한 서 브프라임모기지 사태로 2008년 9월 15일 미국 4위의 글로벌 금융서비스 업체인 '리먼브라더스Lehman Brothers'가 파산 신청을 내면서 시작된 전 세계적인 금융위기가 정점에 달한 시점이기도 했다. 미국발 경제 위기는 전 세계 경제를 꽁꽁 얼어붙게 만들었다. 사람들의 씀씀이가 확 줄어들었고, 파산하는 회사들도 부지기수였다.

사람들의 지갑이 닫히면 가장 먼저 타격을 받는 산업 가운데 하나가 관광산업이다. 여행 수요가 전 세계적으로 확 줄어들면서 인천공항의 승객 수도 줄었다. 2007년 공항이용객이 3,100만 명으로 최고점을 찍은 인천공항은 그 다음해인 2008년 이용객 수가 2,800만 명으로 급격히 줄어들었다. 금융위기의 여파 때문이었다.

상황이 이런 가운데, 어느 날 우리금융의 이종희 은행장이 내게 차 한 잔 마시자며 연락을 해왔다.

"사장님, 저희 인천공항 지점을 철수해야겠습니다."

뜻밖의 이야기였지만, 이해할 수 있었다. 승객이 급격하게 줄었으니 은행을 이용하는 사람들도 줄어들 수밖에 없었다. 은행의 입장에서 적자를 보는 지점을 정리하는 것은 당연했다. 금융위기의 여파라고는 하지만 내 마음은 좋지 않았다.

우리은행이 지점을 철수하고 대신 하나은행이 입점했지만, 여전히 마음이 무거웠다. 그런 가운데 조선호텔 최홍성 사장이 나를 만나자고

행운아 마인드

했다. 우리은행 때와 같은 이유였다.

'아, 이대로는 안 되겠구나!'

나는 그때, 계속 무거웠던 마음의 정체를 확실히 파악했다. 그래서 나는 직원들에게 '두 개의 룰'을 발표하고 해결책을 찾기 시작했다.

"인천공항에 입점한 업체는 570개입니다. 승객들만이 우리의 고객이 아닙니다. 이 입점 업체들 하나하나가 우리 가족인 동시에 우리의 고객입니다. 공항에서 사업을 하고 있는 이 업체들이 망하고 나갔다는 말을 듣지 않도록 해야 하는 것이 우리의 임무입니다."

"하지만 뾰족한 수가 없지 않습니까? 금융위기를 우리가 타개할 수 있는 것도 아니고요. 여행객이 줄어들고 공항을 이용하는 사람들도 쇼핑이나 환전을 전보다 덜하는 것은 당연하죠."

직원들은 가뜩이나 힘든 시기에 '두 개의 룰'이라는 리더의 주문이 발표되자, 더 힘들고 어려워했다. 하지만 어려운 일을 해결하는 것이 바로 여러 입점 업체에게 둥지를 내준 우리가 할 일이었다.

"상황이 호전될 때까지 입점 업체들의 사용료를 10퍼센트씩 줄여줍시다. 그 정도만 줄여도 업체들의 부담이 줄어들지 않겠소? 그러면 영업 손실을 보충하면서 입점 철회를 하지 않아도 될 것입니다. 특히 직원들을 줄이지 않도록 하여 인천공항 서비스의 질을 떨어뜨리지 않아야 합니다."

내가 낸 해결책에 임원들은 난색을 표시했다. 민간기업 사장 출신이 공기업을 몰라도 너무 모른다는 생각을 하는 것 같았다.

"공기업이 민간기업을 위해 사용료를 줄여주면 감사에 걸릴 수 있습니다. 민간기업에 특혜를 주었다는 이야기도 들을 것이고요. 공항이 손해를 보는 것도 모자라 괜한 오해를 받을지도 모릅니다. 상황을 뻔히 알면서 그렇게 해야 하는 이유를 모르겠습니다."

임원들의 말을 들어 보니 우려하는 바도 이해가 갔다. 나는 주저하는 임원들부터 설득했다. 그리고 나의 해결 방법이 공기업으로서 어울리지 않는 일이 아니며, 진정한 '상생경영'임을 설명했다.

공기업은 국가 주도하에 세워진 기업이다. 즉 국민의 혈세로 만들어진 조직이다. 따라서 국가의 통제를 받고 국민을 위해 서비스한다. 하지만 그 비용은 기업의 이윤을 통해 조달해야 한다. 그래서 공기업의 사장은 민간기업의 사장보다 더 큰 틀에서 생각할 수 있어야 한다.

내가 GE에 있을 때, 리더로서 나는 GE의 고객들에게 최선을 다하면 되었고 GE의 성장을 위해 일하면 되었다. 회사 차원에서 그리고 개인적으로 사회공헌에 대해 생각을 했지만, 그것의 범위는 한정적이었다. 하지만 인천공항의 리더로서 고려해야 할 고객은 크게 보면 그 범위가 전 국민이었다. 인천공항의 성장이 국가와 국민의 이익 성장과 반드시 일치해야 했다. 임원들의 고민도 이해되는 부분이 컸다. 민간기업은 공기업에 비해 사적인 이익을 추구하는 기업이다. 그런데 그들의 이익을 보전해주기 위해 공기업이 도움을 준다면 분명 오해받을 소지가 많다. 그리고 오해의 방향은 대부분의 경우 인천공항의 리더 그룹이 뒤집어쓰게 된다.

"걱정 마시오. 윤리경영을 하면 해결될 일이오. 감사를 받게 되더라도 먼지 하나 떨어지지 않도록 모든 일을 투명하고 공정하며 일관성 있게 하면 되지 않겠소? 중요한 것은 공항의 입점 기업들이 손해 때문에 철수하는 것을 막는 일이에요. 그것이 미래에 인천공항의 이익을 좌우

행운아 마인드

하게 될 겁니다. 그리고 어려운 때에 직원을 감원하는 일은 절대 없어야 합니다. 인원이 줄고 이로 인해 서비스의 질이 떨어지면 공항서비스평가ᴬˢᵠ 5연패는 날아갈 것입니다."

상생경영, 어려울 때 함께해야
진짜 '가족'이다

　　　나는 임원들을 끈질기게 설득하고 공항 내 입점 업체 대표들과도 만남을 가졌다.

"2007년 공항이용객이 사상 최고였습니다. 올해는 300만 명이나 줄어들어 여러분의 고충이 컸으리라 생각합니다. 여러분의 고충을 이해하는 선을 넘어 우리 인천공항도 여러분과 함께 힘든 고비를 넘겠습니다. 이번 달부터 사용료를 10퍼센트씩 인하해드리겠습니다. 인하해드리는 기간은 공항이용객 수가 2007년 수준으로 회복될 때까지입니다. 그 수준을 넘어서면 사용료 수준을 정상화하겠습니다."

입점 대표들의 얼굴이 단박에 환해졌다. 말로만 '공항 패밀리'라고 하는 줄 알았더니 진짜 가족이라며 좋아했다. 공항 패밀리, 그랬다. 인천의 외딴 섬, 영종도에 있기에 인천공항 사람들은 패밀리일 수밖에 없었다. 좋을 때만 함께하는 관계는 가족이라 할 수 없다. 상생경영이란 다른 것이 아니다. 가족 같은 심정으로 상대를 바라보는 일이다. 가족이 굶는 것을 보며 태연히 밥을 먹을 수 있는 사람이 어디 있겠는가? 하지만 나는 동시에 공기업의 사장이었다. 좀 더 큰 범위의 고객을 생각해야만 했다.

"대신 조건이 하나 있습니다. 지금 있는 직원들을 절대로 정리하지 마십시오."

나는 언제나 위기야말로 기회라고 생각한다. 2008년 인천공항 이용객 감소는 인천공항만 겪는 위기는 아니었다. 세계적 금융위기에서 생겨나는 어쩔 수 없는 상황이었다. 위기에 닥쳤을 때, 많은 리더들이 손쉽게 생각하는 해결법은 비용 절감이나 사업 축소다. 두 가지 방법 모두 직원에게는 치명적인 결과가 될 수 있다. 인건비를 줄이면 당장 들어가는 비용이 눈에 띄게 줄어든다. 그리고 사업을 축소하면 당연히 그에 해당되는 사람들도 해고될 수밖에 없다.

나는 해고가 당하는 직원에게만 손해가 아니라, 길게 보아 회사에도 손실이라고 생각했다. 과잉 채용이 아니었다면 당연히 남아 있는 사람들의 업무량이 늘어나고, 그렇게 되면 업무 자체가 효율적으로 이루어질 수 없다. 업무가 원활하지 못할 때, 손해는 소비자가 받기 마련이다. 단기적으로는 어떨지 몰라도 장기적으로 그 회사의 이미지는 나빠질 수밖에 없다. 또 사업을 계속한다고 할 때 직원들은 분명히 회사의 자산이다. 그들의 경험과 회사에 대한 충성도 등은 인건비로 계산할 수 없는 부분이다. 함께 여러 상황들을 겪으며 베테랑이 된 직원들은 상황이 좋아졌을 때 공짜로 얻을 수 있는 가벼운 자산이 아니다.

나는 입점 업체들이 철수하는 것은 인천공항 입장에서는 정리해고나 다름없다고 생각했다. 공항은 서비스산업이고, 입점 업체들의 사업 자체가 인천공항의 서비스였다. 한식, 중식, 일식, 양식 등 모든 식당이 있는 공항과 달랑 한식 레스토랑 하나만 있는 공항은 완전히 다른 이야기다. 내가 이용하는 은행이 있는 공항과 없는 공항, 약국과 서점이 있는 공항과 없는 공항, 늘 마시는 커피 매장이 있는 공항과 없는 공항······. 공항이용객의 입장에서 보면 편리함과 불편함이 순식간에 양쪽으로 갈렸다.

사업의 이윤을 떠나 세계 최고의 공항이라는 큰 목표를 생각할 때, 공항 내 업체의 사활은 양보할 수 없는 문제였다. 한 기업이 떠나고 다른 기업이 들어오면 되지 않느냐는 말도 할 수 있다. 하지만 한 기업이 망하고 떠난 자리를 다른 기업이 채워준다는 것은 리더로서 너무 안이한 생각이다. 잘되는 사업체가 떠나면 동일 업체들이 앞다퉈 그 자리에 들어오려고 한다. 하지만 반대의 경우, 망한 자리에는 누구도 오지 않는다.

사용료를 줄여주는 대신 직원들을 해고하지 말아달라는 조건을 내걸었던 것도 같은 이유였다. 루이비통 매장에서는 사람들이 줄지어 서 있는 장면을 보는 것이 어렵지 않다. 그것은 그 회사 방침이 점원 한 명이 상대해야 할 손님을 한 번에 한 명으로 제한하고 있기 때문이다. 명품을 사러 온 고객들에게 최고의 서비스를 다하겠다는 뜻이다.

직원이 줄어들면 서비스의 질은 바로 저하된다. 입점 업체 서비스의 질이 저하되면 결국 인천공항의 서비스가 별로라는 말이 나올 수밖에 없다. 상황이 좋지 않다고 해서 질 낮은 서비스를 이해해줄 고객은 없다. 그리고 한번 내려진 평판은 치명적이다.

나는 금융위기가 언젠가는 해결되리라고 믿었다. 세계 다른 공항들도 모두 겪고 있는 어려움 속에서 서비스의 질을 계속 유지하는 것은 미래를 위한 중요한 포석이었다. 언제나 최고의 서비스를 자랑하는 공항, 세계 최고가 되려면 항상 유지해야 할 수준이라는 것이 있다. 그리고 서비스는 남들이 잘 못할 때 더 빛날 수 있는 요소였다. 상황이 똑같이 어렵더라도 인천공항의 서비스가 다른 곳과 비교할 수 없을 정도로 훌륭하다는 그 인상은 쉽게 사라지지 않는다.

"자, 이제 적자를 채울 방법을 고민해봅시다. 다른 곳에서 더 벌어야죠!"

입점 업체의 사용료를 10퍼센트씩 줄여줌으로써 인천공항은 2,540억 원의 손해를 떠안게 되었다. 이를 그대로 두면 내가 세워놓은 룰을 내가 먼저 어기는 꼴이었다. 리더로서 나의 고객은 세금으로 인천공항을 세운 국민들이기도 하니까.

동북아 최고의 허브공항. 인천공항의 목표를 생각하면 우리의 영업 목표는 확실했다. 나와 공항 직원들은 환승객 유치를 목표로 본격적으로 영업을 뛰기 시작했다. 그리고 2011년, 인천공항은 개항 10년 만에 환승객률이 111퍼센트 늘어났다. 매년 10퍼센트 정도 증가하기 시작했고, 앞으로도 환승객 숫자는 높아질 가능성이 크다. 이 모두가 고객에게 절대 손해를 끼치지 않겠다는 '두 개의 룰'에 충실한 결과였다.

한 그루 나무처럼
나와 조직을 성장시켜라

성장하지 않는 기업은 죽는다

보통 공무원이 되면 철밥통을 얻었다고 생각하는 경향이 있다. 내가 아주 싫어하는 말이지만, 공무원 조직은 기업이 아니라 국민에 대한 서비스 조직이라고 생각을 하면 마지못해 동의하지 못할 것은 없다. 하지만 공기업까지 그와 비슷하게 생각하는 것에 나는 절대 반대한다. 어떤 사람들은 공기업의 리더가 되면 편할 것이라고 생각한다. 민간기업처럼 매년 평가되는 성과에 대한 스트레스도 덜할 것이라 생각하고, 스스로 임기만 채우면 다른 곳으로 가면 된다고 생각한다. 적자가 나도 상황을 타개하기 위해 최선을 다하지 않아도 된다는 식의 인식이 있다. 하지만 진짜 이런 생각을 가진 리더, 경영자가 있다면 그 사람의 리더로서의 인생은 끝이다.

공기업에 다니는 사람들은 민간기업에 다니는 사람들과 똑같이 매출 증대와 성과 창출을 위해 머리를 짜내고 뛰어다녀야 한다. 특히 리더의 위치에 있는 사람들은 성장에 대해 한시도 잊지 말아야 한다. 공기업은 공적 자금으로 만들어졌기에 어떤 민간 투자 기업보다 두려운 기업이다. 이 점을 절대 잊지 말아야 한다. 기업이란 기본적으로 나무와 다름없다는 진리도 매 순간 기억해야 한다.

나무는 왜 아름다운가? 나무는 생명력이 가득해서 아름답다. 수령이 천 년이 넘는 나무도 봄이 되면 어김없이 새 잎을 틔우고 때가 되면 꽃이 핀다. 한여름에는 천지를 푸르게 물들이고 가을이면 잎을 떨어뜨려 겨울을 예비한다. 물관과 체관이 한시도 쉬지 않고 물과 영양분을 나무 전체로 나르고 그 힘에 의해 나무는 매년 성장한다. 나무가 성장을 멈춘다면? 우리는 그런 상태의 나무를 죽은 나무라 부른다.

기업의 생리도 나무와 똑같다. 성장하지 않는 기업은 죽은 기업이다. 성장하지 않으면 기업에서 일하는 구성원들의 성장도 멈춘다. 새로운 구성원을 맞아들일 수도 없다. 기업 환경의 언어로 말하자면 인사 적체와 채용 중지의 상황이 될 수밖에 없다. 나무는 성장을 멈춘 즉시 죽음을 맞이하지만 기업은 천천히 무너진다. 대부분은 온갖 문제를 일으키며 무너진다. 죽은 조직은 부패하기 마련이기 때문이다. 따라서 기업의 리더는 어떤 시기든 성장을 소홀히 생각해서는 안 된다. CEO가 조직에서 리더의 역할을 맡은 이유, 리더가 존재하는 이유는 바로 기업을 성장시켜 절대 죽지 않는 기업을 만들기 위해서이다. 또한 구성원을 성장시키고 사회에 많은 일자리를 만들어내기 위함이다.

그렇다고 리더가 맹목적으로 조직을 키워야 한다는 뜻은 아니다. 리

행운아 마인드

더는 언제나 조직의 구성원을 생각해야만 한다. 자신과 함께 일하는 후배들을 사랑하지 않는 리더가 무슨 힘이 있겠는가? 가족을 사랑하는 가장만이 세파에 흔들리지 않고 가정을 지킬 수 있다. 헛된 생각에 빠져 가족을 나 몰라라 하는 가장은 작은 어려움을 핑계 삼아 가정을 버리기 일쑤다. 자신과 함께 일하는 사람들을 진정으로 사랑하는 리더만이 그들의 앞날을 걱정한다. 기업이 성장해야 하는 이유 가운데 하나가 바로 구성원의 발전 기회를 주기 위해서이다. 성장하지 않는 기업이 절대로 줄 수 없는 기회를 만들어주기 위해 리더는 최선을 다해야 한다. 그것이 함께 일하는 구성원에 대한 예의이며, 궁극적으로 기업을 위한 일이다. 성장하지 못한 구성원의 능력은 시간이 갈수록 도태되고 점점 퇴화된다.

리더는 특히 안목이 길어야 한다. 리더가 아닌 조직원들은 오늘 현재의 일에만 충실해도 훌륭하지만, 일단 리더가 된 후에는 내일까지 생각할 수 있어야 한다. 오늘의 성과가 내일까지 이어질 수 있겠는가? 오늘의 계획이 내일의 성장을 위한 잠재력을 품고 있는가? 리더가 자리를 놓고 다른 곳으로 간다 해도 리더의 힘은 향후 몇 년간 증명되어야 한다. 다음 리더가 또 다른 내일을 생각할 수 있는 기회와 여유를 만들어주는 것. 이 또한 현재 그 기업의 리더가 반드시 해야 할 일이다.

성장 동력의
큰 줄기를 찾아라

인천공항에 왔을 때, 내가 가장 많이 생각한 것도 '성장'이었다. 인천공항을 어떻게 성장시켜야 하는가? 이것이 리더로서 나의 숙제였다.

"이용객과 환승객, 공항이 창출하는 경쟁력, 소프트파워 신장."

나는 인천공항의 성장 동력을 세 가지 큰 줄기로 정리했다. 공항의 수익으로 입점한 사업체와 기업, 면세점, 식당 등의 사용료도 있었지만, 2008년에는 그것마저도 상황이 여의치 않았다. 하지만 나는 흔들리지 않았다. 어차피 사용료로는 성장에 한계가 있었고, 큰 틀에서 보면 공항 서비스로 생각해야 하는 부분도 있었다.

성장의 가장 큰 줄기는 인천공항을 설계할 때부터의 청사진, 즉 아시아 최고의 허브공항에 있었다. 환승객 숫자가 점점 늘어나는 추세이긴 했지만, 좀 더 공격적으로 환승객을 유치할 필요가 있었다. 영업에 최선을 다하면 더 많은 환승객이 인천공항으로 올 가능성이 컸다. 인천공항의 입지가 허브공항으로서 모자람이 없었고, 다른 조건들도 다른 나라 공항에 비해 훨씬 유리했다. 나는 환승객 마케팅 계획을 세우기로 하고 영업에도 적극적으로 나서자는 방침을 정했다. 마케팅 계획이 수립되자 우리 직원들이 일본과 중국으로 날아가 환승객 유치작전에 돌입했다.

우리의 환승객 유치 마케팅 중 몇 가지를 소개해보겠다. 일본 후쿠오카 사람들이 유럽으로 가려면 우선 일본 국내선으로 하네다공항까지 가야 했다. 하네다공항에서 짐을 찾은 후 2시간 동안 자동차나 기차로 이동해 나리타공항으로 가서 국제선을 갈아타고 유럽으로 가야 했다. 후쿠오카 사람들에게 길고 번거로운 여정일 것이 분명했다. 우리는 후쿠오카에서 인천을 거쳐 유럽에 가는 것이 훨씬 빠르고 돈도 절약

행운아 마인드

된다는 점을 집중적으로 홍보했다. 실제로 인천공항을 경유할 경우 후쿠오카의 유럽 여행객은 중간에 짐을 찾을 필요가 없었다. 짐을 부치고 인천공항에서 1시간 정도 있다가 유럽행 대한항공이나 아시아나항공을 타면 비행시간이 무려 3~4시간 줄어드는 것은 물론, 비용도 7만~9만 엔까지 절약할 수 있었다.

중국도 마찬가지였다. 톈진 사람이 베이징공항으로 날아가 미국에 가거나, 다롄 사람이 상하이 푸둥국제공항을 거쳐 미국에 가는 것보다 인천공항을 경유하는 것이 시간도 빠르고 돈도 절약되었다. 자신들이 있는 곳에서 중국 국내선을 이용하면 중간에 짐도 찾아야 하고 2시간 전에 국제선 탑승 대기를 해야만 했다. 보통 23시간이 걸리는 과정이었다. 하지만 인천공항을 거치면 18시간이면 가능했다.

편리함과 경제성이 확실하니 일본과 중국의 환승객들이 쏟아져 들어왔다. 그 결과 2010년에는 환승객만 520만 명에 이르렀다. 환승객이 늘자 인천공항은 2010년부터 환승료를 받기 시작했다. 만 원씩 항공 티켓에 포함하여 받기 시작했더니 수백 억 원의 이익이 들어왔다. 표시도 나지 않게 조용히 이익이 창출되었던 것이다. 리더와 조직 구성원들이 적극적으로 성장 방법을 찾으면 분명히 성장 동력을 찾을 수 있다. 확실한 성장 동력은 소비자에게도 이득이 되는 수치를 제시하는 것인데, 인천공항의 환승객 유치가 바로 그런 것이었다.

또 공항의 수익 가운데 한 가지는 비행기가 이륙하거나 착륙하는 대가로 받는 요금이다. 많은 공항들이 이 비용을 올림으로써 수익을 창출하는데, 인천공항은 허브공항으로서의 입지를 확실히 하기 위해 적정 수준 이상의 돈은 받지 않았다. 보잉747기 한 대가 한 번 이륙하는

데 내는 이용료는 인천공항이 3,500달러, 나리타공항이 8,000달러다. 인천공항의 장점은 항공사의 입장에서 보아도 확실하다. 나리타공항이 인천공항의 두 배에 달하는 이용료를 받고도 적자를 내는 것을 보면 성장 동력의 커다란 줄기를 찾는 것이 얼마나 중요한지 알 수 있다.

환승객 수가 폭발적으로 늘어나자 인천공항은 이제 제2터미널을 확장할 수 있게 되었다. 가시적으로 보이는 외적 성장을 이룬 것이다. 제2터미널이 확장되면 지금까지 일했던 구성원들이 리더로서 한 걸음 나아가 자신의 능력을 시험하는 더 큰 무대를 맞이하게 될 것이고, 또 새로운 일자리가 창출될 것이다.

공기업의 리더가
더 책임이 막중한 이유

인천공항이 세계 최고의 공항으로 발전하면서 공항을 만들기 위해 매립했던 드넓은 땅의 발전 가능성도 덩달아 커졌다. 2009년 우리는 아시아 허브공항으로서 인천공항을 최대한 이용할 수 있는 공항복합도시, 즉 에어시티를 만들자는 청사진을 세웠다.

에어시티의 대표적인 공항으로 네덜란드 암스테르담 시에서 15킬로미터 거리에 있는 스키폴공항이 있다. 연간 4,700만여 명의 여행객 중에 환승객 수는 40퍼센트고 여행객 숫자로는 세계 5위권이다. 인천공항은 3,500만 명 수준으로 세계 8위권이고 화물처리량은 세계 2위인 수출입항이기도 하다. 서유럽의 허브공항인 스키폴공항은 비즈니스맨들을 위한 호텔과 쇼핑센터, 국제회의장이 갖춰져 있고, 도시 생활에

행운아 마인드

필요한 모든 시설이 건설된 하나의 도시다. 이것은 스키폴공항이 항공 수요를 늘리고 새로운 수익원을 만들기 위해 조성한 것이다. 스키폴공항의 성공적인 에어시티를 보고 프랑스, 홍콩 등도 에어시티를 추진 중이다.

세계 최고 수준을 자랑하는 인천공항도 에어시티로서의 잠재력이 충분하다. 그래서 촌각을 다투는 세계 비즈니스맨들을 위해 국제회의장과 호텔을 만들고, 쇼핑몰과 병원 등을 만들어 독립적인 도시로서, 비즈니스에 적합한 에어시티로서 복합적인 기능을 수행하는 도시를 세우는 청사진을 수립했다. 한국의 국제적인 위상이 높아짐에 따라 한국 문화를 체험할 수 있는 도시로서 경쟁력이 있을 것이고, 비즈니스맨들의 도시 외에도 의료관광도시로도 충분한 매력이 있을 것이다.

마지막으로 우리는 인천공항만이 수출할 수 있는 최고의 '소프트파워soft power'를 개발했다. 7년 연속 세계최고공항상을 받은 인천공항의 노하우를 배우기 위해 많은 공항들이 우리를 찾아왔다. 뿐만 아니라 우리의 시스템을 수출하기에 이르렀다. 지금도 이라크 아르빌에 30여 명의 인천공항 직원들이 공항 업무 노하우를 전수하고 있다. 캄보디아와 필리핀에도 우리의 노하우를 전수하기 위한 두뇌 수출이 결정되었고, 중국 하이난공항그룹과 합작 프로젝트를 추진 중이다. 2011년 7월에는 러시아 하바롭스크에 가서 공항 합작회사 계약서에 사인을 했다. 지분 10퍼센트를 인수하고 운영 시스템 노하우를 전수하는 소프트파워 수출이었다. 고위급 간부가 2명 파견되어 일하고 있고, 이사회의 일원으로 자리 하나를 확보하여 경영에도 참여하고 있다.

민간기업은 회사에 투자한 사람들에게 이익을 배당해야 할 의무가 있다. 그 의무를 제대로 이행하지 못하면 투자자금은 회수되고 파산할 수도 있다. 공기업도 마찬가지다. 공기업에는 민간기업에 투자된 자금보다 더 무서운 국민의 세금과 개인의 자금이 투입되어 있다. 그래서 공기업의 리더는 더 책임이 막중하다. 리더는 당연히 성과를 창출하여 세금으로 충당해야 했던 국가 기간사업으로서의 서비스에 완벽을 기해야 한다. 그래서 국민에게 부담을 주지 말아야 한다. 인천공항은 2010년 3,240억 원의 순수익을 보았다. 또한 부채비율 69퍼센트의 아주 건실한 회사다. 2012년에는 상반기에만 2,800억 원의 순이익이 났으며 부채비율은 고작 55퍼센트 수준으로 꾸준히 가장 건실한 세계적 기업으로 성장하고 있다. 인천공항 이용료는 2003년 1만 7,000원(15달러)에서 시작하여 지금까지 같은 가격을 유지하고 있다. 공항에 입점한 업체의 1인당 매출액도 최고 수준이다. 우리에게 투자한 고객에게 손해를 입히지 말자는 룰은 성장을 통해서만 이룰 수 있는 규칙이다. 그것은 민간기업이나 공기업이나 다를 바 없는 진실이다. 기업의 리더는 한 그루 나무처럼 조직을 끊임없이 성장시켜야 한다. 나무를 죽이는 리더는 이미 리더로서 자격을 상실한 것이다.

행운아 마인드

뭔가 다른 하나,
특별함을 만들어라

**아이슬란드 화산 폭발,
항공 난민 구호에 앞장서다**

　　2010년 3월 하순, 아이슬란드에서 화산이 폭발했다. 세계적으로 항공이용객이 가장 많은 유럽 공항들의 업무가 순식간에 마비되었다. 유럽 상황은 전 세계 공항에 즉각적인 영향을 끼쳤다. 한국에서도 유럽 출장에 나서야 할 비즈니스맨들의 발이 묶였다. 인천공항도 비상이었다. 결항 문제도 컸지만, 갑자기 생겨난 항공 난민들이 공항에 발이 묶였기 때문이다. 출장과 여행차 한국을 방문했거나 다른 공항에서 환승하기 위해 대기하던 유럽인들이 졸지에 항공 난민 신세가 된 것이다.

　　인천공항은 즉각 난민구호반을 꾸렸다. 식음료 긴급 지원은 물론이고 의료 지원까지 아끼지 않았다. 비행기가 이륙할 때까지 공항에서 숙식을 해결해야 하는 유럽인들을 위해 인천공항은 에어 매트를 준비하고 식당 쿠폰을 나누어주었다. 길게는 닷새 이상 공항에서 체류하던 유럽인들은 떠날 때 인천공항에 감사의 마음을 전하고 갔다.

"한국에 대해서 잘 몰랐는데, 이번 일을 통해 한국의 친절함을 알게 되었습니다."

"환승 때문에 머물렀지만, 이렇게 배려해주리라고는 생각지 않았습니다. 곧 한국 여행을 오고 싶습니다."

"인천공항은 세계 최고의 공항 그 이상입니다."

공항을 떠나면서 감사의 마음을 전하는 사람도 있었고, 귀국 후에 공항 홈페이지를 통해 감동받았다는 사연도 많았다.

어려움을 함께하는 것은 한국에서는 당연시되는 전통이다. 한번 찾았던 사람을 다시 오게 하는 것. 이것은 서비스 기업으로서 인천공항의 자세이기도 했다. 아이슬란드 사태 때 항공 난민에게 했던 우리의 서비스는 이 두 가지, 전통과 서비스 정신의 결합이었다.

사람들에게 각인되는
이미지를 심어주는 것

리더가 되었을 때, 가장 중요하게 생각했던 문제 가운데 하나가 인천공항만의 차별성이었다. 규모의 차이는 있지만, 각 나라를 대표하는 공항은 대체로 크고 편리하다. 순위권에 들지 못하는 공항들도 '신속, 안전, 편리'라는 공항의 세 가지 기본 숙제를 해결하기 위해 노력

행운아 마인드

한다. 그리고 세계 수위의 공항들은 이 세 가지 면에서 계속 경쟁하고 있다. 하지만 이것은 어디까지나 공항 입장에서 바라보는 시선이다. 공항이용객에게 공항은 전혀 다른 느낌일 수도 있다.

그동안 글로벌 기업의 리더로서 전 세계를 다니며 공항이라면 참 많이도 겪어 보았다. 공항을 이용하던 내게 공항이 그 나라의 관문이라는 느낌 이상으로 다가온 적은 별로 없었다. 한 마디로 어느 공항이나 비슷비슷했다. 공항에 대한 나의 생각은 이렇게 단 몇 가지로 정리되었다.

"참 편리하네.(참 불편하네.)"

"참 빠르네.(참 느리네.)"

"되게 친절하네.(되게 딱딱거리네.)"

"안전은 완벽하네.(불안하네.)"

"참 깨끗하네.(참 지저분하네.)"

도대체 기억나는 공항의 이미지가 없었다. 공항 관계자가 아닌 다음에야 저런 감상을 도대체 무엇에 쓸 것인가. 나는 인천공항 역시 그런 문제가 있는 것이 아닌가 검토하기 시작했다.

GE에 있을 때, 나는 아시아 각국의 의료인들에게 GE의 기술은 특별하며 믿을 만하다는 이미지를 심는 것이 중요하다고 생각했다. 그것은 최고의 기술로 가능한 것이지만, 기술만으로는 쉽게 해결될 수 없는 문제였다. 회사에서 그 이미지를 살리는 것과 살리지 못하는 것은 천지차이였다. 그리고 사람들에게 각인되는 이미지를 심어주는 것은 리더의 중요 임무 가운데 하나이다.

나는 인천공항도 뭔가 다르고 특별해야 한다고 생각했다. 그래서 우리 직원들과 함께 인천공항만의 이미지, 특별한 색깔을 고민했다.

"한국의 관문, 아시아의 허브인 편리한 공항, 그 이상의 이미지를 만들자. 인천공항은 다른 공항들과 확실히 차별화되어 있다는 것을 승객들에게 알리자!"

차별화는 승객들만을 위한 노력은 아니었다. 다른 기업들과 차별화된 기업에서 일한다는 자부심을 가진 직원과 그렇지 않은 직원의 마음은 다르다. 일에 임하는 신바람이 다르다. GE의 직원들은 언제나 세계 최고의 기업에서 일한다는 자부심이 있었다. 인천공항도 세계 최고의 공항이었다. 비행기가 이착륙을 반복하고, 수많은 사람들이 스쳐지나가는 관문 이상의 이미지. 사람들이 평생 추억할 수 있는 공항을 만들지 못할 이유가 없었다.

"혼이 있는 공항, 문화예술의 향기가 나는 공항."

이것이 우리의 목표였다. 혼이나 향기는 눈에 보이지 않는 것이다. 당연히 물리적으로 효과가 보이지도 않는다. 하지만 사람에게 각인되는 데 없어서는 안 될 요건이었다.

인천공항의 '차별화' 포인트

문화공항culture port 우리는 인천공항에 한국의 아름다운 '문화와 예술'을 입히기로 결정했다. 인천공항의 환승객 수는 점차 늘어나고 있었다. 한국이 최종목적지가 아닌 사람들이 더 많아지는 추세였다. 우리는 인천공항의 환승객들에게도 한국이라는 나라를 확실히 알리고 싶었다.

행운아 마인드

다른 나라의 비행기 환승을 해본 사람들은 알 것이다. 환승하기까지 1~2시간, 길면 24시간을 보내기가 얼마나 어려운 일인지. 환승객을 위한 서비스라고 해봐야 3시간 이상 환승객을 위한 시티 투어^{city tour}가 고작이다. 시티 투어를 하지 않을 경우, 기다리기엔 지루한 시간을 멍하니 있어야만 한다. 기껏해야 활주로나 구경하고 한정된 면세점을 기웃거리며 시간을 때우는 것이 환승객들의 패턴이었다.

공항의 입장에서 1~2시간은 결코 짧은 시간이 아니다. 그들이 면세점을 이용해 물품을 구매하는 것도 좋은 일이지만, 모든 이용객이 쇼핑을 하지는 않는다. 그리고 면세점은 전 세계 어느 나라에서나 구할 수 있는 물건이 전시되어 있을 뿐, 공항의 혼은커녕 그 나라의 특색조차 알 수 없다.

환승객들의 지루한 시간을 즐거운 시간으로 바꿔주면서 인천공항과 한국을 기억하게 할 수 있는 방법. 우리는 그 방법을 찾았고, 탑승동 4층 중앙의 한국문화박물관, 여객터미널 면세구역 3층 동쪽과 서쪽을 합쳐 네 곳의 한국전통문화센터, 여객터미널 4층 환승라운지에 전통공예전시관 두 곳, 여객터미널 2층 입국장 네 곳에 입국장 문화거리를 만들었다.

상업 시설을 유치하여 세를 받는다면 연간 80억 원의 수익을 낼 수 있는 요지에 문화와 예술 체험 시설을 설치했다. 인천공항을 이용하는 내국인과 외국인들이 한국문화박물관을 관람하며 한국의 전통문화를 감상하게 하고, 한국전통문화센터에서는 복주머니, 가구, 부채 만들기, 탁본 체험하기 등을 하며 직접 만든 기념품을 가지고 갈 수 있게 했다. 무용, 음악, 판소리 등 매년 4,000회 이상의 수준 높은 공연을 무료로 관람할 수 있는 기회도 만들었다. 문화 공연에는 전통문화만 포함된 것은 아니었다. 한국의 현재 역동성과 예술성을 느낄 수 있는 현대적인 공연과 전시도 자주 열렸다.

문화공항을 만들면서 점차 인천공항을 다른 나라의 공항과 다르게 기억하는 사람들이 많아졌다. 공항에서 자신이 손수 만든 부채에 사랑하는 가족의 이름을 새겨 가져간 승객도, 외줄타기 공연을 보고 돌아간 승객들도 인천공항만의 향기를 기억했다.

보안 검색, 기본에 충실하며
혁신을 이루다

우리는 인천공항에 혼을 입혔다는 자부심이 있었지만, 항상 기본을 잊지는 않았다. 혼이나 향기는 기본이 잘 작동된 후에야 제대로 받아들여지는 것이다. 리더로서 나는 그 점을 늘 경계했다.

제아무리 훌륭한 공연과 전시가 있다 해도 불친절한 말 한 마디, 불쾌한 시선 하나에 그 많은 수고가 삽시간에 허물어진다. 소위 선진국이라 불리는 나라의 공항을 이용해본 사람들은 비슷한 느낌을 가진 적이 있을 것이다. 많은 승객들이 공항에 대해 불쾌한 느낌을 갖고 있다. 특별히 무슨 일이 벌어지지 않아도 상쾌하고 기분 좋은 이미지로 공항을 기억하는 경우는 드물다.

바로 보안 검색 때문이다. 보안 검색은 안전한 공항을 위해 결코 포기할 수 없는 공항의 업무다. 한 나라의 입장에서 보면 공항의 가장 중요한 업무라고까지 말할 수 있다. 수많은 공항 이용 승객들 중에 테러

범이 있을 수도 있고, 마약 사범이나 밀수범이 있을 수도 있다. 연간 몇 천만 명이 오가는데 범죄자가 없을 거라고 믿는 것이 오히려 이상하다. 모래밭에서 바늘 찾는 일이라 할지라도 그 한 사람을 놓쳤을 때의 위험을 생각하면 예민하게 곤두서 있는 입국장 직원들의 표정이 충분히 이해가 되고도 남는다.

하지만 이것은 어디까지나 공항 입장의 생각이다. 관리자의 입장에서 소비자를 대하는 것은 서비스 기업으로서 해서는 안 될 일이다. 관리자의 입장에서 일하는 공항에서 승객이 느끼는 마음은 이 한 가지다.

'난 이 나라에 관광하러 왔는데, 왜 째려보는 거야?'

대부분의 승객은 선한 사람들이다. 몇 백 명 가운데 한 명인 범죄자를 찾겠다고 선한 승객들의 마음에 불쾌감을 주어서는 안 된다고 믿었다. 그러면서도 입국 심사는 철저하고 엄격해야 했다.

인천공항은 입국장 창구의 방향을 바꿈으로써 그 두 가지 목표를 동시에 해결할 수 있었다. 그리고 법무부 직원들은 스마일 운동을 전개했다. 소속은 법무부였지만 인천공항에서 일하는 패밀리로서, 한국의 첫인상을 망치지 말고 세계 1등 공항을 만들자는 운동에 흔쾌히 동참해 주었다.

무엇보다 이렇게 창구의 방향을 바꾼 것이 큰 도움이 되었다. 승객과 1 대 1로 마주함으로써 승객의 신원 파악도 빨라졌고, 미소도 효과적으로 전달되었다. 무엇보다 째려본다는 오해를 풀 수 있게 되었다. 기존의 입국장처럼 옆으로 앉은 자세는 째려보지 않아도 상대방에게 위축감을 줄 수밖에 없다. 하지만 그 방향을 바꾸니, 경직된 느낌이 한결 덜했다.

입국장 직원들의 소중한 미소 덕분에 승객들은 한국에 부드러운 첫 인상을 가질 수 있게 되었다. 공항에서 펼쳐지는 각종 문화공연은 한국이라는 나라의 구체적인 이미지를 그려냈다. 경제성, 효율, 성장은 뇌를 움직이지만 이미지와 문화는 심장을 두드린다. 현명한 CEO라면 양쪽 다 놓칠 수 없다.

1등의 비결,
리더가 먼저 효율을 실천하라

**공사 최초로
출장보고서를 없애다**

인천공항 사장으로 취임한 지 얼마 되지 않았을 때, 한 직원이 두툼한 서류를 들고 왔다. 뭐냐고 묻자 출장보고서라고 했다. 읽기에도 부담스러운 두께의 보고서를 들어 보며 물었다.

"자네, 이거 다시 읽어 보나?"

"아닙니다."

"누가 읽겠다고 달라는 사람은 있나?"

"하나도 없습니다."

자신에게도 다른 사람에게도 쓸모없는 출장보고서. 두께를 보니 족히 하루는 걸렸을 것 같았다. 그 시간에 다른 일을 하면 얼마나 효율적일까? 나는 출장보고서를 없애라고 했다. 그러자 그는 손사래를 쳤다.

"그거 없애면 감사받습니다."

"아무도 필요하지 않은 걸 쓰느라 시간 낭비한 것을 감사받아야지, 이런 불필요한 서류를 없앴다고 감사받아야 쓰나? 사장이 없앴다고 하세요. 출장 갔다 와서 중요한 내용은 필요한 부서에 이메일로 남기면 되지 않겠습니까?"

나는 이렇게 쓸모없는 출장보고서를 없앴다. 다른 공기업에서는 출장도 가기 전에 인터넷에서 베낀 내용으로 보고서를 다 써놓고 출장을 가는 경우도 있었다. 쓸데없는 보고서를 없애고 업무 효율을 강화하는 것이 내 목표였는데, 바로 하나를 해낸 것이다.

혁신과 개선의 시작, '리더의 문제의식'

"어떻게 1등을 하는가?"

인천공항은 국제공항협의회ACI : airports council international가 매년 실시하는 공항서비스평가에서 7년 연속 세계 최고 공항으로 선정되었다. 국제공항협의회의 회원국은 175개국, 국제공항 수는 1,700개 남짓으로 공항의 UN이라 불리는 기구다. 이 기구에서 매년 실시하는 공항서비스평가에는 싱가포르 창이공항, 홍콩 첵랍콕공항, 네덜란드 스키폴공항 등 전 세계에서 유명하기로 손꼽히는 100여 개의 공항이 후보가 된다. 7년 연속 1위 공항은 어느 공항도 이루지 못한 세계 최초의 업적이다.

행운아 마인드

이렇게 인천공항의 위상이 달라지자 처음에는 콧대가 높았던 세계 유수의 공항들이 거꾸로 인천공항을 배우겠다며 찾아오기 시작했다. 인천공항의 노하우를 수입하겠다는 공항도 생겼다. 공항 콘퍼런스에서 나를 초대해 '1등 공항의 비밀'을 알고자 했다. 세계 석학들의 요람, 하버드대에서도 미래의 리더들을 위한 강연을 요청했다. 해외뿐만 아니라 국내의 기업들과 공기업들도 1등의 비결을 묻는다.

"지금 하는 사업에 몰두하고 고객의 입장에서 생각하세요. 그러면 효율을 극대화할 방안이 보일 것입니다."

나의 대답이 너무 교과서적이라는 소리를 들을 수도 있다. 하지만 내가 아는 분야는 한정적이다. 각각의 사업에 대한 구체적인 이야기를 할 수 있다면 나는 벌써 그 분야의 리더로 활동하고 있을 것이다. 그러므로 나는 남들이 가장 기본이라고 생각하는 원칙, 하지만 결코 쉽게 실천할 수 있는 기본을 강조할 뿐이다.

경영의 기초인 '효율'을 실천하는 것이 왜 그리 어려울까? 나는 리더의 역할 때문이라고 생각한다. 작은 팀의 리더든 조직 전체를 총괄하는 리더든, 리더 자신이 매 순간 효율성을 생각해야 한다. '매 순간'이라는 말은 엄청난 집중을 요구하는 말이다. 한 마디로 리더는 자신이 이끄는 사업과 조직에 미쳐야 한다. 하루 24시간 자신의 일에 몰두해야 완벽해 보이는 퍼즐의 비어 있는 작은 한 조각이 보이기 시작한다. 천만 명이 편리하다고 말하는 서비스에서 리더는 홀로 불편함을 느낄 수 있어야 한다. 문제점이 보이지 않는데 효율을 높이기 위한 방법을 생각해낼리 없다. 모든 좋은 제안에는 먼저 '문제의식'이 존재한다.

세계 최초의 '승객예고제'

　　　인천공항은 입출국 수속이 빠르기로 정평이 나 있다. 인천공항이 개발해 세계 최초로 도입한 '승객예고제' 덕분이다. 공항을 이용하는 승객들은 모두 비행기 표를 가지고 있다. 대부분 미리 예약을 하기 때문에 그 자료만 있으면 몇 월, 며칠, 몇 시에 승객 몇 명이 출국할 것인지 입국할 것인지 거의 정확하게 예측할 수 있다. 인천공항은 이 자료를 입출국 업무와 연관된 항공사, 법무부, 검색대, 세관에 통보한다. 이를 통해 입출국자의 숫자를 예측할 수 있기 때문에 각 부처에서는 인력을 유연하게 운용할 수 있다. 특히 법무부는 고정되어 있었던 입출국 부서 구분을 폐지했다.

　승객예고제를 시행하기 전에는 입국자들이 몰려들면 출국 창구의 직원들은 가만히 놀면서 입국 창구에 길게 늘어선 승객들의 줄을 보고 있을 수밖에 없었다. 하지만 승객을 예측할 수 있게 되자 입국자가 많은 시간에는 같은 인원이 입국 심사를 하고, 출국자가 많은 시간에는 출국 심사를 하게 되었다.

　같은 인원을 효율적으로 배치하자 입출국 시간이 획기적으로 줄어들었다. 출국 심사 시간에 대한 국제 기준은 60분인데, 인천공항에서는 16분이다. 입국 심사 시간의 국제 기준은 45분, 인천공항은 12분이다. 승객의 입장에서는 긴 시간의 기다림 때문에 생기는 불쾌한 감정을 느끼지 않을 수 있고, 거의 1시간 정도를 버는 셈이다. 그 시간을 승객들은 어떻게 쓸까?

　인천공항의 1인당 면세점 매출액은 출국 기준 80달러로 세계 최고다. 입국 면세점이 없는 것을 감안해도 입출국 평균 40달러는 된다. 입국 면세점까지 운영하는 다른 나라 공항들도 가장 부러워하는 수치다. 시카고공항의 사장이 나를 찾아와서 가장 먼저 물어보았던 질문도 바로 1인당 매출액이었다. 어떻게 1인당 매출액이 그렇게 높을 수 있느냐고 궁금해했다. 같은 시기 시카고공항의 면세점 매출액은 1인당 6달러였다.

나는 인천공항의 효율성에 대해서 이야기했다. 효율성을 설명하지 않고서는 인천공항 면세점의 1인당 매출액이 세계 최고가 된 이유를 설명할 수 없었기 때문이다. 제아무리 화려한 면세점을 갖추었다 해도 비행기를 놓치면서까지 쇼핑하는 승객은 없다. 입출국 심사가 빨라짐으로써 번 시간을 승객들은 쇼핑하는 데 사용한다.

인천공항은 세계 최고의 면세점을 갖추고 있다. 누구나 쇼핑하고 싶은 공간에서 좀 더 많은 시간을 보내게 된 승객들은 기분 좋게 지갑을 연다. 게다가 인천공항 직원들의 머천다이징merchandising 수준은 민간 기업의 마케팅 기획자 이상으로 훌륭하다. "지금 하는 사업에 몰두하고 고객의 입장에서 생각한다"는 기본 원칙에 충실한 직원들은 면세점 매출을 극대화하기 위해 늘 시장조사와 각 나라의 소비 추세에 촉각을 곤두세우고 있다. 그에 따라 면세 물품 배치를 다르게 한다. 공항의 업무 특징상 각 항공사의 게이트는 보통 정해져 있다. 예를 들어 중국 항공사의 게이트는 특별한 일이 없는 한, 늘 그 자리다. 중국 항공사를 이용하는 승객의 대부분은 중국인이므로, 그 게이트 주변에는 중국인들이 선호하는 브랜드나 상품들을 배치한다. 이렇게 각 나라 소비자들의 취향을 분석하고 그들의 동선을 따라 상품을 배치하는 머천다이징. 작은 변화인 것 같아도 그 배치로 인한 이익은 결코 작지 않다.

리더의 진심 파악,
직원들은 '매의 눈'을 갖고 있다

하지만 공항은 빠르기만 해서는 안 된다. '안전'은 공항이 결코 포기할 수 없는 요소다. 사실 대다수 공항 서비스가 느린 것도 바로 이 안전 때문이다. 테러리스트일지 모르는 사람을 한 사람이라도 빠뜨리거나, 마약이나 불법 무기 등을 놓치면 국가가 위험해진다. 불법으로 반입하려는 동식물로 인해 무서운 바이러스가 퍼질 수도 있고, 밀수품이 들어오면 경제적인 문제가 생긴다. 한 마디로 안전은 무엇과도 바꿀 수 없는 공항의 의무다. 천만번 잘했더라도 딱 하나를 놓쳐 모든 공이 허사가 될 수 있는 지점이 바로 안전 관리다.

그래도 공항에 근무하는 리더들은 효율성 또한 생각하지 않을 수 없다. 완벽한 안전과 완벽한 편리성. 외부인들은 이것을 두 마리의 토끼라고 생각할 수 있지만 리더는 두 마리 다 잡으려는 목표를 세워야 한다. 우리가 생각한 방법은 세계 최고의 한국 기술을 이용하자는 것이었다.

정보기술IT은 우리나라를 따를 나라가 없다. 바이오기술 또한 세계 최고 수준이다. 마침 정부에서도 전자여권e-Passport 시스템을 도입했다. 우리는 이를 이용해 입출국 시간을 더 획기적으로 줄일 수 있었다. 인천공항에서 대한민국 여권을 가진 사람은 입출국 창구에서 기다릴 필요가 없다. 전자여권을 창구에 인식시키고 기계가 시키는 대로 지문을 인식시키면 모든 과정이 완료된다. 10초면 끝이다.

보안 검색 또한 세계 최고 수준이다. 보안의 기초 요소는 최첨단 시스템, 효율적인 처리 과정, 그리고 숙련된 직원이다. 최첨단 시스템의 수준을 계속 유지하기 위해 우리는 품질 검사, 시험, 보안 감사를 정기

행운아 마인드

적으로 실시한다. 이런 까다로운 기준에 맞춰진 높은 기술력을 가진 기계들이 보안 검색 시간을 줄이고 있다.

이미 도입된 전신 스캐닝 기술을 통해 승객이 갖고 있을지 모를 위험한 물건들을 걸러낸다. 수화물 검사시에는 최첨단 폭발물 탐지 시스템으로 위험한 물건을 찾아낸다. 자동 차량 통제 시스템과 주변 침입 감지 시스템PIDS으로 위험에 대해 몇 겹의 보안을 실시하고 있다. 이런 자동화 시스템, 시스템 운용에 능숙한 직원들, 잘 훈련된 보안 요원 덕분에 인천공항의 보안 검색 시간은 7.2초에 불과하다. 미국에 입국해본 사람들은 그 긴 시간과 불쾌한 느낌을 결코 잊을 수 없을 것이다. 그러나 인천공항은 그 시간을 획기적으로 줄여 승객들의 불편도 덜고 신속함이라는 공항의 또 다른 요소를 충족시키고 있다.

너무 빨라서 보안에 대해 의구심을 가지는 공항들도 세계 최고의 공항을 뽑는 34가지 평가 항목 중 보안 감시 항목에서 7년 연속 세계 최고 등급을 받았다는 사실을 알면, 인천공항의 보안에 대해 경탄과 놀라움을 표한다.

조직이 성장할 길은 늘 '효율'에 있다. 자신의 사업에 몰두하면 효율을 최대화할 수 있는 방법을 언제든 찾을 수 있다. 외국계 기업의 장점을 꼽을 때 투명성과 합리성이 빠지지 않는데, 그것도 실은 효율을 극대화하기 위해 생긴 부차적인 특징일 뿐이다. 효율성 있는 기업만이 살아남는 환경에서 찾은 방법이 바로 투명성과 합리성인 것이다.

이것을 이해하지 못하면 조직 자체가 경직된다. GE에 있다가 공기업인 인천공항으로 오면서 나는 조직이 살려면 무엇보다 리더들이 '효율적'이어야 한다는 확신을 갖게 되었다.

인천공항이 세계로 가는 관문이다 보니, 각 기업의 수장들이 출국하는 장면을 수차례 볼 수 있었다.

"뭐하러들 나왔어? 그런데 박 국장은 안 보인다?"

이런 코미디 같은 광경이 자주 벌어지는 것을 보고 나는 속으로 실망했다. 예전처럼 해외여행이 일생에 한 번 있을까 말까 한 일도 아니고 우주여행을 하는 것도 아닌데, 리더가 출국하는 길에 그 조직의 중간관리자들이 줄줄이 서서 배웅을 하곤 했다. 대부분의 조직들이 서울 혹은 지방에 있을 텐데, 인천공항까지 와서 배웅을 하다 보면 짧게는 한나절 혹은 하룻동안 업무 시간이 날아가는 셈이다. 그리고 할 수 없이 업무 때문에 사무실에 남아 있는 중간관리자들도 마음이 편할 리 없다. 그러다 보니 지방에서 차를 대절해서 배웅하러 오기도 한다. 배웅하러 온 사람들이 고위직 간부들이라고 할 때 그 시간 동안 조직은 멈춰 있거나 방만해질 수밖에 없다. 인간의 몸은 몇 분만 피가 통하지 않아도 썩기 시작한다. 조직도 다르지 않다. 그 시간 동안 썩고 있을 조직을 생각하면, 배웅받는 것을 당연시하는 리더가 내심 그렇게 안타까울 수 없었다.

G20정상회의 때, 실수를 한 적이 있다. 전 세계의 정상들이 공항에 내리면 정부의 의전에 따라 인천공항에서도 영접행사가 열린다. 보통 외국의 대통령이나 수상이 입국하면 입국장 앞에 의장대가 도열하고, 맨 앞에 그 나라의 대사가 영접을 위해서 대기한다. 맨 끝에는 국기와 꽃을 든 그 나라의 환영 인파가 줄을 서서 기다린다. 전세기가 착륙하면 뒷문이 먼저 열리는데, 비행기에서 내린 그 나라의 기자들은 서둘러 렌즈를 끼우고 앞문에서 내릴 국가원수의 사진을 찍을 준비를 한다. 이

행운아 마인드

익고 앞문이 열리고 대사와 의전장이 트랩 위 비행기까지 올라가 국가원수에게 인사를 하고 내려오면 그 나라의 경호실장이 안내를 한다. 국가원수는 이런 순서를 거쳐 환영객들에게 손을 흔들며 내려오게 된다. 그들이 지나갈 때 의장대에서 "받들어총!"을 하며 의전을 다하는 것이 통상적인 환영 의례였다.

그런데 영국 수상이 왔을 때는 전혀 달랐다. 우선 영접하러 온 사람이 영국 대사 달랑 한 사람이었다. 부인도 대동하지 않고 혼자 서 있는 대사를 보며 나는 고개를 갸웃거렸다.

"대사님, 영접객들은 어디 있습니까?"

"여기 있지 않습니까?"

대사는 자기 자신을 가리켰다. 수상이 오는 데 영접객은 단 한 사람이었다. 이윽고 전세기가 착륙해 뒷문이 열렸는데, 그 뒤의 광경도 특이했다. 비행기에서 내린 기자들 중 단 한 사람도 사진을 찍을 준비를 하지 않았다. 게다가 그들은 터덜터덜 걸어서 공항으로 실어다주는 버스에 모두 올라타고 한 사람도 빠짐없이 가버렸다. 그러고 나서 비행기 앞문이 열렸다.

"대사님, 안 올라가십니까?"

내가 그렇게 말했더니, 대사는 고개를 젓더니 트랩 계단에 올라가지 않고 자기가 서 있는 자리에서 수상을 맞이하겠단다.

이윽고 서류가방을 든 사람이 혼자서 터덜터덜 트랩을 내려오는 것이었다. 자세히 보니 영국 수상이었다. 경호원인가 하고 상황을 파악하지 못한 의장대가 "받들어총!" 영접행사도 하지 못하고 있는데, 혹시나 하여 다시 보니 지나가는 사람이 영국 수상인지라 허겁지겁 행사를 치른 적이 있었다.

그런가 하면 지난해 방한한 페루의 대통령은 전용기도 타지 않고 일행 모두가 일반석economy class을 타고 왔다가 돌아갔다. 자신이 전용기를 이용하지 않으면 국민 수백 명이 식사를 할 수 있다며, 비용을 절약하기 위해서라고 말했다.

이처럼 조직을 자기 몸처럼 생각하는 리더들은 낭비되는 모든 것을 아까워한다. 비효율을 극도로 싫어하는 이유는 조직이 썩는 것을 보고 있을 수 없기 때문이다. 50~100명에 이르는 배웅객들을 당연시하는 사람이 조직의 건강을 생각하는 진정한 리더라고 할 수 없다. 효율은 리더가 먼저 실천해야 한다. 아랫사람들은 리더의 진심대로 움직일 수밖에 없다. 말로만 배웅 오지 말라고 하면서 효율을 외쳐 봤자, 나쁜 관행은 절대 사라지지 않는다. 리더가 진심으로 효율을 생각한다는 것이 전해져야만 구성원들도 진심으로 조직 전체를 위한 효율을 고민한다. 리더에게 효율은 기본 중의 기본이며, 당연히 지켜야 할 가치다.

• • •

리더의 임무, 직원을 섬겨라

리더만 '행운아'여서는 안 된다

리더의 임무는 무엇일까? 하나는 조직이 최고의 성과를 이루도록 만드는 것이다. 또 다른 하나는 조직의 성과를 이루느라 고생한 구성원들을 섬기는 것이다.

인천공항에 왔을 때, 나는 우리 직원들이 '행운아 마인드'를 갖도록 해야겠다고 결심했다. 그래서 가장 먼저 만든 것이 '인천공항 자원봉사단'이었다.

자원봉사단의 원칙은 후원의 형태가 아니라 직접 직원들이 몸으로 봉사하는 방식으로 정했다. 그리고 이 봉사단의 운영비 대부분은 내가 외부 강연에서 받은 돈으로 충당했다. 외부 강연료가 입금되는 통장은 비서가 관리하도록 했다. 통장의 비밀번호도 비서가 알고 있었다. 그는 강연료가 들어오는 대로 자원봉사단 통장으로 이체했다. 봉사단 단장은 각 팀의 리더들이 돌아가면서 맡게 되었다.

회사에는 이미 사회공헌팀이 있었다. 그럼에도 내가 이렇게 따로 몸으로 봉사하는 자원봉사단을 만든 이유는 무엇보다 직원들을 위해서였다. 직원들 스스로 자신이 몸담고 있는 직장과 집이 아닌 다른 환경을 몸으로 부딪쳐 경험함으로써 사회봉사에 대한 인식을 새롭게 하고, 자신의 현실에 감사함을 느껴 자신이 얼마나 행운아인지 깨닫기를 바랐던 것이다. 직원들의 행운아 마인드를 유지시켜주는 것 또한 리더의 몫이다.

어느 회사의 리더는 회사 임원들에게 늘 넥타이를 선물해주었다고 한다.

"실은 양복을 맞춰주고 싶었지만, 그때는 넉넉지 못했어요."

그 리더가 임원들에게 넥타이를 선물한 뜻은 이랬다. 양복이나 넥타이는 비즈니스맨들의 인상을 좌우하는 매우 중요한 옷이다. 좋은 옷을 입은 아이가 으쓱해지는 것처럼 비즈니스맨들에게도 양복이나 넥타이는 옷 이상의 의미라는 것이다. 그 회사의 리더는 자기 회사의 임원들이 외부에서도 소중한 존재로 대접 받았으면 좋겠다는 뜻으로 넥타이를 선물했던 것이다. 드디어 몇 년 전부터 그 회사는 임원들에게 양복을 선물할 수 있게 되었다고 한다. 그 리더가 밝게 웃으며 그 사연을 들려주면서 기뻐하던 얼굴이 아직도 생각난다. 바로 (주)범한판토스의 조원희 회장 이야기이다.

교육 기회를
아낌없이 제공하라

　　　　좋은 리더란 자기 조직의 구성원들이 어느 자리에서나 대접을 받을 수 있도록, 어디에 내놓아도 최고라는 소리를 들을 수 있도록 지원을 아끼지 않는 사람이다. 그런 의미에서 미래의 리더에게 교육의 기회를 아낌없이 제공하는 것도 리더가 해야 할 일이다.

　인천공항에서 나는 직원들에게 최대한 교육의 기회를 제공했다. 120명을 수용할 수 있는 호텔 수준의 좋은 교육연수원을 만들고 삼성, LG, GE 등 민간기업의 스터디 커리큘럼을 분석해 좋은 프로그램을 우리 연수원에 적용했다.

　그리하여 인천공항에서는 국내 대학과 협정을 체결하여 최초로 대학의 석·박사 과정을 일터인 공항에서 이수할 수 있게 되었다. 대학의 교육과정을 이수하여 직원들의 수준이 높아지는 것은 개인에게도 조직에게도 좋은 일이다. 하지만 직원의 입장에서 생각해보면 공부하는 것 외에 들어가는 노고가 너무나 컸다. 특히 영종도에 직장이 있는 인천공항 직원들은 회사가 끝나고 학교까지 가는 시간만으로도 공부할 의욕이 사라질 지경이었다. 나는 대학과 협의하여 인천공항 아카데미 하우스 내에 석·박사 과정을 개설하기로 했다. 직원들의 퇴근 시간에 맞춰 교수님이 아카데미 하우스에 오시면 회사 내에서 바로 수업을 진행하는 것이다.

　현재 200여 명이 석·박사 과정을 공부하고 있고, 지난 8월에는 32명의 석사를 첫 배출했다. 학위 수여식에서 축사를 하면서 나는 눈시울이 뜨거워짐을 느꼈다.

직원들에게 선진 경영을 체험하고 더 많은 영감을 얻게 만드는 것도 좋은 교육이다. 우리는 국제공항협의회, 홍콩 첵랍콕공항, 스위스공항, LA공항 등에 직원을 보내 연수를 시키고 있다. 특히 인천공항은 네덜란드 스키폴공항, 프랑스 샤를드골공항과 교류 교육을 협약했다. 인천공항에서 스키폴공항, 샤를드골공항 직원들이 일하며 인천공항의 노하우를 배워갈 것이다. 마찬가지로 인천공항 직원들도 네덜란드와 파리에 파견되어 각 공항의 장단점을 배우고 인천공항에 어떻게 적용할 것인지 연구할 것이다.

우리는 앞서 설명한 대로 인천공항에 내부 MBA와 박사학위Ph.D. 같은 특별 프로그램을 만들었다. 이런 내부 교육 시스템을 본 국제공항협의회와 국제민간항공기구ICAO : international civil aviation organization 같은 국제적인 기관에서는 인천공항을 공항 업무의 세계적인 교육 허브로 선정하기도 했다.

최고의 교육 기회가 마련되어 있는 시스템은 직원들의 의욕을 고취시킨다. 최고의 교육을 이수한 직원들은 미래의 리더로서 자신의 꿈을 지속시킬 수 있다. 리더에게 교육 기회의 제공은 성장만큼 중요한 임무다. 행운아 마인드를 가진 직원들을 성장시켜 미래의 리더로 키워내는 것. 교육은 결국 조직의 미래를 성장시키고, 미래의 성장 동력을 앞서 준비하는 일이다. 그래서 외국 유수 대학의 MBA 과정에 매년 고정적으로 파견하는 것도 결정했다. 국내에서도 세종연구소, 서울대 행정대학원, 국방대학원 등에도 많은 사람을 1년씩 파견 교육함은 물론이다.

직원들을 섬기는 방법을
구체적으로 고민하라

　　　　최고의 회사를 만들어 구성원들에게 실질적인 이익을 주는 것도 리더의 일이다. 인천공항은 7년 연속 세계 최고 공항으로 평가를 받았지만, 국내 회사 경영 평가 성적은 2009년까지 C등급에 머물렀다. 나는 반드시 A등급까지 올려야겠다고 결심했다.

　직원들에게 피부로 와 닿는 것은 아무래도 월급 문제일 것이다. 공기업은 민간기업만큼 보상체계가 확실하지 않아 아무리 일을 잘한다 하더라도 같은 능력을 가진 민간기업의 직원보다 인센티브가 약하다. 하지만 그럼에도 불구하고 공기업에서 얻을 수 있는 최고의 인센티브를 받게 해주고 싶었다.

　나는 국내 평가에도 염두에 두고 경영을 했고, 2010년부터 3년 연속 드디어 A등급을 받았다. 1인당 인센티브가 전년도보다 1,000만 원에서 2,000만 원까지 차이가 났다. 그러자 직원들의 신바람으로 인천공항의 분위기가 확 달라졌음은 물론이다.

　하지만 나는 한두 해의 성과급 인센티브로 충분치 않다고 생각했다. 2008년 인천공항에 취임하자마자 내가 가장 먼저 조사했던 것은 직원들이 가장 힘들어하는 문제가 무엇인가였다. 조사 결과 직원 대부분이 자녀들의 학교 문제를 고민하고 있었다.

　인천공항이 있는 영종도는 공기도 좋고 물가도 싸고 때묻지 않은 자연을 가진 좋은 섬이다. 하지만 문화시설이라곤 전무하다시피 했다. 영화 한 편을 보려고 해도 김포시까지 가야만 가능했다. 영종도는 교육청 분류로 특A급 오지에 속했다. 한 마디로 영종도에 오는 선생님들은 섬마을 선생님인 셈이다. 그러니 자녀가 중학교 졸업할 시점이 되면 부모들의 고민이 엄청났다. 좋은 대학에 보내고 싶은 마음이야 모든 부모들의 꿈이 아니겠는가? 그러기 위해서는 좋은 고등학교를 보내야 하고 사교육도 무시할 수 없었다. 그런데 영종도에는 자녀 교육을 위한 어떤 인프라도 존재하지 않았다.

우리는 인천공항을 품어준 영종도를 위해 복지회관을 짓기로 했다. 극장은 물론 수영장, 체육관까지 있는 고급 복지회관이었다. 지역 주민들과 인천공항에서 일하는 직원들을 위한 복지회관을 세우기 시작하면서도 나는 아직 부족하다는 생각이 들었다. 문화에 대한 수요도 분명 채워주어야 할 문제지만, 무엇보다 중요한 것이 '교육'이라는 생각이 끊이지 않았다.

내가 공항에 올 당시, 집안에 고등학생이 있는 직원들 대부분이 서울에서 출퇴근을 하고 있었다. 인천공항에 근무하는 사람의 70퍼센트 정도가 서울에 살면서 힘들게 출퇴근을 하는 상황이었다. 나는 가만히 따져보았다. 영종도와 서울의 집값은 엄청나게 차이가 난다. 그것을 감수하고 직원들은 영종도의 집을 팔고 서울의 전셋집으로 옮겨갔다. 그것만 해도 가정경제상 엄청난 손해였다. 생활비 차이는 말할 것도 없었다. 서울에서 영종도의 인천공항까지 직원들은 3시간이나 걸리는 출퇴근 시간을 감수해야 했다. 주로 운전을 하니까 기름값만 못해도 40만 원, 거기에 톨게이트 비용을 계산하니 역시 40만 원 정도가 나왔다. 월급의 100만 원 이상을 출퇴근에 사용하고, 집은 전세고, 사교육비도 지출해야 하고……. 자녀 교육을 위해 우리 직원들은 점점 가난해지고 있다는 결론이 나왔다.

행운아 마인드

'이래서야 어디 신바람이 나겠는가?'

직원들에게 업무 효율을 높이자고 외쳐봐야 공염불이겠다는 생각이 들었다. 물론 결혼하지 않은 직원들도 많았지만, 지금 힘들게 살고 있는 선배 직원들의 모습만으로도 힘이 빠지긴 마찬가지일 것이었다.

'무조건 좋은 고등학교를 만들어야겠다!'

직원들을 위한 나의 결론, 최고의 공항을 만든 직원들을 위한 최고의 대우는 바로 교육 문제 해결이었다. 만일 자녀 교육을 걱정하지 않고, 자녀 교육 때문에 집안경제가 흔들리는 상황을 막을 수 있다면 인천공항의 미래는 더욱 밝아질 것이라 확신했다. 소중한 열정을 바쳐 최고의 공항을 만든 인재들이었다. 교육 문제만 해결되면, 그에 따른 쓸데없는 시간과 돈 낭비만 줄여준다면 더더욱 최고의 능력을 보여줄 것이 분명했다.

그런 결론으로 만들어진 것이 바로 '인천하늘고등학교'였다. 학교를 만들기까지 많은 일들이 있었다. 하지만 2011년 3월, 신입생들의 얼굴을 보니 그동안의 고생이 한순간에 씻겨나가는 기분이었다. 이 학교는 무엇보다 인천공항 가족들을 위한 학교다. 학교 정원의 50퍼센트가 공항 패밀리를 위해 배정되었다. 그래서 인천공항공사 외에 협력사 직원들, 인천공항에서 청소하시는 아주머니들의 자녀들까지 학교에 모두 들어갈 수 있었다. 나머지 20퍼센트는 고급 교육의 기회를 받지 못하는 영종도 주민의 자녀들이 들어갈 수 있었고, 인천시가 10퍼센트, 사회 배려 차원에서 전국에서 20퍼센트 학생이 들어갈 수 있다.

교육 문제가 해결되자 인천공항 가족들의 얼굴이 밝아졌다. 나는 직원들에게 성장의 중요성에 대해 말했다.

"학교 만드는 데 많은 돈이 들었습니다. 여러분이 최고의 성과를 보여 매년 이익이 늘지 않았다면 추진하기 어려웠을 것입니다. 여러분이 보여주는 능력에 따라 인천공항의 직원들과 영종도 지역의 또 다른 문제를 해결할 수 있을 것입니다. 자, 파이팅!"

내가 처음 부임했던 해, 인천공항의 순이익은 1,500억 원대였다. 다음해는 2,200억 원대, 다음에는 3,450억 원, 2011년에는 4,000억 원 이상의 순이익을 올렸다. 2012년에는 상반기에만 벌써 2,800억 원의 순이익이 났다. 공항에 이익이 나지 않는다면 조직 구성원을 실질적으로 섬길 수 있는 방법은 없다. 하지만 이익이 났을 때 리더는 언제나 목표 달성과 성취를 가능케 해준 구성원들을 잊지 말아야 한다. 이익이 났을 때 자신부터 챙기는 리더는 리더로서 자격이 없다. 욕심이 많은 것도 문제지만, 어리석은 것이 더 큰 문제다.

행운아 마인드

리더는 '경청하는'
사회자여야 한다

경영회의,
아이디어와 자랑거리를 뽐내는 기회

인천공항에 처음 갔을 때, 매주 월요일에 경영회의가 있었다. 매주 월요일 아침 8시에 하는 회의였는데, 참석하는 사람들은 팀별로 PT 자료를 만들어서 발표해야 했기 때문에 그 준비로 바빴다.

"월요일 아침부터 PT는 뭡니까? 이러니 월요병이 생기지요. 아무것도 가져오지 말고 다음부터는 아이디어나 가져오세요. 그리고 팀별로 지난주에 일어난 일 중에서 자랑할 거리나 이야기하고 가세요."

처음에는 조심스러워했지만, 지정 좌석을 없애고 커피를 마시면서 쉽게 이야기할 수 있는 자리를 만들자 경영회의 시간이 시끄러워졌다. 모두들 즐겁게 자기 팀에 대한 자랑을 하느라 바빴다. 자랑이 끝나면 때때로 모두가 힘껏 박수를 쳐주었다. 다음 본부장은 앞의 본부(실)보다 더 대단한 자랑거리인지 아닌지 마음속으로 가늠하고 있었다. 박수와 웃음이 흐르는 경영회의. 그러는 가운데 각 본부(실)가 가져온 아이디어도 구체화되곤 했다.

"아, 사장님 미치겠습니다."

"아니, 왜?"

"자랑거리를 찾느라고 금요일이면 아주 죽겠습니다."

시간이 갈수록 처음에는 부담없이 월요일 경영회의에 오던 본부장들의 입에서 앓는 소리가 나기 시작했다. 그동안 기회가 없어서 쌓여 있던 자랑거리들이 회의가 거듭될수록 고갈되었던 것이다. 그다음부터는 회의에서 말하기 위해서라도 자랑거리를 만들어야 했다. 각 팀이 좀 더 잘 운영된 것은 물론이다. 자랑거리를 찾는 것이 팀의 공동 목표가 되다 보니 팀 내의 대화가 많아지고 필요한 정보의 공유도 자연스레 이어졌다.

나는 늘 같은 피가 통하는 조직이 기업의 기본이라고 생각한다. 동맥경화에 걸린 조직은 곧 망한다는 것이 나의 지론이다. 정보가 공유되지 않고 혁신적인 아이디어가 묻히는 조직에서 신바람나게 일할 수 있는 사람은 아무도 없다. 사소한 아이디어라도 좋은 아이디어라고 칭찬받는 분위기. 그런 분위기는 그야말로 사소한 아이디어를 거대한 혁신으로 바꾸는 엄청난 힘이 있다. 사소한 이야기에 자유로운 사람들의 아이디어가 겹치고 덧입혀지면서 회사 전체를 발전시키는 기획이 되기도 하는 것이다. 문제는 분위기의 근원, 조직 문화다.

행운아 마인드

'제대로 된' 리더의 조건

　　　　피가 흐르지 않는 조직은 사람들의 입을 닫게 한다. 그런 조직의 가장 큰 특징은 말하는 사람들이 주로 리더라는 것이다. 윗사람이 열을 내며 말하면 할수록 아랫사람들의 입은 더욱더 굳게 닫힌다. 또 이런 리더들은 부정적인 말을 쏟아낸다는 공통점도 있다.

"야, 한번 말해봐!"

"그걸 말이라고 하냐?"

"그걸 잘했다고 하는 게 부끄럽지도 않아?"

나는 기독교인으로서 늘 성경을 내 삶의 원칙으로 삼고 있다. 《성경》의 〈야고보서〉 4장 11~12절에는 함부로 판단하지 말라는 메시지가 들어 있다.

"형제들아 피차에 비방하지 말라. 형제를 비방하는 자나 형제를 판단하는 자는 곧 율법을 비방하고 율법을 판단하는 것이라. 네가 만일 율법을 판단하면 율법의 준행자가 아니요 재판자로다. 입법자와 재판자는 오직 하나이시니 능히 구원하기도 하시며 멸하기도 하시느니라. 너는 누구관대 이웃을 판단하느냐."

이 메시지는 사람에 대한 기본적인 존경심을 갖고 있는 사람이라면 누구나 수긍할 것이다. 우리는 일의 성패에 대해서는 판단할 수 있다. 일하는 과정에서 생긴 잘잘못은 따질 수 있다. 하지만 사람 자체에 대해서는 판단할 수 없다. 이념, 종교, 빈부……. 그 어떤 차이로도 사람을 높이거나 낮출 수 없다. 상사라 하더라도 회사라는 조직 안에서 상사이지, 인간으로서 높낮이가 다른 것은 아니다. 리더라면 언제나 이 점을 명심해야 한다. 사람을 존중하지 않고, 경솔하게 사람을 판단하는 사람은 리더가 될 수 없다. 그들은 절대로 리더가 되기에 충분한 성과를 낼 수가 없기 때문이다. 부정적인 에너지를 분출하는 사람 곁에 좋은 성과가 있을 리 없다.

리더의 부정적인 에너지로 인해 구성원들은 자신의 아이디어나 생각이 별 볼 일 없다고 자꾸만 생각하게 된다. 그러므로 그것을 판단하는 것은 여러 사람이어야 한다. 리더는 다른 사람에 비해 경험이 많아 아이디어의 옥석을 구분하는 눈이 밝지만, 그래도 집단을 당하지는 못한다. 그래서 정보의 공유가 중요한 것이다.

스스로 별 것 아니라고 생각한 아이디어가 회사 전체를 먹여 살릴 아이디어일지 누가 알겠는가? 설령 리더가 천재라 하더라도 그가 혁신적인 아이디어를 모든 분야에 걸쳐 다 갖고 있지는 않다. 유리와 다이아몬드를 전부 회의 테이블에 쏟아내도록 해야 한다. 그리고 집단토론을 통해 다이아몬드를 절대로 놓치지 말아야 한다. 그런데 유리라고 해도 부끄럽지 않게 쏟아낼 수 있는 분위기는 쉽게 만들어지지 않는다. 리더가 귀를 크게 열고 있다는 확신을 주어야만, 자신의 말이 흘려버려지지 않는다는 믿음이 있어야만, 직급에 상관없이 충분히 존중받고 있다는 느낌을 받아야만 조직에 피가 되고 살이 되는 지식과 정보가 활발히 공유된다. 리더는 그런 신뢰를 얻을 수 있어야 한다.

최고의 정보를 공유하는 조직의 리더가 되는 노하우는 바로 이 세 마디에 달려 있다.

"자, 이야기해볼까요?"

"어떻게 생각하세요?"

"그럼 뜻을 모았으니 이렇게 합시다. 알았죠?"

행운아 마인드

대화를 시작하고 사람들의 참여를 이끌고 모두가 공유하도록 하는 단 세 마디. 거기에 리더의 긍정적인 에너지가 뒷받침된다면 완벽하다.

이병철 회장이 살아계실 때, 회의에 가면 회장이 말하는 경우는 거의 없었다고 한다. 각 부분의 책임자들 사이에 수많은 이야기들이 오갔다.

"말해봐라!"

이병철 회장은 늘 이렇게 회의를 시작했다. 책임자들은 회장이 무엇에 관심이 많은지, 회사의 방향이 어떻게 흘러가고 있는지 다 감안하여 할 이야기를 준비해가야 했다.

"그래서?"

자신이 준비한 아이디어를 어떻게 실행해갈 것인지 말하라는 이야기였다.

"우쩔 끼고?"

구체적인 추진 방법을 얘기하라는 뜻이다.

"알았다."

이로써 회의는 끝나고 책임자는 그날 회의에서 보고한 내용을 실행하면 되었다. 열심히 실행하여 진행되는 상황이 있어야만 다음 회의 때, 이 회장의 "말해봐라!"에 답할 수 있었다.

리더는 사회자다. 주옥같은 어록을 혼자 줄줄이 말하는 사람이 아니다. 사람들의 입을 열게 하고, 대화를 유연하게 이끌고, 내용을 종합하고, 방향을 틀어주고, 결론을 내려, 구성원들이 다 함께 움직이게 하는 사람. 그 사람이 바로 리더다.

존경받는 기업에서 일한다는
자부심을 공유하라

**순간의 유혹을
물리쳐야 하는 이유**

아담과 이브는 하나님에게 절대 선악과를 먹지 말라는 지시를 받았다. 그러던 어느 날, 에덴동산의 뱀이 이브를 유혹했다. 아주 맛있는 과일이라며 먹어도 괜찮다고. 이브는 하나님의 말씀을 떠올리고 거절했다. 그러자 뱀은 자신이 먼저 그 과일을 먹는 모습을 보였다. 뱀은 멀쩡했다. 그리고 과일은 정말 맛있어 보였다.

"보세요, 아무 일 없지요? 제가 따서 드릴 테니 먹어보세요. 하나쯤 먹어도 티도 안 나요. 하나님도 당신이 이 과일을 먹었다는 사실을 모를 거예요."

하나쯤 먹어도 아무도 모를 거라는 뱀의 유혹에 이브는 흔들렸다.

214

결국 이브는 과일을 먹었고, 아담에게도 권했다. 뱀의 말대로 아무 일도 일어나지 않았다. 하나님의 추궁도 없었다. 하지만 그들은 결국 에덴동산에서 쫓겨났다. 그들은 단 한 차례 유혹에 빠졌지만, 결과는 돌이킬 수 없었다.

리더로서 살고자 하는 사람들은 결코 잊지 말아야 할 교훈이 있다. 야구에서 투수의 공 하나는 팀의 승패를 가를 정도로 중요하다. 타자의 타격도 마찬가지로 중요하다. 그렇기 때문에 투수에게도 타자에게도 기회가 주어진다. 투수가 실투를 계속해서 볼이 세 개가 되었다고 해도 다음 공부터 내리 세 번 스트라이크를 잡으면 그 투수는 타자와의 싸움에서 이길 수 있다. 타자도 마찬가지다. 두 번 스트라이크를 당해도 세 번째 홈런을 치면 승리할 수 있다. 투수나 타자 모두 세 번까지는 기회가 있다. 9회말 투 아웃 2 대 1, 긴박한 상황이지만 그들이 마지막 실수를 하기 전까지는 아무도 뭐라고 말하지 못한다.

조직에서도 그렇다. 물론 조직에서는 일하면서 실패하는 것을 달갑게 여기지는 않지만, 설혹 실수를 하더라도 단번에 구성원을 내치거나 하지는 않는다. 일에 있어서 실수를 하거나 상사에게 실수를 하는 것이 치명적이지 않다는 뜻이다. 실패가 바로 드러나 창피하고 죄송하고 처지가 힘들어질 수는 있어도, 단 한 번의 실수로 한 사람의 운명을 바꿀 정도의 실수는 많지 않다. 상사, 동료, 회사도 한 번 정도의 실수는 넘어가준다.

그렇다면 돌이킬 수 없는 실수란 대체 어떤 것일까? 그것은 바로 '윤리 문제'다.

회사 생활을 하다 보면 쉽게 듣는 말들이 있다.

"저녁 식사 한번 대접하겠습니다."

"명절 잘 쇠십시오."

"이것은 수고하신 데 대한 저희의 작은 성의입니다."

간단한 찬과 소주 한 잔이 오가는 저녁 식사 자리, 진심을 담은 명절 인사, 회사의 기념품 정도라면 고마운 마음으로 받을 수 있다고 생각한다. 그런데 그렇지 않은 경우가 더 많다. 저녁 식사 자리라고 해서 가봤더니 수십만 원짜리 유흥이 기다리고 있다거나, 명절 인사와 성의에 대한 감사로 돈봉투가 건네진다거나 하는 일이 종종 있다고 한다. 이런 유혹은 지위 고하를 막론하고 맞닥뜨릴 수 있다. 특히 갑과 을의 사이에서 갑의 처지이거나 공무원이라면 더 자주 유혹의 손길이 오갈 수 있다. 그렇기에 회사 생활을 시작하면서부터 윤리에 대한 의식은 철저하고 확고해야 한다. 자신의 인생을 긴 사이클로 계획하고 있는 사람, 먼 미래에 대한 꿈을 위해 순간의 유혹을 물리칠 줄 알아야 한다. 그것이 리더로서 자신의 꿈을 관리하는 일이다.

**뉴스페이퍼 테스트,
윤리 판단의 기준**

윤리에 대해 내가 미래의 리더에게 추천하는 방법은 '뉴스페이퍼 테스트newspaper test'다. 글로벌 리더로서 각 나라의 선물 문화에서 실수하지 않기 위해 시작한 방법으로, 지금까지 내가 실수 없이 살아가도록 유용한 기준이 되어주었다. 신문에 나와서는 안 될 선물, 사진기자에게 찍히면 부끄러울 것 같은 자리 등은 확실히 피해야 한다.

행운아 마인드

돈봉투는 말할 필요도 없다. 그것은 뉴스페이퍼 테스트도 필요 없는 문제다.

돈봉투를 건네며 '성의'라고 말하는 사람이 많은데, 생각해보라. 당신이 진심으로 성의를 표하고 싶을 때 현금을 쥐어 주는가? 존경하는 사람에게 까닭 없이 돈봉투를 건넬 수 있는가? 누구도 이유 없이 남에게 돈을 주지 않는다. 거지에게 주는 돈이라도 동정심이라는 이유가 있다. 그러므로 돈봉투가 눈앞에 있을 때, 그 안에 들어 있는 돈이 아니라 그걸 건넨 사람의 마음을 볼 수 있어야 한다. 우리가 불쌍한 사람이 아니라면, 상대방은 합법적이지 않은 어떤 특혜를 바라며 돈을 건넨 것이다. 그것도 아니라면 공범으로서 입을 단속하기 위한 용도일 뿐이다.

GE에 있을 때, 나는 신입 사원들에게 점심을 사주면서도 공짜 밥은 없다고 말했다. 점심을 사줄 테니 회사에 바라는 점, 고쳐야 할 점 등에 대해 말해달라고 요청했다. 회장이 신입 사원에게 밥을 살 때도 밥과 교환할 정보를 요구했다. 아무것도 요구하지 않는 공짜 밥은 없다는 뜻이다.

리더를 꿈꾸는 사람들은 뉴스페이퍼 테스트를 통해 자신의 윤리와 자부심을 지켜나가야 한다. 그런데 이미 한 조직의 리더를 맡고 있는 사람은 또 다른 의미에서의 윤리를 고민해야 한다. 그것은 조직의 윤리다.

'어떻게 하면 조직의 윤리를 지켜나갈 수 있는가?'

리더는 늘 이 점을 고민해야 한다. 비자금 문제 등으로 뉴스에 오르내리는 기업이 되지 않도록, 오명을 뒤집어쓰는 조직이 되지 않도록 매 순간 조심, 또 조심해야 한다. 이제 사회에서 기업은 기업시민이라 할 만큼 덩치도 크고 사회에 끼치는 영향도 지대하다. 그렇기에 사회에 순기능을 하기 위해서는 기업 자체가 깨끗하고 윤리적이어야 한다.

하지만 이런 당위성만 두고 이야기한다면 윤리는 허약해질 수밖에 없다. 이익을 좇는 것이 기업의 존재 이유이므로 이익 앞에서 윤리는 금세 허물어지게 마련이다. 하지만 윤리적인 기업, 존경받는 기업이라는 원칙은 기업의 이익을 생각할수록 더 확고히 지켜져야 한다.

기업이라는 거대한 조직은 그 안의 구성원들과 닮아갈 수밖에 없다. 반대로 기업의 문화 자체가 구성원들에게 큰 영향을 끼치기도 한다. 돈봉투 하나를 우습게 생각하는 기업이 일하는 구성원들에게만 깨끗하기를 바라는 것은 과욕이다. 사업을 편안하게 하기 위해서 엄청난 돈의 리베이트를 권력자에게 건네주는 리더는 자신의 직원들도 리베이트를 자신처럼 쉽게 주고받는다고 생각하면 된다. 기업은 작은 조직들의 합체인데, 그 조직들이 리베이트 없이는 움직이지 않는다면 그 기업이 온전하겠는가? 윤리를 가볍게 여기는 기업의 조직원들은 제대로 일해서 문제를 해결하기 위해 애쓰지 않는다. 돈이면 해결된다고 생각하기 때문에 문제 해결 능력도 키우지 않는다. 또 자신의 조직이 갑의 위치에 서면 리베이트를 많이 주는 을에게 아무 생각 없이 일을 맡긴다. 일이 제대로 진행되는지 아닌지는 그다음의 문제다. 이것은 마치 치명적인 암이 빠르게 퍼져가는 것과 같다. 조직의 순환을 맡은 심장이나 뇌에 해당되는 리더 집단의 윤리적 기강 해이는 기업 조직 전체에 빠르게 퍼진다. 한번 퍼진 암세포를 제거하는 일은 불가능에 가깝다.

촉한의 군사 전략가 제갈량은 가정전투에서 군의 보급로인 산을 지키지 못한 죄를 물어 자신이 아끼던 부하 장수인 마속을 울면서 벤다.

친한 벗의 동생이기도 했던 마속이었지만, 군율을 세우지 못하면 그 군대는 끝임을 너무나 잘 알고 있었기 때문이다.

조직의 윤리 문제에 있어 리더는 제갈량과 같은 읍참마속^{泣斬馬謖}의 마음을 갖고 있어야 한다. 설혹 능력이 출중하고 개인적으로 너무나 아끼는 직원이라 하더라도, 윤리 문제가 생기면 단호하게 버려야 한다.

원 스트라이크 아웃,
두 번 기회는 없다

인천공항은 공기업이기 때문에 윤리 문제가 더더욱 중요했다. 윤리와 관련하여 나는 세 가지 원칙을 세웠다.

"원 스트라이크 아웃!one strike out!"

단 한 번이라도 윤리 문제를 일으킨 직원은 바로 퇴사시키기로 했다. 최근 불명예스러운 일로 신문에 오르내리는 이름들의 이력을 자세히 살펴보면 그들의 시작이 생각과는 달리 너무나 명예스러웠다는 사실에 놀랄 것이다. 그들 중 많은 수가 처음부터 악당은 아니었다. 큰 뜻을 품고 좋은 생각으로 훌륭하게 일했던 사람들이다. 하지만 그들은 유혹에 졌다. 에덴동산의 뱀이 말했듯이 처음에는 그다지 큰 일이 아니었을 것이다. 대가성에 대한 부분도 모호했을지 모른다. 한번쯤 눈감아도 괜찮을 듯 보였을 것이다. 가시적인 특혜도 없다고 느껴졌을 것이고, 누구에게도 피해가 되지 않는다는 판단을 했을 수도 있다. 윤리를 파괴하는 유혹이 치명적인 이유가 바로 이것이다.

처음에는 사소해 보인다. 처음에는 아무도 모를 것 같다. 하지만 첫 단추를 잘못 꿰는 순간, 나머지 단추의 운명도 자동으로 결정된다. 윤리 문제는 단 한 번이 전부다. 한 번 리베이트를 받은 사람은 결코 그것을 제공한 사람의 요구를 거절할 수 없다. 요구를 거절할 때, 자신이 받았던 리베이트가 발목을 잡기 때문이다. 아무리 작은 특혜라도 그것을 준 다음에는 다시 성의라는 이름으로 리베이트를 받게 된다. 횟수가 잦아지면서 어느덧 처음의 찝찝했던 마음까지 사라진다. 그러다 보면 처음 마음과는 멀어진 전혀 다른 누군가가 신문에 나오는 것이다.

"두 번 기회는 없다. 예외도 없다! No second chance! No exception!

조직에서 윤리의 첫 단추를 잘못 꿴 사람은 조직에 해를 끼친다. 리베이트가 그의 발목을 잡았기 때문에 조직에 해가 되는 것을 뻔히 알면서도 특혜를 주지 않을 수 없다. 그것을 받은 사람은 크건 작건 조직의 리더이기 때문에 후배 직원들을 억압할 가능성이 있다. 그들의 눈을 가리고 입을 막기 위해 조직은 더욱 경직되고 불투명해질 수밖에 없다. 한 조직이 괴사하기 시작하면 다른 조직들도 함께 무너져간다. 그렇기에 딱 한 번의 실수라고 말하더라도 그를 잘라내야 한다. 일에서 실수한 사람에게는 두 번째 기회를 주어도 괜찮지만, 윤리 문제를 일으킨 직원에게 두 번째 기회를 주면 조직의 윤리 기준이 무너지고 기강은 해이해진다.

'저 정도는 받아도 되는구나!'

설령 리더의 마음은 기회를 좀 더 주어본다는 지극히 인간적인 결정일지라도 조직원들은 윤리 기준이 약화되었다고 느낄 수밖에 없다. 다른 직원이 같은 실수를 했어도 선례를 들어 한 번 더 기회를 달라고 요구할 수도 있다. 인천공항의 직원은 대략 1,000명인데, 1,000명의 직

행운아 마인드

원이 전부 한 번씩 윤리 문제를 일으킨다면 기업은 결국 망할 수밖에 없다.

제갈량이 울면서 마속을 베었던 마음이 들 때도 있을 것이다. 하지만 예외는 없어야 한다. 그것 자체가 리더의 비리에 속한다. 지위 고하에 따라, 리더와의 친분에 따라 윤리 기준이 왔다갔다한다면, 조직원들은 일을 하기보다 권모술수를 앞세워 높은 지위에 오르기 위해 힘을 쓸 것이고, 리더와 친분을 쌓기 위해 일이 아닌 다른 행동들에 몰두하게 될 것이다.

윤리가 땅에 떨어지는 조직은 썩는다. 조직이 썩으면 조직의 합체인 기업은 망한다. 윤리를 쌓는 일은 매번 살얼음판 건너듯 조심스럽고 어려운 일이다. 단 한 번의 실수로 무너지는 것이 바로 윤리 문제이기 때문이다.

공기업 사장으로 와서 어려웠던 일이 바로 윤리 문제였다. 공기업 구성원들 중에는 공무원 출신이 많아서 이런저런 신세를 진 사람들이 많았다. 이 말은 다른 조직 누군가의 부탁을 거절하기 힘든 사람들이 많았다는 뜻이다.

"여태까지의 일은 불문에 부치겠습니다. 하지만 이제부터는 안 됩니다. 부탁을 거절할 때는 사장 핑계를 대세요. 저는 두려운 것이 없습니다. 제가 이렇게까지 말씀드렸는데도 작은 부정이라도 저지르는 직원은 원 스트라이크 아웃, 윤리적인 문제를 일으키는 직원은 예외 없이 사표를 받겠습니다."

민간기업에서 온 나는 적어도 인천공항에 오기 위해 신세를 진 사람이 없었다. 많은 기업과 환경에서 일할 만큼 일해보았고, 나라의 중요산업인 인천공항의 발전을 위해 봉사하고 싶은 마음으로 온 터라 자리에 대한 욕심도 없었다. 게다가 돈에 대한 욕심으로 일할 나이도 아니었다. 한마디로 거칠 것이 없었다.

물론 내게도 거절하기 힘든 부탁들이 있었다. 친분이 있는 사람의 부탁을 거절하는 것은 공기업이 아니라 할지라도 어려운 일임에는 틀림없다. 하지만 기업 전체를 생각하면 모든 것을 이겨낼 수 있었다.

물은 위에서 아래로 흐른다. 윤리도 그렇다. 리더가 윤리에 대해 확고한 자세를 보이고, 그것이 1년 이상 지속되어야만 저 아래 신입 사원들에게까지 그 진심이 전달된다. 위에서 더러운 물을 흘려보내면서 밑에서는 청정수를 만들어내라는 것은 말장난에 불과하다.

기업이 윤리적으로 깨끗하면 필연적으로 성장한다. 꼼수가 통하지 않고, 리베이트가 통하지 않으니 직원들의 실력이 그대로 드러난다. 실력 없이 물만 흐리던 사람들은 차츰 퇴출되고, 조직은 투명해진다. 투명한 조직은 피가 잘 통해서 기업 전체에 활력을 불러일으킨다.

끊임없이 성장하는 깨끗한 기업, 그곳에서 일하는 구성원들은 실력 이외의 것으로 불안해하지 않는다. 실력만 있으면 미래의 꿈을 이룰 수 있다는 구성원들의 믿음이 곧 기업의 힘이다. 깨끗한 기업은 사회에서도 존경받는다. 손가락질 당하는 기업에 다니는 사람과 존경받는 기업에 다니는 사람의 삶의 질은 분명히 다르다. 리더는 자신의 회사를 존경받는 조직으로 만들어, 구성원 모두에게 자부심과 일하는 보람을 나눠줄 의무가 있다. 존경받는 기업을 유지하는 원칙 제1조는 원 스트라이크 아웃. 윤리 문제에 관한 한, 두 번의 기회는 없다.

기업의 사회적 영향을 생각하라

리더로서의 책임감

　　　　세계 최고의 부자 가운데 한 명인 워렌 버핏이 이런 말을 한 적이 있다.

"인생을 살면서 누구나 평탄한 길을 가는 것은 아니지만, 훌륭한 멘토를 가진 사람은 험한 길을 가더라도 바른 길을 갈 것이다."

나는 리더라면 누구나 워렌 버핏의 이 말을 기억해야 한다고 생각한다. 사람의 인생에 필요한 사람은 멘토지만, 하나의 목표를 향해 가는 조직에서 멘토 역할을 할 사람은 바로 리더이기 때문이다. 그리고 조직을 제대로 이끌어가는 리더가 CEO의 위치까지 서게 되면, 그때부터는 사회를 생각해야 한다. 사회적인 규모에서 멘토가 될 수 있을 것인가는 온전히 그 사람의 그릇에 달려 있다. 하지만 CEO라면 적어도 일정 부분 사회적인 영향을 생각하며 살아가야 한다. CEO가 이끄는 기업은 더 이상 작은 조직에 머무르지 않기 때문이다. 기업은 크건 작건 사회 전체에 영향을 끼치고 있다.

어린아이는 자신 이외의 사람을 의식하고 그들과 함께 살아가는 법을 배우며 성장한다. 리더도 마찬가지다. 자신의 이익, 자신의 조직만을 생각하는 리더는 언제까지나 유치한 상태에 머물 수밖에 없다. 하지만 성장하는 리더는 자신의 이익과 자신의 조직에서 시야를 넓혀 다른 기업과 사회를 생각하고 더불어 살아가는 법을 깨닫는다. 그것이 책임감이다. 책임감을 아는 리더만이 어른스러운 진정한 리더로 성장한다.

내가 처음 책임감을 무겁게 생각한 것은 고등학교 시절이다. 가정교사를 할 때, 나 자신에 대해 매우 엄격했던 것 같다. 어린 마음에 나의 행동 모두에 대해 고민하는 버릇이 생겼다. 가정교사 하는 댁에서 머물렀던 나는 내 모든 행동이 내가 가르치고 도와주는 후배의 본이 될 것이라고 생각했다. 집안의 장남으로서도 물론 모범을 보여야 한다는 부담감을 갖고 살았지만, 마음가짐이 좀 달랐다. 가족과는 다른 사람인 후배를 가르치는 가정교사라는 위치, 남의 집이라는 환경이 그 책임감을 가중시켰다.

부족한 교과목을 가르칠 때 눈을 반짝이며 내 설명을 듣는 후배를 보면서 나는 책임감을 되새겼다. 옷매무새도 흐트러지게 하지 않았다. 학교에서의 행동은 물론 집에 와서도 바르게 살려고 노력했다. 흔히 질풍노도의 시기라는 사춘기 시절을 나는 그렇게 누군가의 모범이 되는 일에 몰두하며 살았다. 그것이 나의 습관이 되었다. 나의 모범적인 모습을 좋아하는 사람들과 친구가 되면서 좋은 관계를 맺게 되었다.

그 모든 것이 나를 성장시키고 있다는 생각조차 하지 못했던 시절의 일이다.

CEO로서의 사회적 책임감

내가 하고 있는 일이 직장생활을 떠나 사회적으로 도움을 줄 수도 있다는 생각을 하게 해준 사람은 친구인 남상빈 씨다. 내가 GE메디컬 사업부문 동남아·태평양 지역 사장을 맡은 지 얼마 되지 않았을 때의 일이다. 아시아 지역 출장이 많았던 때라, 일이 끝난 후에는 각 지역 지점장으로 나와 있는 삼성 시절의 친구들을 만나기도 했다. 남상빈 씨는 삼성물산 말레이시아의 지점장이었다.

말레이시아 출장길에 함께 저녁 식사를 하는 자리에서 그는 나의 일을 매우 높이 평가했다.

"너 정말 대단하다."

"뭐가?"

"삼성에서도 일하다가 GE에서도 일하는 게 쉬운 일은 아니잖아?"

"그래 봤자 직장을 옮기는 일인데, 뭐."

"그게 아니지. 너는 삼성 조직도 깊이 잘 알고, 글로벌 기업인 GE도 깊숙이 들어가 일하고 있잖아. 국내 기업은 물론 외국 기업의 문화를 다 알고 있는 네가 아는 것들을 다른 사람들에게 알려주는 게 얼마나 좋은 일이겠어? 네가 그걸로 책을 쓰면 정말 멋진 책이 될 것 같다."

친구의 말에 나는 새로운 깨달음을 얻은 느낌이었다.

베스트 프랙티스. 국내 기업과 글로벌 기업의 선진 시스템을 널리 알려야겠다는 '사회적 사명감'이 생기는 순간이었다. 그때부터 나는 메모를 시작했다. GE의 윤리경영, 식스 시그마six sigma, 회의 스타일, GE의 리더상, 인사 제도, 인재 양성 제도 등등……

비록 이사를 하느라 아까운 메모들을 다 잃어버렸지만, 나를 만나는 후배 리더들이 벤치마킹할 수 있도록 기회가 있을 때마다 최선을 다해 알렸다. 내가 첫 번째 책《백만 불짜리 열정》을 낸 까닭도 그 베스트 프랙티스를 나누기 위해서였다.

첫 번째 책을 낸 후에는 또 다른 사회적 책임감이 생겼다. 저자로서 책을 내기 전에는 결코 알 수 없었던 것이다.

"사장님, 저 옛날부터 사장님 팬이었어요."

내가 인천공항 사장이 된 후, GE에서와 마찬가지로 오픈 도어 런치 open door lunch 시간을 갖기 시작했다. 팀별로 날짜를 잡아 함께 햄버거를 먹으며 이런저런 이야기를 하는 시간이었다. 그런데 이때 앳된 인턴 여직원 한 명이 웃으며 이렇게 말하는 것이 아닌가.

"사장님 강연회 때 뵙고, 인천공항 가셨다는 말 듣고 인턴 채용 모집에 응모했어요."

그 친구가 들었던 강연회는 서울에서 있었던 사랑의교회 청년부 세미나에서였다. 그런데 그 친구는 경상도에 있는 경북대학교를 다니는 친구였다. 사연을 들어 보니 강연회를 듣고 싶어서 일부러 서울까지 찾아왔다고 했다. 다른 강연회 때도 그런 친구들이 많았다. 길게 줄지어 책에 사인을 받으려던 한 젊은 친구가 밤 11시가 되자 굉장히 미안한 표정으로 앞으로 달려와, 차 시간 때문에 그러니 먼저 사인을 받을 수 없겠느냐고 묻기도 했다. 조선대학교에 다닌다던 그는 내 사인을 받자

행운아 마인드

마자 쏜살같이 달려나갔다. 기차를 놓칠까봐 열심히 달려가던 그 친구의 뒷모습이 아직도 생생한데, 인천공항에 인턴으로 온 그 여직원도 그런 열정을 갖고 있었던 것이다.

요즘 내 강연을 들은 젊은이들은 하나같이 비슷한 이야기를 한다.

"취직하기가 너무 힘들어서 우리만 그런 줄 알았는데, 사장님 때는 더 힘들었다는 걸 알았어요."

"최선을 다하면 기회가 있다는 것을 믿게 되었어요."

결코 자랑거리가 못 된다고 생각했던 나의 가난한 과거. 삼성물산에 입사했을 때, 다른 사람들의 소위 '스펙'에 기죽었던 시절. 그것을 불행으로 여기지 않고 오히려 배움의 기회로 삼아 긍정적으로 살았던 시간들이 오히려 젊은이들에게 도움이 될 수 있다는 것이 신기했다. 또한 그렇게 인생 선배의 조언을 배움의 기회로 받아들이는 20대들이 대견해 보였다.

하버드대 강연 때도 비슷한 일이 있었다. 강연을 마치고 라운드 테이블 미팅round table meeting을 가졌는데, 한 한국인 젊은이가 자신을 소개했다. 삼성에 다니다가 MIT에서 경영학 석사 과정에 다니고 있다는 청년이었다. 그는 나의 첫 책을 읽고 강연을 들은 다음부터 나를 정신적 멘토로 삼았다고 말했다. 나는 너무나 고맙고도 부담스러웠다. 내가 아직 그런 사람이 아닌데, 사람들이 너무 나를 좋게 생각하는 것이 한없이 고맙고 또 한없이 부담스러웠다. 하지만 그 부담감이 가정교사 시절과 마찬가지로 나를 제대로 가게 할 것이라고 믿는다.

"명확한 목적이 있는 사람은 가장 험난한 길에서조차 앞으로 나아가고, 아무런 목적이 없는 사람은 가장 순탄한 길에서조차 앞으로 나아가지 못한다."

역사학자 토머스 칼라일Thomas Carlyle의 말이다.

나는 한 사람의 모습이 다른 사람에게 어떤 영향을 미치는지 잘 알고 있다. 그리고 한 사람의 리더가 조직을 어떻게 이끌고, 명확한 목적으로 앞을 향해 가는 기업이 사회에 어떤 영향을 미치는지도 알고 있다.

2011년 5월, CNN은 '서울이 세계에서 가장 위대한 도시인 50가지 이유50 reasons why Seoul is the world's greatest city'라는 제목의 방송에서 인천공항을 언급했다. 서울과 아시아 유명 도시들과 인접해 있고, 매우 편리하며, 문화적 향기로 가득한 환상적인 공항이라는 설명도 덧붙였다.

세계인이 서울, 나아가 한국을 사랑하게 만드는 데 내가 이끄는 기업이 크게 기여했다는 평가를 받은 것은 내게는 무척 감사한 일이었다. 기업이 자신의 이익을 위해 움직이는 것은 당연하다. 하지만 때로 어떤 기업들은 사회에 악영향을 끼친다. 그런 기업을 사회 구성원들은 존경하지 않는다. 욕하고 백안시한다. 그런 기업에 다니는 직원들이 자기 가족에게 자신의 일을 자랑할 수 있을까?

그런 기업에 비해 인천공항의 자부심은 대단하다. 사회적으로 사랑받는 기업이 된다는 것은 구성원들의 사기진작에도 엄청난 영향을 끼친다. 내가 사랑하는 가족과 친구들, 그들이 사는 사회에 좋은 영향을 퍼뜨리는 기업. 좋은 기업에서 일하는 것만큼 자신과 가족을 행복하게 하는 일도 없다.

내가 아니면 안 된다는
생각을 버려라

팔순의 워렌 버핏이 내뿜던
열정과 에너지

2006년 말, GE 본사로부터 새로운 제안을 받았다. 2007년부터 GE헬스케어 아시아 성장시장 총괄사장을 맡으라는 제안이었다. 당시 GE코리아 회장을 맡고 있던 나는 머뭇거렸다. 솔직히 말하면 가기 싫었다.

'환갑을 지난 나이에 또 싱가포르까지 가서 살아야 하나?'

환갑은 조선시대 역사를 보면 조정에서 일하던 신하들도 나이를 핑계 대고 촌으로 돌아가 여생을 즐기거나 학문 연구에 못 다한 열정을 바치는 나이였다. "인생은 60부터"라는 말이 유행어가 되었지만, 15년을 외국에서 살았던지라 한국에서 일하고 싶었다. 하지만 아시아 성장시장은 또 다른 시도라 매력이 없지는 않았다. 이럴까 저럴까 망설이던 중 연말이 가고 2007년이 다가왔다.

GE에서는 매년 새해 첫 주에 미국 보카레톤에서 회장 주재로 킥 오프 미팅을 연다. 500여 명의 고위 글로벌 임원들이 함께 모여 그해의 사업 계획에 대해 논의하고 좋은 강연도 들으며 영감을 얻는 자리인데, 2007년에도 유명한 강사 두 분이 초청되었다. 첫 번째 강연자는 빌 클린턴 전 미국 대통령이었고, 또 다른 한 분은 내가 가장 존경하는 워렌 버핏이었다.

이제 와서 말하지만, 내가 GE헬스케어 아시아 성장시장 총괄사장이라는 새로운 제안을 받아들인 것은 바로 그 자리에서였다. 워렌 버핏은 열정에 가득찬 목소리로 앞으로 시작될 새로운 비즈니스를 소개했다. 새로운 비즈니스를 시작하겠다고 하면서 성장 가능성과 잠재성 등을 설명하는 그의 에너지가 강연을 듣는 GE의 임원들마저 뜨겁게 만들었다.

'가만, 저 양반 연세가 지금 몇이지?'

문득 그런 의문이 내 머리를 스치고 지나갔다. 그래서 약력을 다시 살펴보았다. 일흔여덟 살. 한국 나이로 팔순에 가까운 사람이 지치지 않는 열정으로 끊임없는 아이디어를 쏟아내고 있었다.

'잠깐, 저분 앞에서 내가 지금 나이를 핑계 댈 수 있겠나?'

나는 회사의 제안을 받아들이기로 결정했다. 나이 예순에 또다시 타향살이를 시작하는 결정을 내렸던 것이다. 인천공항이 아니었다면 나는 아마 지금도 그곳에 있을지도 모른다.

행운아 마인드

'업의 개념'과 역할의 인식

"공기업에 가는 것을 결정하기가 어렵지 않았습니까?"

인천공항의 사장직을 맡기로 결정했을 때 주위 사람들이 이렇게 궁금해했다. 하나는 민간기업과 공기업의 월급 차이가 많이 난다는 것 때문이었고, 또 하나는 공기업과 문화에 적응하기 힘들지 않겠냐는 의미였다. 하지만 내게 인천공항은 내 능력과 그동안의 경영 노하우를 나라를 위해 쓸 수 있는 좋은 기회였다. 젊었을 때는 없었던 새로운 마음이 나를 움직였다. 그리고 인천공항은 새로운 제안을 결정할 때 나를 움직이게 하는 나만의 기준에 어느 정도 부합했다.

'같은 색깔의 피가 통하는 조직인가?'

이것은 내가 하나의 조직을 맡기로 할 때, 결정의 권한이 있을 때부터 가장 중시한 조건이다.

'투명하고, 공정하며, 일관성 있는 조직인가?'

'적어도 이 세 가지 원칙이 통할 수 있는 조직인가?'

정보가 물처럼 흐르고, 대화가 많으며, 부서 간 벽이 없는 회사만이 성장할 수 있다. 소통이 어렵지 않아서 서로 격려하고 신바람나게 일하며 자신감을 주는 회사만이 전 부서를 하나로 묶는다. 각각의 조직이 기업 전체가 향하고 있는 목표를 향해 전력질주해야 성장이라는 과실을 얻을 수 있다. 하지만 공기업은 그것이 어려운 조직이었다. 혈연, 지연, 학연으로 얽혀 각 부서 간에 비밀이 많고, 협력도 되지 않는 경우가 많다. 다행스럽게도 인천공항은 공기업 중에서는 그런 점이 덜한 곳이었다. 하지만 작은 문제도 성장에는 분명히 저해 요인이 된다. 취임 직후, 윤리경영을 발표하고 단 한 번의 실수도 용납하지 않았던 것은 작은 구멍 하나가 둑과 마을 전체를 무너뜨릴 수 있음을 알기 때문이었다.

내가 처음 사장으로 취임할 때 세웠던 목표는 거의 다 이룬 것 같다. 세계 최고의 공항으로서 명실상부 그 입지를 확고히 다지고 싶었고, 직원들이 최고의 기업에서 일한다는 자부심을 갖고 문화적으로나 교육적으로 불편함 없이 일에만 전념하도록 해주고 싶었다. 그리고 인천공항과 함께하는 민간기업 및 입점 업체들과 함께 동반 성장하기를 바랐다. 이것이 내가 인천공항에 가기로 결정할 때 가졌던, 소위 '업業의 개념'이었다.

내가 생각하는 '업의 개념'이란 일에 대한 자기 역할을 분명히 인식하는 것을 뜻한다. 사원이면 사원대로, 중간관리자면 중간관리자대로, 리더면 리더대로 각자의 역할이 있다. 누구나 그것에 대해 아는 것 같지만, 실제로 사회생활을 하는 사람들을 보면 업의 개념이 제대로 정립된 사람이 많지 않다. 철밥통, 안정된 직장……. 이런 것을 생각하며 직업을 선택하는 사람들은 업의 개념이 없는 사람이다. 직장은 월급만 받는 곳이 아니다. 물론 월급을 받고, 그 월급이 각자의 삶에 매우 중요한 것은 사실이지만, 선후가 틀렸다.

직장은 자기의 역할에 맞는 일을 하고 그 대가로 월급을 받는 조직이다. 자기의 역할에 대한 개념이 없는 사람이 역할에 맞게 처신할 리 없고, 회사에 도움이 될 가능성도 적다. 그래서 나는 항상 나 자신에게 업의 개념을 확실히 인식하고 있는지 묻곤 한다.

'일에 가치를 더할 수 있는가?'

일에 가치 더하기adding value. '업의 개념'을 인식할 때 가장 먼저 생각해야 할 지점이다.

시작과 떠남,
그리고 '일에 가치 더하기'

인천공항 사장직을 제안받았을 때도 나는 업의 개념을 생각했다. 민간기업에서 CEO로 성공했다고 준비 없이 공기업의 사장을 맡을 수 있는 것은 아니라고 믿었다. 내가 리더로 가는 한, 인천공항에 기여할 바가 반드시 있다는 확신이 필요했다. 나는 공항산업 전체를 위해 내가 할 수 있는 일, 공항에서 일하는 직원들을 나처럼 '행운아'로 만들기 위해 내가 할 수 있는 일, 가치를 더한 일이 나라 전체에 좋은 영향을 미치기 위해 집중적으로 점검해야 할 일 등을 검토했다. 그 안에서 내가 CEO로서 가능한 일에 대해 추려냈다. 이 조직에 분명히 가치를 더할 수 있다는 확신, 그것이 나를 움직이게 하는 요인이었다.

나도 처음부터 이런 '업의 개념'을 확실하게 갖고 있지는 않았다. 처음에는 단지 최선을 다해 성실하게 일한다는 개념만 있었다. 하지만 점점 리더의 길에 접어들면서 역할에 대한 고민을 하게 되었고, 어느새 역할에 대한 인식 안에서 내가 할 수 있는 일, 해야 할 일을 정할 수 있게 되었다. 그렇다. 리더가 되기 전, 사회 신입생일 때는 성실함만으로도 역할을 다할 수 있다.

하지만 좀 더 성장하기 위해서는 '업의 개념'을 가져야 한다. 아니, 사회에 첫발을 디딜 때부터 자신이 왜 그 일을 해야 하는지, 어떤 역할을 할 것인지에 대해 명확히 아는 것이 좋다. 자신이 가치를 더할 수 없는 조직을 선택하지 않는 것도, 자신과 조직을 위한 일이다. 자신이 분명히 가치를 더할 수 있다는 확신이 드는 일과 조직을 찾아가야 한다. 그것이 투명성과 윤리와도 연결된다.

일을 마칠 때도 업의 개념은 그대로 적용된다. 사실 어떤 일을 마친 다는 것은, 어떤 자리를 뒤로 하고 떠난다는 것은 간단한 일만은 아니 다. 결정에 있어서 나름의 용기가 필요하다. 아무리 나이를 먹고, 아무 리 백전노장이라 할지라도 변화 앞에 선 인간의 심정은 다 똑같기 때문 이다.

하지만 '업의 개념'을 생각하고, 단순하게 생각해야 한다. 자리가 크 면 클수록, 자신이 리드하는 조직이 크면 클수록 더해야 할 가치의 크 기는 커진다. 현상 유지가 아니라, 더 큰 가치를 부여할 수 있어야 한다. 여러 가지 이유로 그럴 가능성이 보이지 않는다거나, 개인적인 이유로 그럴 열정이 생기지 않는다거나, 상황이 여의치 않다면 그 자리에서 떠 나는 것이 옳다.

노자의 《도덕경道德經》에는 '떠남'에 대한 뛰어난 가르침이 있다. "공 수신퇴 천지도功遂身退 天之道." 즉 공을 이룬 뒤에는 떠나는 것이 하늘의 이치이다.

그런가 하면 월나라 왕 구천을 도와 오나라를 멸망시킨 뒤, 월나라 를 비약적으로 발전시킨 범려는 모든 공을 이룬 뒤 스스로 자리에서 물러났다. 천하가 평정되자 신하들을 의심하기 시작한 구천의 변화를 누구보다도 일찍 깨달았기 때문이다.

이런 이야기들은 얼핏 들으면 자기 몸을 보호하기 위해 위험을 피한 다는 느낌이 들어 비겁한 행동처럼 보일 수도 있다. 하지만 나는 이것 을 다음 무대stage를 위한 재충전의 준비라고 생각한다. 한 무대가 아 무리 뛰어나고 멋있다고 해도 끝없이 이어지는 앙코르는 결국 열광하 던 관객들을 지치게 만든다. 즉 모든 것은 기울 때가 있는 법이다. 하지

행운아 마인드

만 적당한 앙코르로 무대를 끝내고 다음날 다른 무대에서 다시 시작하면 또 다른 열광적인 관객을 만날 수 있다. 노자가 말한 떠남의 이치, 범려의 물러남은 바로 이런 의미이다.

떠날 마음을 가졌을 때는 최대한 단순하게 생각해야 한다. 몇 년을 일한 조직이기 때문에 돌아보면 무엇 하나 마음에 걸리지 않는 게 없다. 사람들도 다 정이 들었고, 하다못해 책상까지도 눈에 밟힌다. 하지만 미련에 붙잡히면 조직에 해가 된다. 더 이상 가치를 더하지 못하는 상태에서 조직에 있으면 정체되기 마련이다. 아무리 붙잡는 사람이 많다고 하더라도 가장 먼저 자기 자신의 판단을 믿어야 한다.

어떤 리더가 최고의 성과를 보여주면 조직원들은 그 리더가 끝까지 함께하기를 바라곤 한다. 만일 리더의 업의 개념이 유효하다면 그들과 함께하는 것이 옳다. 하지만 새로운 역할에 대한 생각이 아니라, 여태까지 이루어진 가치가 무너질까봐, 혹은 자신보다 더 잘할 사람이 없을 것 같아서, 후배를 믿을 수 없어서 자리에 연연해서는 안 된다.

언제나 비행기가 뜨고 내리는 활주로를 바라보면서 나는 나 자신이 언제든 이륙하고 착륙할 수 있다는 것을 상기한다. 그것은 회사만을 위한 결정이 아니다. 내가 다른 조직에 가치를 더할 수 있다면, 나는 언제든 변화할 수 있는 것이다. 나는 아직도 미국 보카레톤에서 열정적으로 새로운 비즈니스를 역설하던 워렌 버핏보다 젊다.

무엇보다 열린 마음이 중요하다. 삼성에 처음 입사했을 때, 너무나도 뛰어난 동료들에게 놀라서 많은 것을 배웠다. 세상에는 훌륭한 사람들이 많다. 평생을 배움만 찾아다녀도 모자라는 것이 인생이다. 그렇게 대단한 사람들이 있는데, 내가 아니면 안 된다는 생각을 하는 리더는 부족한 사람이다.

가치를 더하겠다는 업의 개념이 확고한 사람은 언제든 변화할 잠재력이 무궁무진하다. 자신의 꿈을 갖고, 자신의 능력으로 어느 조직에든 기여할 수 있다. 언제든 떠나고 돌아올 수 있는 비행기의 엔진처럼 뜨거운 열정의 엔진만 갖고 있으면 된다. 그 자리를 떠나면, 정들었던 회사는 잠시 잊어도 좋다. 내가 아니라도 훌륭한 리더는 많고, 잘될 회사는 결국 잘된다. 내가 해야 할 일은 오직 '지금'에 집중하고, '내가 더 할 수 있는 열정과 가치'를 최대한 조직에 쏟아붓는 것이다.

행운아 마인드

'리더의 마인드'를
구성원들과 공유하라

공기업 혁신,
'철밥통'을 넘어서라

"공기업에 가셨으니 편하게 계시면 되겠네요?"

공기업인 인천공항 사장 자리에 가기로 결정한 후, 가장 많이 들었던 말이다. 공기업에 대한 세간의 시선이 바로 그랬다. 좋은 학교, 화려한 자격증을 가진 신입 사원들이 '공기업'에 취직하고자 하는 이유는 좋게 말하면 안정성, 세간의 비아냥대로 말하자면 '철밥통' 때문이라고 한다. 일개 사원에게도 편한 직장이니 사장 자리야 오죽 편하겠는가 하는 것이 사람들의 생각이었으리라. 나도 민간기업에 있을 때는 공기업의 단점만 보였으니, 내가 가는 공기업은 그런 곳이 아니라고 자신할 수도 없었다.

하지만 "편하게 있다"는 것이 누구에게나 같은 의미는 아니다. 어떤 사람은 매일 빈둥거리는 것이 편하다고 생각할 수도 있고, 누군가는 매일 골프를 치면 편하다고 말할 수도 있다. 그런데 평생 경영에 관한 일을 해온 나는 그런 생활이 편하지 않았다.

'나는 별 수 없는 일벌레인가?'

이런 생각을 한 적도 있지만, 솔직히 내 심정이 그랬다.

미국의 심리학자 에이브러햄 매슬로Abraham H. Maslow는 욕구를 5단계로 나눈 바 있다. 이 5단계는 하위단계 욕구와 상위단계 욕구로 나뉘는데, 내 인생을 되돌아보면 고개가 끄덕여지는 분류이다. 하위단계 욕구의 가장 밑바닥에는 생리적 욕구가 있다. 한마디로 말해 먹고살고자 하는 욕구다. 나는 어릴 때 학교에 갈 수 없는 상황에서도 그다지 큰 불만을 갖지 않았던 것 같다. 학교에 갈 수 없으면 '먹고살 수 있는' 기술을 배워야 한다고 생각했다. 먹고살고자 하는 욕구가 아직 충족되지 않았던 시절이었기 때문이다. 매슬로에 의하면 두 번째 단계가 안전의 욕구이고, 세 번째가 소속 및 애정의 욕구라고 하는데, 나의 경우 좋은 부모님과 의좋은 남매에 속해 있었으므로 이 두 번째와 세 번째 욕구는 운 좋게도 타고난 셈이다. 학교에 갈 기회가 생겼을 때, 난 누구보다도 공부를 즐겼다. 매슬로에 의하면 자기존중의 욕구를 충족하고 싶었던 모양이다. 내가 속한 학교에서 인정받는 것이 너무나 좋았고, 그로 인해 자신감이 풍부해지는 경험을 했다. 매슬로의 분류에 의하면 이 자기존중의 욕구부터가 상위단계의 욕구에 포함되는데 이는 많은 사람들이 평생에 걸쳐 충족하고자 하는 욕구다. 나 역시 회사에 입사한 후 줄곧 인정받기 위해, 스스로 부끄럽지 않기 위해 열심히 일했다. 매슬로의 5단계 욕구 중 다섯 번째 욕구인 자아실현의 욕구를 충족하기 시작했던 것은 내가 전문경영자로 인정받으면서다. 나는 첫 번째 책에서 '월급쟁이 마인드'를 비판한 적이 있다. 회사 생활이 개인의 자아실현과 전혀 상관이 없다면, 그 개인은 생리적 욕구라는 하위단계 욕구에 갇힌 채 평생을 사는 것이다. 그런 삶이 행복하지 않다는 것은 누구나 알고 있다. 한 번 사는 인생을 그렇게 산다는 것은 개인적으로 무척 불행한 일이다. 또한 기업에도 전혀 도움이 되지 않기에 나는 철밥통이나 월급쟁이 같은 말을 무척이나 싫어한다.

도전적으로 과업에 매달려 최선을 다해 성취하고, 그 속에서 자신의 창의성과 잠재력을 발달시키고, 수많은 사람들과 보람을 나누는 것이 내게는 가장 큰 자아실현이다. 그러니 내게 가장 편안한 자리는 나뿐만 아니라 모든 이가 함께 더 나은 삶, 더 큰 자아실현의 욕구를 충족하는 그런 자리였다.

리더의 자격,
조직과 '융화'되려는 노력

공기업 하면 많은 사람들이 '낙하산 인사'를 떠올린다. 공기업의 특성상 정부가 바뀔 때마다 그 일에 대해 잘 모르는 사람이나 전관예우 차원이라며 자리에 어울리지 않는 사람이 고위직에 올라 세간의 따가운 시선을 받곤 한다. 그런 사람들이 고위직에 오면 기업의 실무자들은 자연히 맥이 빠질 수밖에 없다. 낙하산으로 자리를 차지한 사람들이 시간 때우기 식으로 임기를 채우는 이유는 그 자신의 게으

름 탓도 있지만, 조직에 융화될 수 없기 때문이다. 그러나 그 자리에 어떤 경로로 왔든, 기업이라는 곳에 왔으면 당연히 그곳에 있는 사람들과 합심하여 기업의 성장에 기여할 생각을 해야 한다. 그 정도의 열정도 없는 사람이라면 그 자리에 있어서는 안 된다. 일에 대한 열정이 있는 기업의 실무자들은 시간을 때우고 있는 리더와 놀아줄 시간이 없다. 그래서 자연스레 그를 배척하고 알아서 일을 처리하게 된다.

하지만 조직의 고위직은 그냥 있는 자리가 아니다. 실무진들이 아무리 열심히 일한다고 해도 책임자들과 혼신의 힘을 다해 일처리를 할 때만큼 성과가 있을 리 없다. 그리고 무능한 낙하산을 제외하고 일한다 해서 모든 실무진들이 훌륭한 것도 아니다. 성과와 상관없이 월급은 제대로 나오고, 정년도 보장되어 있다 보니 자신의 열정과 잠재력을 다해 회사를 성장시키려는 노력을 기울이지 않는다. 이런 과정을 되풀이하다 보니 공기업이 어느새 부실과 방만 경영의 대명사가 된 것이다.

뭔가 열심히 하자고 의욕을 불러일으키는 경영자가 없거나, 외부의 개입에 의해 적합한 경영자가 내쫓기는 상황이다 보니 기업 구성원들은 점점 의욕을 잃어가고, 그러다 보니 어쩌다 제대로 된 경영자가 와서 열정을 보여도 냉소적으로 행동하는 악순환이 되풀이된다. 매슬로는 정직과 낙천성이 강한 사람을 냉소적으로 비판하는 사회는 희망이 없다고 말한 바 있다. 몇 년 전까지만 해도 공기업은 바로 그런 희망이 없는 조직이었다.

공기업이든 민간기업이든 상관없다. 기업의 CEO로 가는 사람은 항상 구성원들에게 새로운 욕구를 표출할 수 있도록 기회를 제공해야 한다. 생리적 욕구에 만족하는 사람들에게 안전과 소속의 욕구를, 결핍

행운아 마인드

된 욕구를 충족한 사람들에게는 더 나은 성장 욕구를 불러일으켜야 한다. 언제나 다음 단계를 생각하며 항상 열정을 불러일으킬 수 있는 사람만이 기업에 들어가야 한다. 일단 열정을 갖고 공기업에 출근하기 시작했다면, 그다음부터는 자신의 기업이 무엇을 하고 있는지 제대로 알 필요가 있다.

공기업의 가치,
사회적 가치와의 합일

경영학자 피터 드러커는 "기업은 이윤을 추구하는 조직이 아니다"라고 역설한 바 있다. 기업이 이윤을 추구하지 않는다고? 당시 많은 사람들이 의아해했지만, 세월이 흐르면서 이 말의 가치가 증명되었다. 드러커는 기업의 이윤은 기업 활동의 결과일 뿐, 결코 이윤이 목적이 될 수 없다고 말했던 것이다. 기업은 사회의 한 기관이므로 사회 속에서 그 존재 목적을 찾아야 한다. 고객을 창출하고 물건을 만들어 판매함으로써 고객에게 가치를 제공하는 것이야말로 기업의 목적이다.

드러커는 경영자들이 가장 먼저 생각해야 할 질문 두 가지를 제시했다.

"우리의 사업은 무엇인가?"

"우리의 사업은 무엇이어야만 하는가?"

경영자의 위치에 있는 사람에게 너무나 쉬운 말처럼 보이지만, 실제 경영자로 일하는 나로서는 가장 대답하기 힘든 질문 가운데 하나라고 생각한다. 드러커는 기업이 실패하는 가장 큰 이유로 이 두 가지 질문에 대해 분명하게 답하지 못하기 때문이라고 말했다. 나의 생각도 같다. 기업의 존재 이유와 나아가야 할 방향에 대해 뚜렷한 확신도 없으면서 어떻게 기업이라는 큰 배를 움직여 항해할 수 있겠는가?

내가 처음 인천공항에 가기로 결정했을 때, 나 또한 이 질문에 대해 생각했고 명확한 답을 갖고 있었다.

"대한민국의 관문으로서, 가장 빠르고 안전하고 편리한 서비스를 제공하는 사업이다."

"대한민국의 문화를 느낄 수 있는 '문화공항'으로서 향기를 가져야 하며, 동북아 최고의 '허브공항'으로서 많은 승객을 유치하는 세계 최고 수준의 공항이 되어야 한다."

사실 공기업은 민간기업보다 그 존재 가치와 나아가야 할 방향을 정하기가 쉽다. 뚜렷한 목적이 있기에 국민의 세금에 의해 만들어진 회사가 바로 공기업 아닌가. 사회적으로 큰 지지를 받으며 구성원들이 자부심을 느끼기에도 최고의 기업이 될 수 있다. 많은 이들이 '철밥통'이라고 비난하면서도 자신은 그 철밥통이 되고 싶은 이중의식을 갖고 있는데, 평생 그렇게 사는 것은 참 지루한 일이다. 자신의 인생 대부분을 나른하게 지내고 싶은 사람은 없을 것이다. 회사에서의 긴장은 스트레스이기도 하지만, 투명하고 공정한 분위기에서의 긴장은 자기 자신을 발전시키고 더 큰 만족을 얻을 수 있는 기회이기도 하다. 자신이 몸담고 있는 기업을 위해 한 일이 사회에도 좋은 역할을 한다면, 얼마나 큰 보람을 느낄 수 있겠는가? 기업의 가치와 사회의 가치가 합일된다는 면에서 공기업은 역시 최고의 직장일 수 있다. 공기업을 진정한 의미에서 최고의 직장으로 만드는 것. 기업의 가치와 사회의 가치가 합일할 수 있도록 명확한 방향을 제시하는 것. 이것이 바로 CEO가 할 일이다.

정확한 '책임 소재', 화통한 '권한 위임'

"성장, 사람, 윤리."

경영에서 내가 가장 중시하는 것은 이 세 가지다. 그중에서도 '성과'를 내는 것은 언제나 중요하다. 공기업에 대한 비판 가운데 가장 흔한 것이 기업임에도 불구하고 '성과'를 내지 못한다는 것이다. 그래서 공기업이란 말에는 '무능'이라는 이미지가 잘 어울리는 듯 보였다.

그런데 막상 내가 인천공항에 와서 보니 공기업은 무능과는 전혀 거리가 멀었다. 우선 우수한 인재가 많았고, 조직의 기초가 튼튼했다. 공기업이다 보니 원칙에 충실해서 '투명경영'을 펼 수 있는 등 장점이 많았다. 그래서 민간경영인 출신으로서 나는 창의적인 기업문화만 만들면 되겠구나 생각했다. 그것은 '혁신'이라는 말로 설명할 수 있겠지만, 나는 그보다는 구성원 개개인에게 '리더 마인드 심어주기'가 창의적인 기업문화의 방향이라고 생각했다. 리더의 마인드는 뭐니 뭐니 해도 프로젝트를 실행해가면서 만들어진다. 기업의 프로젝트는 성과와 연관되어 있고, 민간기업 삼성과 외국 기업 GE에서 일한 내가 수십 년간 해온 일이기도 했다. 나는 인천공항이 끊임없이 성장을 추구하는 조직이 되기를 바랐다.

그래서 인천공항에 취임한 뒤, 먼저 목표 관리에 집중적인 노력을 기울였다. 민간기업의 운영체제를 가미시켜 항공마케팅팀, 영업본부 등을 만든 것도 이즈음이었다.

"경제 상황도 안 좋은데, 어떻게 수요를 올릴지……."

수심이 가득한 얼굴로 이렇게 말하는 이들도 있었다. 당시 국내 경제가 좋지 않아 해외여행객이 감소했기 때문이다. 그러나 나는 경영자였다. 경제가 나빠서 여객이 없으니 적자가 당연하다고 말하면 경영자는 필요 없다. 여행객이 없다면 여행객을 끌고 오는 것이 CEO의 일이고, 나와 함께 그 일을 추진해내는 것이 바로 인천공항의 직원들임을 주지시켰다.

"그렇다고 나라 살림이 어려운데 국민들에게 해외여행 많이 가시라고 할 수는 없지 않습니까?"

"맞는 말이오. 그런데 이 공항이 국내공항이오?"

그때 내가 주목한 것은 '공항도 상품'이라는 점이었다. 국내에서 팔수 없으면 해외에서 팔 수 있는 상품을 만들면 된다. 우리는 일본과 중국에서 고객을 끌어오는 상품을 만드는 데 집중했다.

공기업도 팔 수 있는 상품을 만들어야 한다는 데 합의가 되자, 조직에 활력이 생겨났다.

"여러분에게 최대한의 권한을 주겠으니, 신바람나게 일합시다."

나는 팀별, 개인별로 목표를 정하고 성과를 내도록 격려했다. 성과를 내지 못하는 사람은 조직에 필요하지 않다는 것이 그때까지 나의 상식이었다. 오래도록 외국계 기업에서 일했기 때문일 것이다.

진정한 리더는 책임지는 사람이다. 이 말은 경영자가 리더를 키우려면 권한을 위임하는 데 머뭇거리면 안 된다는 뜻이다. 한 가지 일을 시키면서 의무만 많고 권한이 없다면 누가 그 일을 하며 신바람이 나겠는가.

244

목표 달성에 대한 성과도, 책임도 확실하게 책임 소재가 있어야 한다.

우리나라 기업뿐만 아니라, 동양적 사고가 강한 회사들은 조직을 더 크게 생각하는 나머지 개인의 역량에 대해서는 과소평가하는 경향이 많다. 그러다 보니 큰 실패를 맞았을 때, 책임 소재가 불분명할 때가 많다. 유야무야 일이 덮어지고 조직은 그대로 굴러간다. 개인에게는 철밥통이 남을지 몰라도 기업으로서는 최악의 상황이 아닐 수 없다.

성과에 대해서 GE의 경우를 예로 들면 국내기업이나 공기업 사람들은 정말 냉정하다는 말밖에 하지 못한다. GE에서 목표를 달성하지 못한 직원이 들을 수 있는 말은 단 한 마디였다. "Sorry." 이 말로 모든 것이 끝난다. 그래서 GE에는 "자기 목숨은 자기가 책임진다"는 말이 있다. 목표를 달성하면 자연히 생명이 연장된다. 냉정한 듯 보이겠지만, 우리나라 사람들처럼 일 잘하는 인재들에게는 GE가 오히려 안정감이 있는 조직이다. 목표를 달성했는데도 인사 불이익을 당하거나 심지어 해고한다는 것은 감히 상상도 못한다. 누구에게 잘 보이고 말 것도 없다. 투명한 조직에서는 개인별 목표 관리가 철저한데, 한국 기업, 특히 공기업은 그게 힘들었다. 하지만 나는 과감히 인천공항에 성과주의 시스템을 연결했다.

변화를 망치는 8가지 원인

1950년대 GE는 이전까지 전쟁 때문에 사업에 제약이 있기는 했지만, 괜찮은 성적을 보여주는 회사였다. 하지만 최고경영자인 랠프 코디너Ralph Cordiner 회장은 이에 만족하지 않고, 당시 젊은 경영비 평가였던 드러커를 최고 고문으로 영입하여 컨설팅을 맡긴다. 이 사건은 기술중심적 회사였던 GE에 최초로 '외부인 시각'을 도입한 일이라 평가받는다. 드러커는 현대의 사업에서 인적관리란 사람을 통제하는 것이 아니라 리드하는 것, 즉 각 개인의 강점을 생산적으로 끌어내는 것이라 믿었다. 코디너 회장 역시 전문경영인의 중요성에 인식을 같이 했고, 1954년 회사 현황 보고서에 "전문적인 경영인들을 충분히 확보하지 않고서는 실질적인 성과를 거둘 수 없다"고 기록한 바 있다.

공기업에서 일하면서 내가 느낀 것이 바로 20세기 중반 미국의 민간기업 경영인이 느낀 점과 같았다. GE는 바로 이런 문제점을 인식하고 혁신한 끝에 '크로톤빌'이라는 세계 최고의 리더십 교육기관을 만들어 냈다. 혁신에 발 빠르게 대처한 덕에 GE는 수많은 기업들이 명멸한 20세기를 넘어서 21세기에도 여전히 건재하고 있다. 민간기업에서 GE의 혁신과 교훈은 전혀 새로운 뉴스가 아니다. 그러나 아직도 여전히, 혁신에 성공하는 기업은 많지 않다. 공기업은 말할 것도 없다.

하버드대 경영대학원 교수인 존 코터^{John P. Kotter}는 변화를 망치는 원인으로 아래의 8가지 이유를 꼽았다. 이는 기업에 새로운 변화를 불러일으키고자 하는 CEO, 공기업을 발전시키고자 하는 의욕에 불타는 리더들이 참고할 만하다.

❶ 직원들에게 위기의식이 없다

직원들 전체가 위기라고 느끼지 않는데, 경영자가 혼자서만 위기를 외치는 것은 아무런 의미가 없다. 이것은 수많은 직원들 위에서 마이크도 없이 목이 터져라 소리를 지르는 것과 같다. 그런 의미에서 나

행운아 마인드

는 운이 좋았다. 처음 취임했을 때, 경제가 좋지 않은 상황에서 인천 공항의 이익이 줄어들 진짜 위기가 닥쳤기 때문이다. 모두가 혁신을 필연으로 받아들이기 위해서는 실제로 조직의 모든 구성원들이 회사가 위기에 봉착했다는 사실에 공감할 수 있어야 한다.

❷ 개혁을 주도하는 팀에 핵심인사가 없다

외부로부터의 개혁, 여론에 떠밀려서 하는 비리 조사나 수사 등을 한 번 생각해보면 이 지적이 왜 타당한지 쉽게 이해할 수 있다. 이는 기업에서도 마찬가지다. CEO가 정말 혁신을 단행할 의지가 있다면 회사의 핵심인력을 투입하여 막강한 혁신팀을 꾸려야 한다. 모두가 다 인정하는 엘리트들이 포진한 혁신팀은 회사의 혁신 의지를 강조할 뿐 아니라, 그 자체로 무시할 수 없는 힘을 가진다.

❸ 5분 내에 설명할 수 있는 비전이 없다

사업설명회나 마찬가지다. 경영자는 왜 혁신을 하는가에 대한 치열한 고민을 한 후에만 '혁신'을 입에 올려야 한다. 사업 계획의 비전은 성공 가능성이 클수록 단순하고 명확하게 표현된다. 혁신의 비전이 뚜렷하다는 것은 그만큼 확실한 준비가 되었다는 반증이다.

❹ 사장이나 간부만이 조직의 비전에 심취하고 있다

이것은 1번과도 통하는 문제다. 기업의 혁신은 하부로 내려갈수록 냉소와 비아냥의 대상이 되기 쉽다. 위기의식을 공유하지 못해서일 수도 있고, 고위직이 솔선수범하지 않기 때문이기도 하다. 혁신에 진심으로 동참할 수 있도록 하기 위해서는 혁신의 결과가 구성원들의 니즈와 통해야만 한다. GE의 코디너 회장은 GE를 혁신한 위대한 경영자지만, 그가 혁신의 엔진을 켠 것은 취임 후 2년이 지나서였다. 구성원들의 신임을 얻기 위해서, 즉 혁신에 대한 공감대를 얻는 데 그만큼의 시간이 걸렸던 것이다.

❺ 무사안일주의자가 개혁의 권한을 갖고 있다

오랜 시간 저절로 굴러간 경험을 자랑으로 알고, 과거의 영화에만 갇혀 있는 관리자들은 혁신이라는 말 자체에 거부감을 갖고 있다. 이런 사람들은 고객의 말이나 외부의 비판을 사소하고 감정적인 비난으로 여기고 더 이상 그 문제에 대해 생각하지 않으려는 경향이 농후하다. 이런 사람이 혁신팀에 있다면 사사건건 방해만 될 뿐이다.

❻ 단기적인 성과를 무시한다

기업은 학교가 아니다. 학교는 학생이 발전할 때까지 기다려주지만, 기업은 당장 성과가 나지 않으면 바로 자리가 위험해진다. 그렇기에 혁신을 하는 중이라도 단기적인 성과를 끊임없이 이루어내야 한다.

❼ 샴페인을 너무 일찍 터뜨린다

단기적인 성과를 이루어내는 주체는 혁신팀이다. 혁신의 아이디어 아래 크고 작은 프로젝트들을 수행할 때, 커다란 비전을 잊으면 안 된다. 아무리 전사적인 혁신 운동이라 해도 조직 내에는 언제나 반대세력이 있기 마련이다. 그렇기에 작은 성공에 안주하여 혁신의 끈이 느슨해지면 결국 궁극적인 혁신은 실패하고 말 것이다.

❽ 새로 도입한 제도가 기업문화로서 정착되지 못한다

"경영 활동은 전문적인 직업이다. 이것은 현재 방식처럼 돌아가면서 감투를 쓰는 방식으로 경영자가 임명되면 곤란하다는 사실을 증명하고 있다." 이는 1955년 윌리엄 해리스William Harris가 경제전문지 〈포춘〉에서 GE의 혁신에 대해 기고한 내용이다. 지금은 경영인이 전문적인 직업이라는 것을 모두가 인정하지만, 그 당시에는 미국에서도 낯선 개념이었다. 지금은 상식이 된 전문경영인 제도, 이것은 GE의 혁신으로부터 시작되어 GE에 뿌리 깊이 박힌 개념이 되었다. 혁신의 성공은 이처럼 하나의 기업문화로서 자리잡아 오랜 전통이 되느냐 아니냐로 판가름이 난다.

내가 인천공항에 갔을 때, 나의 가장 큰 목표는 '같은 피가 도는 조직'을 만드는 것이었다. 투명하고 공정한 시스템을 만들기만 하면 탄탄한 조직과 훌륭한 인재들로 이루어진 회사인 만큼, 반드시 성공할 것이라 믿었다. 구성원들의 공감대로 이뤄진 인천공항의 혁신은 수많은 개혁적인 제도와 시스템을 만들었고, 하나의 전통이 되어가고 있다. 전문경영인이라면 자신이 떠나도 열정은 남겨두고 가야 한다. 경영자가 남겨두어야 할 열정은 훌륭한 '시스템'이다.

공기업이 성과를 내면, 다른 기업들이 얻기 위해서 애쓰는 네 번째 덕목인 '사회공헌'은 저절로 이루어진다. 즉 대한민국 기업시민으로서 사회공헌도 할 수 있게 되는 것이다. 존경받는 기업이 되기 위해서 필요한 네 번째 덕목인 사회공헌. 공기업의 성과는 '사회공헌'이라는 바탕 위에 이루어져야 더 큰 의미가 있다.

어떤 리더가 인재를
제대로 찾아내는가

미국에서 신흥부자들을 분석한 결과가 있었다. 그들 대부분 이 실리콘밸리 출신이었는데, 그들의 공통점은 창의성이 뛰어나다는 것이었다. 위대한 사람들을 떠올려 보면 학자들을 제외한 나머지 대부분은 학교 교육에 충실한 경우가 거의 없다.

내가 생각하는 인재도 명문대생이 아니다. 공부만 잘한 우리식 명문대생은 사실 기업을 발전시킬 인재가 되기 힘들다. 일본의 어느 조사에서 기업들이 여러 항목으로 나누어 일본 소재 대학 졸업생의 장점으로 순위를 매긴 적이 있다. 그런데 일본 최고의 명문대라는 도쿄대학이 1위를 차지한 항목은 거의 없었다. 기억나는 조사 항목 중에 협동성, 문제 해결 능력, 조직 유지 능력, 개성 등이 있었다. 이는 기업에서 실실적으로 필요한 인재상이기도 하다. 그런데 최고 명문대생들이 어느 항목에서도 1위를 차지하지 못했다는 사실은 시사하는 바가 크다.

명문대생들은 주로 대기업에만 가려고 한다. 그래서 중소기업은 인재 확보의 어려움을 토로하는데, 나는 중소기업의 경영진들에게 조금만 열린 생각을 가져도 인재 확보는 어렵지 않다고 조언한다.

GE는 절대 하버드대 같은 A급 대학에서 채용하지 않는다. 스펙으로 치면 B급이지만 인성과 성실성만큼은 최고인 사람이 GE의 인재다.

그들을 뽑아 집중적으로 교육시키고, 최고의 회사에서 일한다는 자부심을 심어주면 장기적으로 세계 최고의 인재가 된다. 학교의 모범생이 기업 경영자에게 필요한 모범생은 아니기 때문이다.

그동안 공기업은 철밥통이라는 세간의 비아냥을 들었다. 우수한 인재들이 모여 말만 하고 행동은 하지 않는 NATO^{No Action, Talk Only}의 대표적인 회사가 바로 공기업이었기 때문이다. 하지만 현재 인천공항의 직원들은 누구에게도 그런 비아냥을 듣지 않는다.

"작은 시스템 하나라도 어떻게 작동되느냐가 중요합니다."

처음 직원들에게 이렇게 요구한 뒤, 나는 그 '작은 시스템들'을 차근차근 바꾸기 시작했다. 먼저 인사 시스템을 바꾸고, 모든 직원들이 자유롭게 의견을 개진하고 결론을 수렴해내는 조직으로 만들어갔다. 좋은 시스템이 제대로 작동하려면 모든 직원들의 니즈가 같은 곳을 향해야 한다. 같은 마음으로 제대로 일하고 싶어 하는 직원들의 사기진작을 위해서 나는 CEO로서 지속적인 성장 동력을 제시해야 했다. 이렇게 모든 직원이 인천공항의 니즈와 자신의 니즈를 일치시키자, 자부심은 저절로 만들어졌다. 직원 하나하나의 마음가짐, 직원들의 팀과 협력회사들이 각각 톱니바퀴가 되어 완벽히 맞물려지자 인천공항은 세계 최고의 자리에서 다른 공항들을 이끄는 리딩 공항이 되었다.

윤리는 기본이다. 인천공항은 윤리 문제에 있어서 원 스트라이크 아웃 제도를 실시하고 있다. 윤리에 관한 한, 두 번의 기회는 없다. 잘하다가도 윤리 문제에서 삐끗하면 순식간에 나락으로 떨어진다. 정말 중요한 것이 무엇인지 조직원들이 확실히 알아야 한다. 한 번 더러워진 백지는 다시 쓸 수 없는 것처럼 한 번 오명을 뒤집어쓴 조직은 그 자리를 완전히 잘라내야만 2차적인 오염을 막을 수 있다.

잘되는 CEO 주위에는 인재들이 엄청나게 많다. 단순히 그가 운이 좋아서일까? 좋은 운은 스스로 만드는 것이다. 그 사람 주변에만 하늘이 내린 인재들이 모여서 그런 것이다. CEO가 인재를 발굴한다는 것은, 다시 말해 기업에 필요한 인재가 어떤 조건을 가졌는지 누구보다 잘 안다는 뜻이기도 하다.

자신의 기업이 뭘 하는 회사인지, 어떤 회사가 되어야 하는지 5분 안에 명확하게 말할 수 있는 CEO. 그 정도의 경영자만이 기업에 필요한 인재의 조건을 확실히 파악하고 있다고 말할 수 있다. 기업의 정체성과 비전이 명확하지 않은 회사는 스펙과 대학의 명성에 기대지만, 명확한 인재상을 가진 회사는 외부의 평가에 자기 기업의 미래를 맡기지 않는다. CEO는 누구나 인재에 대한 욕심이 있다. 하지만 인재를 끌어모을 수 있는 CEO는 생각만큼 많지 않다. 열정적으로 자기 일과 자기 기업에 모든 것을 쏟아붓는 사람만이 인재를 찾을 수 있다. CEO가 인재의 능력을 유심히 살피는 것처럼, 좋은 인재 역시 CEO가 어떤 그릇인지 유심히 알아보게 마련이다.

내 인생의 8할은 '덤'이다

아침저녁, 나는 마음속으로 짧은 장면을 상상한다.

"내 고향 상주의 푸른 산, 호주의 평화로운 목초지, 싱가포르의 저녁 무렵 노을이 진 하늘……."

기억하고 있는 가장 평화로웠던 장면 한가운데로 들어가고 있는 내 모습이 선명하다. 그 안에서 나는 양떼들처럼 편안하다. 가만히 놀다 가 먹을 때가 되면 배부르게 먹는다. 목이 마르다 싶으면 요구하기도 전 에 슬기로운 목동이 나를 맑고 차가운 샘물이 있는 곳으로 데려간다. 그곳에서 목을 축이면 나는 더 이상 바랄 게 없을 정도로 행복하다.

"여호와는 나의 목자시니 내게 부족함이 없으리로다. 그가 나를 푸 른 풀밭에 누이시며 쉴 만한 물가로 인도하시는도다. 내 영혼을 소생시 키시고 자기 이름을 위하여 의의 길로 인도하시는도다. 내가 사망의 음

침한 골짜기로 다닐지라도 해를 두려워하지 않을 것은 주께서 나와 함께하심이라 주의 지팡이와 막대기가 나를 안위하시나이다. 주께서 내 원수의 목전에서 내게 상을 차려 주시고 기름을 내 머리에 부으셨으니 내 잔이 넘치나이다. 내 평생에 선하심과 인자하심이 반드시 나를 따르리니 내가 여호와의 집에 영원히 살리로다."

이 〈시편〉 23편 1~6절은 내 기도의 영원한 주제다. 나의 목자로서 하나님이 모든 것을 해결해주신다는 말씀을 진심으로 믿는다. 나의 행운은 어쩌면 기도하는 내 습관 덕분에 오랜 세월 유지되었는지도 모른다.

나는 원래부터 긍정적인 사람이었다. 어릴 때, 어려운 집안 사정 때문에 진학이 불투명할 때도 심각하게 고민하지 않았다. 그때도 막연하게나마 잘되리라고 믿었던 것 같다. 내게는 무엇이 없어 부족하다는 생각보다는 무엇이 있어 행복하다는 마음이 항상 더 컸다. 그것은 아마도 내 고향 상주의 아름다운 자연과 늘 성실하셨던 부모님께서 만들어준 심성일 것이다. 별로 불만을 갖지 않는 성격 덕분에 매일매일 성실하게 살 수 있었다. 워낙 바라는 것이 없어서일까, 작은 선물 하나만 받아도 큰 기쁨을 느꼈다. 성실함 덕분에 생긴 진학의 기회는 세상을 다 얻은 듯한 행운이었고, 대학생이 되었을 때의 기쁨은 모르긴 몰라도 로또 1등에 당첨된 사람보다 더 컸을 것이다.

하지만 아는 것이 병이라는 말이 있다. 아는 것이 많으면 해야 할 일도 커지고, 그러다 보면 버거워질 때도 있다. 사회에 나오면 크고 작은 실패를 피할 수 없다. 아무리 어릴 때 긍정적이었던 사람들도 연달아 몇 번 실패를 겪다 보면 점점 부정적으로 변한다. 환했던 얼굴도 어두

행운아 마인드

위지고, 남들 다 웃는 코미디를 보면서도 지적하느라 바쁘다. 입 밖으로 나오는 말은 늘 퉁명스럽다. 자신에게 불만스럽다 보니 아무도 자기 마음에 들지 않는다. 그래서 그의 주변에는 점점 사람들이 사라진다. 일개미로 평생을 산 덕분에 리더가 된다고 해도 도통 행복하지가 않다. 행복의 에너지를 주지 못하는 그 리더 옆을 지켜주는 진정한 후배도 없고, 성과도 점점 미미해진다. 무엇이든 남 탓을 하게 되고, 남에게 계속 뭔가를 원하다 보니 부적절한 선물과 접대도 당연히 챙기게 된다. 부정적인 에너지는 곧 인생 전체를 패배로 이끈다.

예수는 어린아이들과 같이 되지 아니하면 결단코 천국에 이를 수 없다고 했다. 어린이는 사람이 가져야 할 모든 덕목을 다 지니고 있기 때문이다. 그런데 어른이 되면서 그것을 다 잃는다. 행복도 그렇다. 어린이들은 모두가 행복하다.

"이 세상에서 누가 최고니?"

"우리 엄마랑 아빠요!"

"누구네 집이 제일 좋니?"

"우리 집이오!"

이 세상 최고의 존재를 부모로 두고, 세상에서 제일 좋은 집에서 산다고 믿는 아이들의 행운아 마인드. 가난한 나라 아이들은 아이들대로, 부자 나라 아이들은 또 그 아이들대로, 자신이 살고 있는 환경이 최고이며 그곳에서 태어난 자신이 행운아라고 믿는다. 아이들이 세상 물정을 몰라서가 아니다. 가난하든 부자든 아이들은 자신의 환경 안에서 행복을 찾는 순수한 마음을 지녔기 때문이다. 중요한 것은 자신의 처지를, 자기 자신을 스스로 어떻게 생각하느냐이다.

어른이 되면 남과 비교하는 버릇이 생긴다. 그 덕분에 성장하기도 하지만, 잃는 것이 더 크다. 꼭 비교를 해서 자신을 불행한 사람으로 만들어야만 성장할 수 있을까? 진짜로 하루하루 성장하는 존재인 어린이들은 남과 자신을 비교하지 않는다. 자신보다 더 잘 아는 사람에게는 배우면 되고, 남이 모르면 자신이 아는 것을 가르쳐주면 된다고 믿는다.

나는 어른들도 이런 어린이 같은 마음으로 살아가야 한다고 믿는다. 어른이 되었다고 믿는 사람들의 공통된 특징이 몇 가지 있다. 하나는 남과 비교하면서 자신을 불운아로 만드는 것이고, 또 하나는 더 이상 배우지 않는다는 것이다. 그들은 배움이 어릴 때로 그친다고 믿는다. 하지만 배움을 멈추는 순간, '행운아 마인드'는 끝난다.

구구단만 연습이 필요한 것이 아니다. 행운아로 살기 위해서도 매일매일 연습이 필요하다. 잘 외우던 구구단도 어른이 된 어느 날 떠올리려면 금세 떠오르지 않는데, 연습하지도 않았던 행운아 마인드가 저절로 유지될 리 없다. 뭔가가 습관이 되려면, 매일매일 쇄신해야만 한다. 내게는 기도가 행운을 쇄신하는 연습이다.

종교가 없는 사람이라면 애니메이션에 소개되어 유명해진 '하쿠나 마타타'라는 스와힐리어를 되새겨도 좋다. 하쿠나 마타타는 "걱정하지 마, 뭐든지 다 잘될 거야"라는 뜻인데, 늘 불안한 현대 사회에서 불행에 전염되지 않게 해줄 만한 좋은 말이라고 생각한다.

어느 호스피스의 이야기는 이런 내 생각을 좀 더 강화시켰다. 호스피스는 임종 직전의 환자들이 평화롭게 죽음을 맞이하도록 돕는 사람들이다. 죽음을 앞둔 인간에 대한 경험이 많은 호스피스들의 이야기를 들으면, 죽어가는 사람들이 가장 크게 후회하는 것이 바로 고맙다는 말을 못했다는 사실이라고 한다.

"고맙다."

어찌 보면 별로 어렵지도 않은 이 말 한 마디를 못한 것이 죽음 직전, 가장 후회된다니. 평소에 우리는 고맙다는 말을 너무 아끼는 경향이 있다. 사실 생각해보면 아침에 눈을 뜰 수 있어서 고맙고, 주위에 가족이 있어 주어서 고맙고, 나를 보며 웃어 주는 것도 고맙고, 함께 밥 한 끼를 먹을 수 있는 것도 고마운 일이다. 직장에서도 동료가 있어서 고맙고, 고객이 찾아와주는 것도 고맙다. 모두 고마운 일인데, 우리의 욕심에 가려서 그것이 고마워할 일로 보이지 않을 뿐이다.

"이번 분기는 최대한 고맙다는 말을 많이 하는 분기로 만들어봅시다!"

2011년 하반기, 나는 임원들과의 회의에서 이렇게 말했다. 그 방법도 제시했다. 첫 번째는 자신의 주위에서 고마운 일들 찾기. 고마운 일들을 찾다 보면 자연히 불평은 줄어들게 되어 있다. 두 번째는 일단 고마운 일을 찾았으면 그 대상에게 감사함 표시하기. 우리나라 사람들은 속정이 깊은 사람들이지만, 어떤 면에서 표현이 너무 없기도 하다. 하지만 말이란 하면 할수록 살아 움직인다. 말하지 않으면 모르는 일들이 너무나 많다. 그러니 아끼지 말고 표현하자. 고맙다는 말을 하기 위해 세 번째로 고마움을 표현할 수 있는 기회를 만드는 방법을 제안했다. 가까운 동료의 생일잔치를 소박하게나마 치러주는 것도 고맙다고 말할 수 있는 좋은 자리가 된다. 빨간색 '감사우체통'도 설치했다. 얼굴을 보며 고맙다는 말을 하기 쑥스러울 때 이용하면 좋은 우체통인데, 그 옆에는 감사카드도 비치했다. 지금도 인천공항 감사우체통에는 감사카드가 쌓이고 있다. 하루에 열 번, 백 번 고맙다는 말을 하면 마음이 긍정적인 에너지로 가득하고 열정도 자연스럽게 커진다.

감사할 줄 아는 사람의 마음 바탕에는 겸손함이 깔려 있다. 주어진 일의 크기, 직무, 지위 등은 중요하지 않다. 그저 감사하고, 그래서 더더욱 최선을 다한다. 마찬가지로 일의 결과에 대해서도 우리는 겸손함을 가져야 한다. 최선, 노력과는 반대의 말처럼 들리겠지만, 일의 결과는 우리 몫이 아니다. 과정은 자기 힘으로 추진할 수 있지만, 결과는 자기 마음대로 할 수 없다. 여러 가지 일을 해온 나의 경험을 돌이켜보면 갑자기 애쓴다고 결과가 달라지지는 않는다. 우리는 아무리 노력해도 길가의 풀 한 포기 생겨나게 할 수 없고, 머리카락을 1센티미터 자라게 할 수도 없다. 겸손한 마음으로 일을 했다면 결과에 상관없이 행복을 느껴야 한다. "잘될 거야!"라는 말 한 마디면 충분하다. 자신이 할 수 있는 일을 다했다는 것만으로 행복을 느끼지 못한다면, 열심히 살고도 늘 불행한 얼굴을 할 수밖에 없다.

친구와 약속을 했는데, 그가 늦을 때 나는 짜증이 나지 않는다. 또한 밤에 잠이 오지 않아도 초조해하지 않는다. 그 시간 동안 나는 또 나만의 주문을 외운다. '행운아 마인드'를 강하게 해주는 나만의 기도문으로 행운을 쇄신하는 것이다. 기도에 드는 시간은 대략 1분 정도. 만일 친구가 20분 정도 늦는다면 나는 20번이나 행운을 쇄신할 수 있다. 영화 〈빠삐용〉의 마지막 장면을 찍었다는 호주 시드니의 갭파크 절벽, 그리고 바다, 함께 떠오르는 멋진 장면들 덕분에 나는 내가 누군가를 기다리고 있다는 사실조차 잊어버린다. 그래서 약속에 늦은 친구는 시계를 보면서 초조해하겠지만, 내 마음은 편안하다. 그러니 그렇잖아

행운아 마인드

도 미안해하는 친구에게 화를 내는 인정머리 없는 행동을 하지 않아도 된다. 언제나 진심으로 웃을 수 있는 것이다.

사실 내 인생의 8할은 덤이다. 2006년 9월, 나는 심장 수술을 했다. 정기검진을 하던 중에 심장 이상이 나타났던 것이다. 갑작스레 큰 수술을 해야 한다고 하니, 가족과 친구들의 걱정이 여간 많지 않았다. 항상 긍정적인 성격이지만, 환자복을 입고 병실 침대에 눕자 마음이 가라앉는 것은 어쩔 수 없었다.

'내가 벌써 건강 걱정을 할 나이구나……'

의사 선생님이 이런저런 지시를 하는데, 초록색 채소도 먹지 못하고 조심해야 할 것도 많았다. 쉬어야 한다는 말씀까지는 그러려니 했는데, 비행기 여행이 심장에 무리를 줄 수 있다는 말씀에는 걱정이 많았다. 회사 생활을 시작한 이후 대중교통보다 더 많이 이용했다고 해도 과언이 아닐 비행기……. 세계 이곳저곳을 다녀야 하는 나로서는 그만 은퇴하라는 이야기로 들렸다. 하루 정도는 위축되기도 했지만, 언제나 그렇듯 나의 상황을 있는 그대로 받아들이자 다시 편안해졌다.

수술이 끝나고 나면 바빴던 일상에서 벗어나 한가로운 시간을 가져야겠다고 생각했다. 여유롭게 호강하는 삶을 원한 것이 아니라, 그동안 너무 바쁘게 사는 바람에 함께한 시간이 적었던 가족, 그리고 나의 삶을 찬찬히 돌아봐야겠다는 생각이 들었다. 수술 때문에 조용히 생각하는 시간이 많으니 컸던 목소리가 작아지고 차분해졌다. 그러자 의사 선생님은 기분이 안 좋으냐고 물었다.

"그렇지 않습니다. 제가 너무 바쁘니까 하나님이 잠시 생각 좀 하라고 기회를 주신 것 같아요. 아주 좋은 기회죠."

　나는 내 심장 수술의 외부효과external effect에 대해서 생각하고 있었다. 모든 경제활동은 시장의 가격과 거래에는 포함시킬 수 없는 긍정적, 부정적 효과가 있는 법이다. 이런 외부효과를 인식하는 것은 경영자에겐 매우 중요한 일인데, 진심으로 이것을 이해하려면 어느 정도는 '해탈의 경지' 또는 완전히 '내려놓는' 지점에 있어야 한다. 어떤 거래가 손해 같아도 외부효과까지 생각했을 때 이익인 경우가 있고, 그 반대의 경우도 있다. 때로는 지금 당장은 인정받지 못하지만, 미래에 자신도 상상하지 못한 몇 배의 이익으로 돌아오는 경우도 있다. 컴퓨터, WWW., 트랜지스터, 반도체 등이 모두 엄청난 외부효과를 불러일으킨 제품들이라 할 수 있다. 사람인 이상 앞날의 효과를 전부 알아차릴 수는 없지만, 눈앞의 이익 혹은 손해에만 일희일비하면 절대 외부효과를 볼 수 없다. 그런데 병상에 눕고 보니, 외부효과는 경제나 경영에만 통하는 이야기가 아니었다. 세상 모든 것에는 다 외부효과가 있다는 진리를 깨닫게 되었다.

　몸이 아프니 위축되는 것은 어쩔 수 없었지만, 마음속 깊은 곳으로부터 그동안의 행운에 대해 감사하지 않을 수 없었다. 심장 수술을 계기로 그때까지 일 자체에 몰두하며 살았던 시절을 반추하며, 일과 인생의 의미를 깊이 생각할 시간을 가졌던 것이다.

　"제가 늘 가슴을 열고 살라고 말했는데, 정말로 가슴을 열게 되었습니다."

　수술을 앞두고 나는 이런 농담까지 할 수 있었다. 한번 가슴을 여는 대가로 나의 인생에 대해 다시 한번 돌아볼 기회를 얻었던 것이다.

행운아 마인드

심장 수술을 마치고 다음해, 나는 GE 아시아 지역 의료보건 분야를 총괄하기 위해 싱가포르로 출국했다. 가족은 나의 건강을 걱정하며 더는 외국생활을 하지 말라고 말렸다. 나 자신도 오랫동안 고민을 했다. 하지만 더 큰 책임이 따르는 일을 기꺼이 맡기로 했고, 왠지 이전과는 좀 다른 마음이 들었다. 그때까지는 새로운 일에 도전하는 것 자체를 즐겼지만, 심장 수술의 외부효과로 인해서 그 일의 가치에 대해 깊이 생각할 줄 아는 눈을 갖게 된 것 같다. 나의 결론은 언제나 CW, 내 이니셜처럼 새롭게 "도전하고 승리하자challenge & win"는 것이었다. 그러나 심장 수술 이후, 이는 더 이상 나만의 도전과 승리가 아니라는 생각이 들었다. 나의 결정으로 인해 또 다른 외부효과를 일으킬 것이라는 믿음이 있었다. 그후 나는 몇 차례 더 병원 신세를 졌다. 그때마다 점점 더 나보다는 나 이외의 것들을 보는 눈이 커졌다. 이런 마음가짐은 인천공항이라는 새로운 분야에 도전하기로 결정할 때, 또 하나의 결단을 내릴 수 있는 큰 힘이 되어주었다.

인생 앞에 좀 더 겸허해질 수 있었고, 내 경험의 가치를 많은 사람들과 나누는 일에 진지할 수 있었던 시간. 그러고 보면 심장 수술은 내게 몇 가지 깨달음을 선물로 준 귀한 시간이기도 했다. 그래서 내 인생의 8할은 아주 소중한 '덤'이라고 생각한다.

게다가 나는 언제나 기대했던 것보다 더 많이 받았다. 훌륭한 동료들에게 배운 덕에 리더가 될 수 있었고, 현명하게 사랑을 주는 아내 덕분에 가장으로서 늘 힘이 났다. 그리고 중간 정도만 되었으면 좋겠다고 생각했던 아버지의 기대를 훌쩍 뛰어넘은 아이들 덕분에 나는 아버지로서도 행운아가 되었다. 내가 했던 것은 '준비'뿐이었다. 모든 사람에게는 언제나 기회가 있다고 믿었고, 그 기회가 왔을 때 최선을 다해 일할 수 있는 준비를 철저히 하려고 노력했다. 그럼에도 불구하고 나는 내가 했던 것 이상의 복이 덤으로 딸려왔다고 믿는다. 그 덕분에 평생을 신바람나게, 열정적으로, 행복하게 살았다. 그리고 언제나 마음 깊이 감사했다. 행운은 연습이고, 습관이며, 매일매일의 새로운 발견이자, 자신의 인생에 대한 예의다.

나의 행운아 마인드에 다른 사람들도 부디 전염되기를.
작게 바라고 크게 받는 기쁨을 느끼기를.
행운을 맞이하기 위해 언제나 자신을 준비시키기를.
그리고 이 글을 읽는 모든 이들에게 행운이 있기를.
하쿠나 마타타!

행운아 마인드

주요 프로필과 터닝 포인트

●

1946년 경북 상주 출생. 영남대 법학과 졸업. 1972년 삼성물산 입사. 30대 초반 과장이 되는 등 고속 승진했으나 고선박 수입 과정에서 태풍으로 회사 자본금의 3분의 1을 잃는 최악의 실패를 경험했다. 그러나 실패에서 도망치지 않고 '감천고해'라는 자신만의 뼈아픈 교훈을 얻었다. 1년 뒤 사고를 수습한 날, 사표를 제출했지만 회사는 그의 책임감과 열정을 높이 샀고 두바이 합작회사에서 4년간의 숨고르기를 하게 했다. 이후 삼성의 57개 해외지점을 총괄하는 해외사업 본부장으로 일했다.

1989년 삼성GE의료기기의 대표이사를 맡으면서 CEO로서의 첫 발걸음을 내딛었고, 이것이 GE와의 첫 인연이 되었다. 창립 이래 늘 손실만 낸 탓에 정리 대상에 오른 회사였으나 직원들과 함께 회사 살리기에 앞장섰고, 그 결과 6년간 연평균 45퍼센트의 매출 성장 실적을 올리며 우량기업으로 탈바꿈시켰다.

●

삼성GE의료기기의 경이로운 성장을 지켜본 GE의 파울로 프레스코 부회장이 직접 삼성 회장에게 편지를 써서 그를 스카우트했다. 그리하여 1996년 GE메디컬 사업부문 동남아·태평양 지역 사장으로 부임하게 된다. GE의 적극적인 권유로 삼성에 적을 둔 채 GE에서 일하기 시작했는데, 이처럼 다른 회사의 사람을 '빌려 쓰는' 일은 GE에서도 처음 있는 일이었다. 1998년 GE로 완전히 적을 옮겨 GE초음파부문 아시아 총괄사장으로 취임. 시장점유율 6위 기업을 2년 만에 1위로 끌어올리며 세계적인 리더로 성장했다.

2002년 가족과의 시간을 갖기 위해 사의를 표했으나 GE의 제프리 이멜트 회장은 그를 GE코리아의 사장으로, 2005년에는 회장으로 승진시켰다. 2005년 GE의 인재사관학교인 크로톤빌연수원의 최고위급 경영진 프로그램executive development course에 참여. 2007년 GE헬스케어 아시아 성장시장 총괄사장으로 승진했다.

●

2008년 9월 인천국제공항공사 사장 취임. 이후 연임을 계속하면서 책임경영제 정착을 위해 쓰는 사람이 직접 부하 직원을 채용하는 '잡 포스팅job posting' 제도, 원 스트라이크 아웃one strike out 제도, 신임 리더에게 궁금한 것을 직접 묻고 대답하는 인사청문회new leader assimilation 등 효율과 윤리경영 시스템을 도입했다.

2012년 인천공항을 '7년 연속 세계 1등', 공기업 최초의 '존경받는 톱 텐top 10 기업' 반열에 올려놓았다. 개항 당시 경영 노하우를 가르쳐주지 않던 콧대 높은 세계 최고 공항들이 이제는 앞다투어 인천공항의 모든 것을 벤치마킹하러 달려오고 있다.

행운아 마인드

초판 1쇄 발행 ㅣ 2013년 2월 1일
초판 4쇄 발행 ㅣ 2014년 5월 17일

지은이 ㅣ 이채욱
펴낸이 ㅣ 양선우

편집장 ㅣ 김옥경
북 에디팅 ㅣ 조정현
마케팅 ㅣ 변창욱, 신은혜
표지 사진 ㅣ 인천공항 홍보팀
표지 · 본문 디자인 ㅣ 명희경(010-3322-0965)

펴낸곳 ㅣ 해라
출판등록 ㅣ 2010년 12월 13일(제307-2010-63호)
주소 ㅣ 서울시 서대문구 합동 116번지 SK리쳄블 1507호
문의전화 ㅣ 02-3142-8004
팩스 ㅣ 02-3142-8011
이메일 ㅣ herabook@naver.com
트위터 ㅣ @herabook
블로그 ㅣ http://blog.naver.com/herabook
인쇄 · 제본 ㅣ 삼조인쇄

ISBN 978-89-965706-2-2 (03320)
값 13,000원